A S

pour contribuer à une analyse des dossiers africains par les Africains eux-mêmes.

Charles ONANA

BOKASSA

Ascension et chute d'un empereur 1921-1996

CHARLES ONANA

BOKASSA

Ascension et chute d'un empereur 1921-1996

Une enquête qui dévoile la face cachée du pouvoir sous Giscard et Mitterrand

ERRATA

P. 13 Front National
P. 140 vraies
P. 141 vraies
P. 153 conseiller
P. 154 mare
P. 155 Bokassa
P. 188, 189 Hijazi

AAA

ISBN 2-9513159-0-2

Ce livre est dédié à mon père
MBOLE CHARLES

Mes remerciements vont à:

◊ tous les archivistes de la Documentation française et du Cidic pour leur aide;
◊ tous les Centrafricains qui ont choisi de m'aider en gardant l'anonymat du fait de leurs fonctions actuelles dans l'administration de leur pays;
◊ tous les Français qui m'ont apporté leur aide et leurs conseils;
◊ Anne Carolle pour le temps qu'elle a dédié à lire et à améliorer certains passages de ce livre;
◊ mon cher ami Jude Diyen dont les conseils et l'aide technique ont été très précieux;
◊ mon ami Mohand qui a consacré des week-ends à m'aider;
◊ une amie très chère, Ihsan Bouabid Jacobson, ex-grand reporter à l'Agence IPS(Maroc) auprès de qui j'ai beaucoup appris; notre complicité à la rédaction d'Unescopress restera un grand souvenir;
◊ un grand ami, Gerba Malam, qui, pour m'encourager à faire du journalisme, m'avait offert la biographie de Joseph Pulitzer
◊ mon épouse pour ses encouragements et sa patience pendant cette longue enquête.

Avant- Propos

Au moment où le gouvernement français, dirigé par Monsieur Lionel Jospin, veut revoir ses relations avec l'Afrique, il est apparu nécessaire de s'arrêter sur la vie d'un homme qui a marqué, par son tempérament, les relations franco-africaines pendant deux décennies. Cet homme est l'empereur centrafricain Jean Bedel Bokassa.
Après avoir passé vingt-trois années dans l'armée française, quatorze à la tête de son pays et sept en exil, Bokassa s'est éteint en laissant derrière lui une image brouillée de sa vie et de son oeuvre. Son passé tourmenté et souvent déformé par les médias nécessitait un nouvel examen pour mieux connaître cet homme insaisissable.
Pendant longtemps, il n'a cessé de surprendre et de dérouter. Considéré tantôt comme un <<*bon roi nègre*>> adulant de Gaulle et admirant Napoléon, tantôt comme un <<*grand paranoïaque*>> délirant, ce chef d'Etat africain est resté, en définitive, mal connu du public.
Du petit orphelin devenu empereur, on n'a retenu de lui que l'image d'un <<sanguinaire>>, d'un <<massacreur d'enfants>> bref d'un <<petit monstre>>.
Cette vision très médiatique et pour le moins caricaturale n'a jamais permis de cerner son vrai visage.
Cette première biographie tente donc de percer les mystères qui planent sur ses attitudes, sa vie et sa carrière.
Jean Bedel Bokassa est né à Bobangui (Centrafrique) dans les années 20, au moment où s'écrivait une page difficile de l'histoire de son pays: l'histoire coloniale. A cette époque, ses parents sont tués par les miliciens français d'une entreprise coloniale d'extraction de caoutchouc (la Compagnie Forestière Sanga-Oubangui). Bouleversé dès l'âge de six ans par cet événement, il restera marqué toute sa vie par la colonisation. On ne saurait donc comprendre ses actes et sa personnalité sans se référer à cette période.
Lorsqu'il entre dans l'armée française en 1939, aux côtés

du général de Gaulle, il franchit une étape décisive dans sa vie professionnelle. Il ne manquera pas une seule occasion de défendre, avec force et passion, sa nouvelle patrie. En août 1944, il participe au débarquement de Provence pour libérer la France de l'occupation allemande. En 1950, sous le drapeau français, il se bat en Indochine, mitraillette au point, contre les communistes du Vietminh. Dans toutes ces batailles, son enthousiasme, son courage et son professionnalisme sont remarqués. Il recevra en récompense les hautes distinctions de la République Française (Croix de guerre, Médaille militaire et Légion d'Honneur).

Sa vie prend un autre tournant lorsqu'il revient dans son pays natal en 1959 dans le cadre de l'assistance militaire française. Chargé de constituer le cabinet militaire du président centrafricain David Dacko, il décide, peu après, de l' évincer et de prendre le pouvoir le 1er janvier 1966.

En devenant ainsi président de la République Centrafricaine, Bokassa, au départ déterminé à sortir son pays du sous-développement, va progressivement sombrer dans l'ivresse du pouvoir et dans l'affairisme.

Proclamé empereur le 4 décembre 1977, il est renversé deux ans plus tard par l'armée française. Il va alors commencer une vie d'errance qui le conduira en Côte-d'Ivoire puis en France. Son amitié avec le président français Valéry Giscard d'Estaing, l'ordonnateur de sa chute, va soudain se transformer en affrontement et en haine. Le paroxysme est atteint avec <<l'affaire des diamants>> qui compromettra la réélection du président français.

Si les vraies raisons de l'éviction de Jean Bedel Bokassa n'ont jamais été données par les autorités françaises de l'époque, il reste certain que cette chute spectaculaire masquait un véritable scandale d'Etat sur le trafic d'ivoire et de pierres précieuses entre le Centrafrique et la France. Des pratiques douteuses sur lesquelles on a préféré garder le silence en essayant de focaliser l'attention sur les vrais-faux massacres d'enfants et sur les excès du régime de l'empereur.

Le document signé le 29 octobre 1981 par l'un des suc-

cesseurs de Bokassa qui <<*autorise les cadres français de la sécurité présidentielle, à acheter chacun aux Domaines, une défense d'ivoire brut, au prix artisanal de kg/cinq mille F. CFA, et à la transporter en France*>> montre, au-delà des témoignages précis et concordants que j'ai pu recueillir, qu'il s'agit de l'un des plus grands scandales franco-africains de ces dernières années.
Informé de ces <<affaires>>, le Front National décide, au milieu des années 80, de se rapprocher de l'empereur. Le parti de Jean-Marie Le Pen sait que le <<dossier Bokassa>> est une excellente opportunité de mettre des personnalités politiques françaises en difficulté. Surpris par le retour inattendu de l'empereur au Centrafrique en 1986 sous la cohabitation, le Front Naional n'aura pas le temps d'agir. Le moment choisi de ce départ en catimini du territoire français n'est pas innocent, il précède l'élection présidentielle de 1988 en France.
Aujourd'hui, cette enquête permet au moins d'affirmer que le jeu clair-obscur de l'Elysée sous Giscard et Mitterrand est pris en flagrant délit.
Quant à la vie de Bokassa, elle restera riche et complexe si on la regarde telle qu'elle est et non telle qu'on l'a parfois imaginée.
Le lecteur constatera peut-être que le seul souci de ce livre a été de dire la vérité sans vouloir plaire ou déplaire à qui que ce soit. N'est-ce pas ce qu'on attend d'un journaliste?

L'auteur

I

L'orphelin de Bobangui

Bobangui, ville natale de Bokassa, est un petit village situé à quatre-vingts kilomètres de Bangui, l'actuelle capitale centrafricaine. Ce fragment de terre, peuplé de paysans au cœur de la forêt équatoriale, abritait dans les années 20, l'un des grands quartiers généraux de l'administration coloniale française. L'économie coloniale y était prospère et toute attitude critique à son égard réveillait le courroux des colons français.

La famille de Bokassa va l'apprendre à ses dépens avec les disparitions successives de Mindogon Mgboudoulou, Marie Yokowo et Sirilé. Tous les trois, père, mère et tante de Bokassa, ont péri dans une tragédie politico-financière dont les traces indélébiles marqueront à jamais la vie du jeune homme. Plus tard, son cousin Barthélémy Boganda, premier président de l'Oubangui-Chari (aujourd'hui Centrafrique), sera tué, lui aussi, dans un accident d'avion en pleine campagne électorale, le 29 mars 1959.

Pour mieux comprendre la vie et la personnalité de Bokassa, il faut revenir sur les événements qui agitent son village et son enfance à l'époque coloniale.

1- L'économie coloniale de Bobangui

En ouvrant les pages de la vie de Jean Bedel Bokassa, il est indispensable de revivre le contexte et les événements de son enfance à Bobangui.
De nombreux auteurs décrivent la situation économique et sociale de l'Oubangui–Chari dans les années 20. Trois auteurs français : l'écrivain André Gide, le journaliste Albert Londres et l'homme d'affaires Marcel Homet rapportent des témoignages poignants sur cette période. Leur récit permet de comprendre l'atmosphère qui règne dans le village du jeune Bokassa ainsi que l'impact que la colonisation française aura dans son esprit.
Selon André Gide, dans son ouvrage *Voyage au Congo* publié chez Gallimard en 1927, la situation de l'Oubangui est préoccupante. Il se demande : << *Quel démon m'a poussé en Afrique ? Qu'allais-je donc chercher dans ce pays ? J'étais tranquille. A présent je sais ; je dois parler.*
Mais comment se faire écouter ? Jusqu'à présent, j'ai toujours parlé sans aucun souci qu'on m'entende ; toujours écrit pour ceux de demain, avec le seul désir de durer.
J'envie ces journalistes dont la voix porte aussitôt, quitte à s'éteindre sitôt ensuite. Circulais-je jusqu'à présent entre les panneaux de mensonges ? Je veux passer dans la coulisse, de l'autre côté du décor, connaître enfin ce qui se cache, cela fût-il affreux. C'est cet << affreux >> que je soupçonne, que je veux voir.>> Ce que Gide a vu et vérifié pendant son séjour en Oubangui, il le raconte en ces termes : << *Ce matin, j'étais allé voir l'un des chefs indigènes venus hier à notre rencontre. Ce soir, il me rend ma visite. Longue conversation. Adoum sert d'interprète, assis à terre, entre le chef et moi.*
Les récits du chef de Bambio confirment tout ce que Samba N'Goto m'avait appris. Il me raconte en particulier le << bal >> du dernier marché de Boda. J'en transcris ici le récit, tel que je l'ai copié d'un carnet intime de Garron.
<< *A Bambio, le 8 septembre, dix récolteurs de caoutchouc, (vingt, disent les renseignements complémentaires) de l'équipe de Goundi, travaillant pour la Compagnie Forestière – pour*

n'avoir pas apporté de caoutchouc le mois précédent (mais, ce mois-ci, ils apportaient double récolte, de 40 à 50 kilogrammes)- furent condamnés à tourner autour de la factorerie sous un soleil de plomb et porteurs de poutres de bois très pesantes. Des gardes, s'ils tombaient, les relevaient à coups de chicotte.
Le << bal >> commencé dès huit heures, dura tout le long du jour sous les yeux de MM. Pacha et Maudurier, agent de la Forestière. Vers onze heures, le nommé Malongué, de Bagouma, tomba pour ne plus se relever. On en avertit M. Pacha, qui dit simplement : << Je m'en f...>> et fit continuer le << bal >>. Tout ceci se passait en présence des habitants de Bambio rassemblés, et de tous les chefs des villages voisins venus pour le marché.>> **Gide poursuit en disant** : *<< J' arrêtais ici ma citation du journal de Garron, désireux, je l'ai dit, de n'avancer rien dont je n'aie pu contrôler l'exactitude, sinon de visu, du moins par recoupements divers ; et l'enquête administrative que motiva ma lettre au Gouverneur, apporte confirmation de tous les faits relatés plus haut.*
Mais d'autre part je pus apprendre, par la suite, que M. Pacha lui-même, dans un rapport officiel, n'hésitait point à citer Garron, à s'abriter derrière son témoignage. La confiance qu'il accorde à celui-ci, confiance parfaitement motivée sans doute, (et je reconnais pour exacts les propos de moi qu'il rapporte) m'invite à copier cette page de son journal : << M. Pacha annonce qu'il a terminé ses répressions chez les << Bayas >> des environs de Boda. Il estime (de son aveu) le nombre de tués à un millier de tout âge et des deux sexes. Les gardes et les partisans étaient obligés, pour justifier leurs faits de guerre, d'apporter au << Commandant >> les oreilles et parties génitales des victimes ; les villages étaient brûlés, les plantations arrachées. L'origine de l'affaire remonte à juillet 1924.
>> Les indigènes de la région ne voulaient plus faire du caoutchouc. L'administrateur de l'époque, M. Bouquet, envoie quatre miliciens, accompagnés d'un sergent indigène, pour contraindre les gens au travail. D'où bagarre. Un milicien tire. A ce moment les miliciens sont enveloppés par les indigènes qui les ligotent. Il sont tués 24 heures plus tard par quelques exaltés, peu nombreux, et qu'il aurait suffit d'arrêter pour liquider l'affaire. Au lieu de quoi on attendait l'arrivée de Pacha, au

début de 25, qui commença les répressions avec une sauvagerie terrible.>>

L'écrivain explique que : << *La cause de tout cela, c'est la C. F. S. O (Compagnie Forestière Sanga-Oubangui) qui, avec son monopole du caoutchouc et avec la complicité de l'administration locale, réduit tous les indigènes à un dur esclavage. Tous les villages, sans exception aucune, sont forcés de fournir caoutchouc et manioc pour la C. F. S. O., le caoutchouc au prix d'un franc le kilo, et le manioc à un franc le panier de dix kilos. Il est à remarquer que dans la colonie de l'Oubangui-Chari, le caoutchouc est payé de 10 à 12 francs le kilo aux indigènes et le manioc 2 fr. 50 le panier. Un indigène, pour récolter 10 kilos de caoutchouc, est obligé de passer un mois en forêt, souvent environ 5 à 6 jours de marche de tout village ; par conséquent ils n'ont pas beaucoup d'enthousiasme pour cette récolte, qui leur assure une maigre rétribution mensuelle ; ils préfèrent travailler à la récolte des noix palmistes, beaucoup plus facile, à proximité de leur village, et qui leur sont payées vu la concurrence (ce produit n'étant pas concédé à la C. F. S. O.) jusqu'à un franc le kilo, et souvent d'avantage. Un indigène peut, sans fatigue, et en retournant coucher chaque nuit dans son village, en fournir 30 kilos mensuellement.>>*

L'auteur précise que *: << Les prestations et portages sont faits par les femmes, malgré l'arrêté du Gouverneur Général.*

>> Les routes de la région sont tracées sur un terrain sablonneux n'existe pas de cailloux. Toutes les femmes des villages travaillent toute l'année du matin au soir pour apporter de la terre sur la chaussée ; cette terre, elles vont la chercher assez loin la plupart du temps ; elles n'ont pas d'outils pour l'extraire, et transportent cette terre sur la tête dans des paniers. La plupart de ces femmes ont des enfants au sein. D'ou mortalité infantile et dépeuplement.>>

Peu après André Gide, le grand reporter Albert Londres prend, lui aussi, son bâton de pèlerin pour aller voir et découvrir l'ampleur du servage et de la violence en Afrique. Il raconte : << *J'ai vu construire des chemins de fer ; on rencontrait du matériel sur les chantiers. Ici, que du nègre !Le nègre remplaçait la machine, le camion, la grue ; pourquoi pas l'explosif aussi ? Pour porter les barils de ciment de cent trois kilos << les Batig-*

nolles >> n'avaient pour tout matériel qu'un bâton et la tête de deux nègres ! Cependant, j'ai découvert sur ces chantiers modernes d'importants instruments : le marteau et la barre à mine, par exemple. Dans le Mayombe, nous perçons les tunnels avec un marteau et une barre à mine ! Epuisés, mal traités par les capitas, loin de toute surveillance européenne, (Monsieur le ministre des colonies, j'ai pris à votre intention quelques photographies, vous ne les trouverez pas dans les films de propagande), blessés, amaigris, désolés, les nègres mouraient en masse. Au Moyen Logone, au Moyen Chari, au Dar el Koutti, dans la Haute-Kato, au Bas Bomou, dans les régions du Gribingui, d'Ouaka, d'Ouham, dans la Haute-Sanga, dans le Bas-Bangui, dans la N'Goko Sanga, de l'Oubangui au Pool, maris, frères, fils, ne revenaient pas. C'était la grande fonte des nègres ! Les huit mille hommes promis aux << Batignolles >> ne furent bientôt plus que cinq mille, puis quatre mille, puis deux mille. Puis dix-sept cents ! Il fallut remplacer les morts, recruter derechef. A ce moment, que se passa-t-il ?
Ceci : dès qu'un blanc se mettait en route, un même cri se répandait : << la machine !>>. Tous les nègres savaient que le blanc venait chercher des hommes pour le chemin de fer ; ils fuyaient. << Vous-même, disaient-ils à nos missionnaires, vous nous avez appris qu'il ne fallait pas nous suicider. Or aller à la machine c'est courir à la mort.>> Ils gagnaient les bois, les bords du lac Tchad, le Congo belge, l'Angola. Là où jadis habitaient des hommes, nos recruteurs ne trouvaient plus que des chimpanzés. Le journaliste se demande : *<< Pour l'honneur de la race humaine, pouvait-on construire le Congo-Océan avec des chimpanzés ? Nous nous mettions à la poursuite des fugitifs. Nos tirailleurs les attrapaient au vol, au lasso, comme ils pouvaient. Ils les canguaient ! ainsi que l'on dit ici. On en arriva aux représailles. Des villages entiers furent punis. Quelques-uns cependant échappèrent à ces rigueurs, des commandants blancs de ces régions ayant épousé la cause de ces noirs contre les blancs de Brazzaville ! Une autre fois, un chef noir se pendit plutôt que d'obéir à l'ordre de recruter pour la machine. Enfin, pour masquer le dépeuplement, on parla de rectifier la frontière de l'Obangui-Chari !>>.* Pour avoir osé relater ces pratiques en France, Albert Londres sera l'objet d'attaques féroces voire

racistes. Il les décrit ainsi dans l'avant-propos de son livre *Terre d'ébène,* dont les passages précédants sont tirés, publié en 1929 chez Albin Michel : << *Voici donc un livre qui est une mauvaise action. Je n'ai plus le droit de l'ignorer. On me l'a dit. Même, on me l'a redit.*

On m'a également appris, à l'occasion de ce voyage en Afrique Noire, différentes autres choses : que j'étais un métis, un juif, un menteur, un saltimbanque, un bonhomme pas plus haut qu'une pomme, une canaille, un contempteur de l'œuvre française, un grippe-sous, un ramasseur de mégots, un petit persifleur, un voyou, un douteux agent d'affaires, un dingo, un ingrat, un vil feuilletoniste. Et quant au seul homme qui m'ait appelé maître, il désirait m'annoncer que j'étais plutôt chanteur qu'écrivain.>>

Ces méthodes, utilisées par les colonisateurs français, ont également été décrites par l'homme d'affaires français Marcel Homet. Dans son livre intitulé, *Congo, terre de souffrances* et publié aux éditions Montaigne en 1934, voici ce qu'il dit à propos de Bobangui, le village natal de Bokassa : << *Lorsque je l'ai connu il y a cinq ans, c'était encore un amas de cinq gros villages où vivaient plus de deux mille habitants. Aujourd'hui, il n'en reste pas trois cents. D'ailleurs on ne les voit pas. Les hommes sont au travail du caoutchouc, les femmes au palmistes et les enfants, petites filles et petits garçons impubères, sur les routes comme prestataires...Depuis que les militaires sont arrivés à Bobangui, il a fallu construire quelque 300 maisons pour les hommes de troupes, d'immenses magasins, des hangars, des bureaux en brique. Trois pour le capitaine, un pour le chef de subdivision, un pour l'agent spécial... et la maison du chef de circonscription, celles des lieutenants, des sous–officiers, des popotes, etc. Des crédits pour effectuer ce travail ? Aucun. Aussi, on aura recours aux prestataires, euphémisme voilant le servage. Chaque homme des villages doit fournir à l'administration 15 jours de travail gratuit par an. Théoriquement, c'est normal, quoique un peu exagéré. Mais le recensement nominatif n'a jamais été effectué. La population étant chiffrée à << l'œil >>. Aussi bien, ne s'agit–il pas de faire effectuer à X, Y, ou Z, ces prestations, mais bien de dire au chef : << Il me faut 100 hommes pour demain.>> Le lendemain, 80, 90, 95, jamais 100 sont là. A la dernière minute, certains d'entre eux ont pris la* *brousse. Alors le chef qui amène ses prestataires, se voit infliger 50 ou 100 francs d'amende, et ne pouvant s'en prendre aux récalcitrants, ramasse tout ce qui se trouve devant lui, femmes et enfants, pour compléter le nombre d'hommes demandés. La tête basse, l'air de chiens battus, les prestataires entourés de miliciens attendent qu'on veuille bien leur montrer leur travail. Tous ont abandonné les plantations qu'ils étaient en train de nettoyer, qui les nourrissaient eux et leur famille.*>>

Cette fièvre violente et meurtrière a atteint la famille de Bokassa au point qu'elle en a été décimée. Cette brutalité va marquer très profondément l'enfance de Jean Bedel Bokassa.

A l'époque, ces pratiques sont assez répandues en Afrique Equatoriale Française (AEF). Un auteur camerounais, connu sous le pseudonyme de Mongo Beti, décrit, lui aussi, les méthodes des colons français, au sud du Cameroun, dans un roman à succès publié en 1954 aux éditions Présence africaine sous le titre de *Ville cruelle.*

Pour les parents de Bokassa, la << ville cruelle >> de Bobangui est devenue une ville-mouroir, un cimetière familial.

2- Le Drame familial de Bokassa

La famille de Bokassa appartient à un lignage de chefs coutumiers de Bobangui. Son père Mindogon est un chef de terre très respecté. Travailleur, il a une grande autorité sur les populations de son village et vit sur les terres de ses ancêtres depuis longtemps.

Ses parents ont été dépossédés d'une partie de leurs terres sous le régime colonial. Leur patrimoine foncier était passé dans la zone contrôlée par l'administration coloniale. Ces terrains avaient été attribués, sans indemnité, à la Compagnie Forestière Sanga-Oubangui vers la fin du XIX ème siècle. Cette entreprise était un des fleurons économiques de la colonisation française en Afrique Centrale et détenait le monopole de l'abattage du bois et dans l'extraction du caoutchouc. Pour obtenir une production toujours croissante, elle imposait un rythme de travail insupportable aux populations.

Comme beaucoup d'Oubanguiens, Mindogon était employé par les administrateurs coloniaux qui s'appuyaient en général sur plusieurs chefs coutumiers pour faciliter la soumission des populations africaines aux travaux forcés. Les chefs africains vont ainsi collaborer à ce système. Toujours en première ligne, ils seront chargés d'accompagner les actions de répression et de servage qui s'exercent, en permanence, sur leurs communautés. Leur rôle vise surtout à limiter voire à empêcher les révoltes. Les colons cherchaient à faire des chefs africains le bras séculier de la politique coloniale. Les << chefs indigènes >>, comme on les appelait, devaient amener leurs concitoyens à accepter les peines qui leur étaient infligées. Autrement dit, la violence et l'humiliation devaient être perçues comme des actes normaux et irréprochables. Certains chefs vont alors brimer leurs propres <<frères et soeurs>> à partir de la seule volonté d'un administrateur ou d'un milicien français.

La population va se résigner aux bastonnades, aux tortures et aux pendaisons. Les plus rebelles utiliseront toutes sortes de subterfuges pour échapper aux humiliations de leurs bour-

reaux. Les Africains devaient travailler, s'user et crever comme des pneus de voitures sans que personne n'ait à rendre des comptes sur cette situation.
Tout se passera dans un calme relatif jusqu'au jour où le père de Bokassa, qui ne supportait plus le comportement des colons, décide de ne plus servir de caution à ce système. Un matin, il prend l'initiative de libérer plusieurs de ses concitoyens qui purgeaient des peines de prison pour des motifs contestables. Ces personnes étaient réquisitionnées, après le travail dans des plantations d'hévéa, pour construire des routes et des voies ferrées. Les plus fatiguées étaient battues ou emprisonnées. Cette décision de libérer les prisonniers, seul et à la surprise générale, va lui attirer les foudres des administrateurs français. Ils vont considérer l'acte de Mindogon comme une action subversive méritant un châtiment exemplaire. Le père de Bokassa sera donc condamné, par une justice expéditive, à la peine capitale. Il sera exécuté par les miliciens français le 13 novembre 1927 devant la préfecture de Mbaïki. Pour frapper les esprits et dissuader d'autres personnes tentées par des initiatives de ce genre, on laissera son corps exposé, une journée entière, sous un soleil de plomb. Cette exécution spectaculaire s'est déroulée en présence de Bokassa âgé de six ans et de sa mère Marie Yokowo. Traumatisée, cette dernière va mourir de chagrin une semaine plus tard.
Le jeune Bokassa sera alors placé sous la protection de son grand-père Mbalanga. Il va apprendre, quelque temps après, le décès de sa tante Sirilié, mère du premier président de l'Oubangui-Chari, Barthélémy Boganda. Elle est tombée à son tour sous les coups de fouet des agents de la Compagnie Forestière Sanga-Oubangui. Ils lui reprochaient simplement de n'avoir pas atteint les quotas de production de caoutchouc. Le principe des <<quotas>> consistait, pour chaque travailleur, à produire des quantités précises de caoutchouc et celui qui, fatigué, malade ou épuisé, n'atteignait pas le pourcentage requis, s'exposait à la brutalité des agents forestiers. La tante de Bokassa, battue à mort, est donc venu allonger la longue liste macabre des victimes de l'économie coloniale.

Son fils Barthélémy Boganda, dont l'action politique influencera Bokassa, va s'insurger contre ces pratiques affligeantes. Il exprimera sa révolte dans un article de son bulletin d'information intitulé *Pour sauver un peuple*: << *Il est très instructif de surprendre les causeries des anciens à la veillée du soir. Avec quelle amertume il dépeignent aux enfants la servitude à laquelle, au nom de la civilisation, ils ont été soumis pendant plus d'un siècle et avec quelle force ils inculquent à leur postérité la méfiance et la haine de l'occupant. La réconciliation se révèle longue et difficile, seule une révolution prompte et entière pourra redresser la situation.*>>
Un tel discours, dans l'Oubangui de l'après guerre, est perçu comme une incitation à la révolte. De graves insurrections avaient déjà éclaté en 1928 et en 1931 contre le système colonial. Mais jusque-là, les missions punitives de l'administration française ne s'arrêtaient pas. En 1944, la conférence de Brazzaville, sous l'impulsion de Félix Eboué, gouverneur de l'Afrique Equatoriale Française, définit une << *nouvelle politique indigène* >>. Celle-ci apparaît comme un espoir pour de nombreuses populations africaines de voir définitivement enterrer le recours aux méthodes répressives. Des réformes politiques et sociales vont suivre en 1945-1946, elles vont jeter les bases juridiques du respect des Droits de l'Homme dans les colonies. Mais, en Oubangui-Chari, ces changements choquent les partisans du statu quo et leur hostilité à appliquer la nouvelle législation reste vive.
Les Oubanguiens auront donc le choix entre la résignation et la lutte pour obtenir le respect des nouvelles lois. C'est dans ce contexte que le cousin de Bokassa, Boganda , le jeune ecclésiastique de l'Oubangui, va s'engager en politique. Il adopte un slogan << *Zo Kwe Zo* >>, qui signifie en *Sango,* sa langue maternelle, << *Tout homme est homme* >>. Ce sera le fil d'Ariane de son combat. Il dira régulièrement : << *Libérer l'Afrique et les Africains de la servitude et de la misère telle est ma raison d'être et le sens de mon existence.* >>
Il va rapidement affronter l'adversité des défenseurs de l'ordre établi. Une bataille difficile car, étant parmi les rares personnalités instruites du pays, il est conscient qu'un combat de ce genre nécessite des moyens et des alliés. Mais, le manque de

ressources financières et de hauts cadres qualifiés en Oubangui va nuire à son action.
Décidé d'agir malgré tout, il crée un mouvement coopératif et encourage les paysans à se regrouper pour acheter le matériel agricole et à organiser eux-mêmes le transport de leurs produits. Cette initiative sera torpillée par des industriels français qui possédaient l'ensemble des circuits du commerce et du réseau agricole. Sans lâcher prise, il crée le 28 septembre 1949 un parti politique, le Mouvement d'Evolution Sociale de l'Afrique Noire (MESAN) que va diriger Bokassa quelques années plus tard. Le programme de ce parti reste ambigu. Il ne défend pas à proprement parler l'indépendance de l'Oubangui-Chari, mais il prône plutôt l'assimilation à la France. Boganda dira: << *Je suis Français et les Oubanguiens doivent devenir des Français à part entière* >>. Un discours que ne comprenaient pas les villageois qui subissaient encore les violences des irréductibles de l'ordre colonial. Pourtant, cette déclaration était bien conforme à l'esprit des réformes de 1945.
On verra plus tard que Bokassa assimilera bien ces propos et s'en servira à sa manière lors de ses visites officielles en France.
Fatigué des débats infructueux sur le sort de son pays au palais Bourbon et des discours de charité que prônent ses amis démocrates chrétiens, Boganda surprend tout le monde en quittant le Mouvement Républicain Populaire (qui regroupe les ecclésiastiques français) et en se mariant sans renier le sacerdoce. Alors que cette dernière décision , considérée comme une trahison, alimente les conversations dans les couloirs de l'Assemblée nationale française où il est député, en Afrique, sa popularité est plutôt grandissante. Là-bas, on considère que le célibat des prêtres est une incongruité que les << *Occidentaux tentent d'imposer aux Africains* >>. Ainsi, violer ce dogme est perçu comme un acte de courage et de bravoure.
Le combat que mène Boganda n'est pourtant pas uniquement dirigé contre le système colonial. Il lance aussi des attaques contre les dérives de la société africaine. Son discours véhément à l'égard du tribalisme, du particularisme et des << *petits égoïsmes* >> n'est pas différent des critiques acerbes qu'il

adresse aux << *doctrines totalitaires et aux discours racistes des colons* >>. Seulement, ces derniers restent sa cible principale et il va devenir, pour eux, l'homme à abattre.
Il nous semble indispensable de reproduire ici son article publié dans la revue *Terre africaine* n° 2, l'organe de liaison du MESAN, datée d'avril 1951 dans lequel il s'explique sur son arrestation. Ce texte donne la mesure de l'effet que la colonisation française et ses pratiques ont eu sur la famille de Bokassa. Il permet aussi de comprendre les rapports que Bokassa, devenu président dans son pays, aura avec la France. Sous le titre << *Pourquoi et comment j'ai été arrêté* >>, Boganda raconte ceci : << *Député Français, représentant mon pays au sein de l'Assemblée Nationale, j'ai été arbitrairement arrêté, détenu pendant 48 heures avec ma femme, ma fille âgée de 6 mois et demi, les deux secrétaires de ma coopérative, traduit en justice correctionnelle, et cela dans l'exercice de mon mandat, et au mépris de la Constitution et de la simple humanité: voilà le fait qui, je crois, sera inscrit dans les annales et dans l'histoire de l'Afrique Noire.*

Pourquoi j'ai été arrêté?
Le journal << Climats >> du 1er février 1951 énumère les raisons pour lesquelles je passais pour un homme dangereux. Elles sont d'ordre religieux, politique, économique et social.

Raisons d'ordre religieux
Derrière le << rideau de fer >> de l'Afrique Noire, tout le monde se ligue quand il s'agit d'opprimer l'Homme Noir. Ainsi les anticléricaux les plus notoires, répétant pour leur cause la leçon de Gambetta: << L'Anticléricalisme n'est pas matière à exportation >>, sont outre-mer, les plus puissants soutiens du clergé qui, en récompense, ferment les yeux sur tous les désordres sociaux, et ceux qui, comme le Révérend Père Paternot, essaient de sortir de l'ornière coloniale et risquent de dévoiler au peuple de France ce qui se passe derrière le << rideau de fer >> sont immédiatement traînés devant les tribunaux pour leur << clouer le bec >> et empêcher toute nouvelle tentative de ce genre.
Personne n'ignore qu'en A.E.F. les écoles libres sont subventionnées par le Gouvernement alors qu'elles ne le sont pas en

métropole. Ce n'est certainement pas dans l'intérêt de la Religion ni de la population; mais les missions catholiques et protestantes peuvent être gênantes; attention! on peut vous << couper les vivres >>, soutenez-nous et nous vous soutiendrons.

<< Cujus mamona ejus et religio>>: on pratique la religion de celui qui donne les sous. Dès lors, dès qu'un membre du clergé manifeste quelques velléités d'indépendance, les subventions aux écoles libres sont compromises. On comprend alors le souci constant des Evêques Missionnaires à trouver des compromis et des épykies, à maintenir le clergé sous la tutelle de l'administration et à confiner la vérité, la Justice de l'Evangile du Christ dans un nationalisme étroit.

Supprimons les subventions et nous rendrons à l'Eglise missionnaire sa liberté, son indépendance et le droit de proclamer, avec les Apôtres: << Non possumus! >>.

Je me souviens des questions brûlantes qui se sont posées entre l'administration coloniale et le clergé missionnaire lorsque après l'encyclique de Pie XI, les Evêques Missionnaires, pour obéir au Vatican, je dis bien: POUR OBEIR, ont fondé des petits séminaires: - Croyez-vous que ces jeunes gens que vous formez ne vont pas tourner, contre vous, l'instruction que vous leur donnez?

Et les premiers séminaristes aéfiens n'ont été ordonnés qu'après que les Evêques eussent donné au Gouvernement tout apaisement sur ce point:

L'Eglise possède des moyens pour maintenir ses prêtres dans l'obédience.

L'administration coloniale pouvait donc compter, non seulement sur la discrétion des Missionnaires auxquels elle impose le silence par les subventions aux écoles, mais elle pouvait aussi compter sur les suspenses et excommunications de l'Eglise mises à sa disposition pour maintenir le clergé dans la discrétion.

D'autre part, les prêtres africains forment un clergé de seconde zone, parce qu'ils appartiennent à la race maudite de Cham. Des leçons spéciales d'humilité leur sont largement dispensées à cet effet.

Un << problème très grave >> s'est posé à Yaoundé lors des ordinations des premiers prêtres africains: << Fallait-il les ad-

mettre à table avec les missionnaires métropolitains et, surtout, lorsqu'il y avait des invités de l'administration? On voit que, déjà avant son existence, le clergé africain a été en A.E.F. un objet de contradiction et de suspicion. On comprend aussi qu'aucun Evêque d'A.E.F. n'ait osé, jusqu'ici, envoyer en France ou à Rome des membres du clergé africain pour parfaire leurs études et prendre contact avec le centre de civilisation et du catholicisme. Le << Figaro >> du 28 mars dernier donnait, sous le titre: << 59 Africains poursuivent à Rome leurs études ecclésiastiques >>, nomenclature des pays d'origine de ces jeunes étudiants: l'A.E.F. n'y figure pas.

Dès lors, un prêtre africain qui a eu l'audace de secouer le joug de l'Eglise colonialiste devient un danger public, une << bête à abattre >>. Cela explique la violence avec laquelle le journal << Climats >> m'attaque et le silence approbateur des autorités françaises sur mon affaire. Alors on fabrique une notion spéciale de flagrant délit pour moi.

Un prêtre aéfien défroqué à l'Assemblée Nationale? Que ne peut-il pas dire! Quel malheur pour nos affaires! Il faut que tout le monde se ligue pour l'abattre.

L'article de << Climats >> du 1er février 1951 commence par: << BOGANDA, Abbé défroqué, se prend pour le Pape de l'Oubangui >> et continu par : << Les élections de 1946 l'ont envoyé à Paris où il a perdu la foi et trouvé une femme >>. On pouvait demander à << Climats >>:

1° Si l'habit fait le moine;

2° Si le fait de se marier prouve, nécessairement, qu'on a perdu la foi;

3° Quel moyen le bon Dieu a confié à ce journal pour lui permettre de mesurer la foi des humains.

J'ai vu le danger que courait cette Eglise colonialiste qui n'a absolument rien de l'esprit du Christ et des Apôtres. Après avoir prévenu le Vatican par un volumineux dossier dans lequel j'ai exposé toutes les raisons pour lesquelles je ne pouvais pas accepter la doctrine sociale des Spiritains, je me suis séparé d'eux.

Voilà pourquoi j'ai été arrêté par des Administrateurs catholiques pratiquants.

Raisons d'ordre politique

<< Je suis contre l'administration coloniale, non point en tant qu'Administration mais pour sa doctrine coloniale >>.

Cette phrase m'a été dite, à Brazzaville, par un Administrateur; je l'ai faite mienne; << Climats >> d'ailleurs l'indique quand il écrit parlant de ma coopérative : << ...dont le député se servait dans sa lutte contre l'administration >>.

En latin << administrare >> signifie: servir, dominer, exploiter la faiblesse et l'ignorance du peuple dont on est chargé; suivant qu'on prend le mot <<administrer>> au sens actif ou passif le comportement sera différent. Heureusement, comme je le dis plus haut, je connais des administrateurs qui soutiennent ma thèse, elle est celle de la France. L'administration coloniale est, pour eux, un apostolat national.

Mais il existe une autre catégorie d'administrateurs, ceux qui vont outre-mer pour y assouvir leur ambition et leur désir de commander, aux Blancs aussi bien qu'aux Noirs, de dominer, d'exploiter, dans leur intérêt personnel, la faiblesse et l'ignorance des peuples d'outre-mer à l'égard desquels la correction, la politesse, la délicatesse, l'honnêteté, la justice, l'humanité elle-même, ne sont plus que des mots creux dont on ne s'embarrasse plus. On tâchera de s'en rappeler quand on rentrera en congé dans la métropole.

Ils ne sont pas nombreux les parents français qui, arrivant en Oubangui à l'improviste, comme je le fais moi-même, reconnaîtraient leur fils ou leur frère dans cet homme qui brûle vif un Africain dans sa case pour lui apprendre à la reconstruire, celui qui fait battre jusqu'à ce que mort s'ensuive des hommes et des femmes pour leur apprendre à cultiver du coton pour les sociétés cotonnières, celui qui arrête un Député Français pour livrer les produits de sa tribu aux commerçants portugais...

La politique de l'asservissement colonial a été supprimée par la Constitution et les faits que j'ai eu l'occasion de porter à la connaissance du Gouvernement et du peuple de France sont si loin de l'esprit français qu'on les qualifie d'exagérations: certainement il y a exagération: mais du côté des acteurs de ces faits ou du côté de celui qui les rapporte?

On a souvent répété en Oubangui : << Il va trop fort>>. Ce qui signifie que je revendique avec trop de force et conviction, pour

tout homme, fût-il le plus petit des pygmées, le droit à la vie, le droit à la liberté, le droit au respect de sa dignité hùmaine et au respect de ses biens.
Je l'ai dit, je l'ai affirmé, je le répète: la politique pratiquée en A.E.F. n'est pas celle de la France.
Je l'ai dit, je l'ai affirmé, je le répète parce que je suis Français: sans quoi je me tairais, ravi de voir la France se détruire elle-même!
Cette politique de << terreur >>, d'oppression et de domination ne peut être une politique française. Mais puisqu'elle est pratiquée au nom de la France et sous la protection du drapeau français, le Gouvernement français en demeure responsable.
Or, ou le Gouvernement français est au courant de cette politique qui se pratique en son nom et au nom du peuple français, alors, en ne réagissant pas, il approuve tacitement cette politique: dès lors le Gouvernement contribue à l'oppression du peuple noir, et, partant, trahit sa mission qui est de veiller à l'application des lois de la République.
Ou le Gouvernement ignore cette situation qu'il devrait connaître: alors c'est une ignorance volontaire, c'est la peur de la vérité. Pourquoi le Président du Conseil et le Ministre de la France d'Outre-Mer ne m'ont-ils point encore accordé le rendez-vous que je demande depuis trois mois? C'est la peur de la vérité et de la responsabilité.
Le 2 mai 1951, je recevais, en même temps, une première lettre, de Bangui, m'annonçant que sur le marché de Bossia une femme Ngbaka, malmenée, bousculée par un milicien, est tombée sur son bébé qu'elle a écrasé dans sa chute, et une seconde lettre d'un membre de la même tribu, combattant en Indochine sous le drapeau français: le 10 janvier dernier, lorsque je fus arrêté sur le marché de Bokanga avec ma femme et ma fille de 6 mois et demi pour avoir protesté contre l'assassinat d'un NGbaka dans la prison de M'Baïki, la femme qui portait ma fille fut bousculée par un milicien et faillit rouler à terre avec le bébé.
En Oubangui nous sommes bien loin de la correction et de l'humanité de la France métropolitaine où les agents de police font arrêter les voitures pour permettre à une maman- même à la maman d'une petite Négresse- de traverser la rue avec son

landau.
Je ne puis admettre cette politique d'oppression et de servitude qui se pratique derrière le << rideau de fer >> de l'Afrique Noire.
Si le Gouvernement de la Métropole devait arrêter tous ceux qui ne son pas de son avis, tous ceux qui critiquent son administration, ce serait la fin de la démocratie. Mais tant que la France sera une démocratie, je croirai de mon droit le plus absolu de revendiquer pour mon peuple et pour moi-même tous les droits reconnus aux Français.
Le 9 janvier 1951, à Bobangui, le chef de District de M'Baïki m'a dit: << Vous n'êtes pas Français; la Lobaye fait partie de l'Union Française mais non de la République Française <<.
Quel raisonnement pour un licencié en droit, sortant de l'école coloniale, qui eut, pour professeur, un agrégé Noir dont la tâche principale, en 1946, fut de corriger les erreurs grammaticales du texte de la Constitution d'octobre 1946: cette même Constitution qui stipule que la France métropolitaine, les départements et territoires d'outre-mer constituent la << République Française!>>
Mais je retiens qu'on m'a dit : vous n'êtes pas Français. Nous retenons qu'il a été répondu à ma femme: << Vous n'avez rien à dire >>, sous entendu : votre cas est déjà assez grave! Evidemment: la femme d'un Nègre...

Raisons d'ordre social

Dans les annales de la jurisprudence française et humaine, connaissez-vous un cas où une personne ait été emprisonnée sur sa demande? traduite en justice sur sa demande?
Ma femme a été arrêtée, emprisonnée avec moi à M'Baïki, traduite en justice; tout cela parce qu'elle a dit au juge:
<< Vous avez arrêté mon mari? Arrêtez-moi aussi, alors, et avec ma fille! >> il lui a répondu: << Mais oui, madame, tout ce que vous voudrez >>.
Quand elle a tenté d'éviter au juge de Paix l'odieux et le ridicule de mon arrestation lui demandant de prendre garde à ce qu'il allait faire, on lui a répondu : << Taisez-vous, madame, vous n'avez rien à dire >>. Evidemment!
En Afrique du Sud on enduit de goudron et de plumes les ménages bicolores; en A.E.F., c'est la prison.
Ainsi donc ceux qui n'hésitent pas à recevoir dans leurs draps

les négresses d'Afrique croient leur prestige perdu quand une européenne épouse un Nègre! Voilà pourquoi ma femme a été emprisonnée pour avoir épousé un Nègre, ma fille a été emprisonnée pour être née d'un Nègre et d'une Blanche; moi-même j'ai été emprisonné pour avoir osé épouser une Blanche >>.
Impassible aux attaques dirigées contre lui, il va multiplier les déclarations francophiles. Il souhaitera à de nombreuses occasions la construction d'une << *Afrique latine comme on parle d'une Amérique latine* >> à travers les deux Congo français et belge. Cette démarche d'adhésion et d'opposition aux Français est une équation difficile à résoudre pour Boganda. D'une part, il a mené son instruction, son prélat et sa carrière politique avec le soutien des Français, mais, d'autre part, il désapprouve les pratiques coloniales qui se poursuivent encore dans son Oubangui natal. En clair, il aime la France mais pas la colonisation française.
Cette même difficulté de voir cohabiter une France des libertés et une France coloniale se posera plus tard à Bokassa dans un contexte bien différent. La mort mystérieuse de Barthélémy Boganda survenu le 29 mars 1959, jour de pâcques, dans le crash d'un avion nord-atlas de la compagnie française UTA reliant Bangui à Berberati, va peser lourdement sur la vie et le destin de Bokassa. L'engagement de ce cousin, attaché à la France et à la prospérité de son pays, a beaucoup influencé la vie et la carrière du futur empereur.

3- Les douleurs d'une enfance

Jean Bedel Bokassa, qui est né le 22 février 1921 à Bougombé (Bobangui) de Mindogon Mgboudoulou et de Marie Yokowo, perd ses parents à l'âge de six ans. Resté orphelin avec onze frères et sœurs, il se retrouve sous l'autorité de son grand-père Mbalanga. Celui-ci est le chef de lignage Mgbaka, une communauté minoritaire située à quatre-vingts kilomètres de Bangui, dans le sud-ouest du pays. Il incarne la sagesse dans la tradition africaine, c'est en quelque sorte le détenteur de l'histoire et des coutumes de son lignage. Son expérience et ses connaissances sur la vie familiale l'autorisent donc à prendre toutes les décisions majeures qui engagent l'avenir des membres de son lignage.

C'est dans ce cadre qu'il va décider, au cours d'un conseil de famille, de confier la progéniture laissée par son fils Mindogon à tous ses autres enfants. Les onze frères et sœurs de Bokassa seront ainsi répartis entre leurs oncles et leurs tantes qui se chargeront de leur éducation. Le grand-père Mbalanga choisit de veiller particulièrement sur le jeune Bokassa. Certains témoignages soutiennent que ce dernier était un gaçon très éveillé. C'est, paraît-il, ce qui a poussé son grand-père à lui accorder beaucoup d'attention.

En 1927, il entre à l'école Sainte-Jeanne-d'Arc de Mbaïki, un établissement catholique qui accueille une minorité de privilégiés en pleine forêt équatoriale. Malgré la volonté de recevoir le plus grand nombre d'enfants qu'affichent les missionnaires, l'école française reste envahie par un nuage de suspicion. Dans l'esprit des Oubanguiens, comment envoyer les enfants à l'école française alors que leurs parents subissent chaque jour la violence des colons? Cette attitude ne permettra pas d'apprécier l'intérêt de l'école dans sa dimension intellectuelle et culturelle. Elle restera donc prisonnière des contradictions de cette période.

A la différence des écoles situées dans les chefs-lieux (des embryons de villes), les écoles des villages sont souvent des baraques construites dans la plus grande improvisation, sans moyens et sans organisation scolaire. En revanche, elles ont une mission précise et des objectifs clairs. Ceux-ci sont énoncés en 1923 par le ministre français des Colonies Albert Sarraut dans un ouvrage édité chez Payot sous le titre : *La mise en valeur des colonies françaises.* Il y déclare: << *Instruire les indigènes est assurément notre devoir. Mais ce devoir fondamental s'accorde par surcroît avec nos intérêts économiques, administratifs, militaires et politiques les plus évidents.*>> La mission principale est d'enseigner la langue française pour faciliter la communication entre les Africains et les colons. Dans le même temps, ces derniers craignent aussi qu'une connaissance trop grande de la langue française ne devienne, selon l'expression du premier inspecteur de l'enseignement en AOF Georges Hardy, << *un instrument de perturbation sociale* >>. L' autre but, un peu inavoué, de l'institution scolaire est de créer un lien de dépendance et de soumission aux institutions politiques, économiques et idéologiques de cette époque, gage d'un meilleur contrôle des populations africaines. Au fond, le vrai problème pour les colons, dans cette forêt équatoriale, est qu'ils ne maîtrisent pas les différentes formes d'organisations sociales et le fonctionnement des institutions propres aux Africains.

Ils seront alors amenés à reproduire le mode d'organisation des institutions métropolitaines en s'efforçant de dévoiler le moins possible leurs avantages pour les Africains. Ils ne brandiront donc que les aspects les plus redoutables et les plus frustrants de ces institutions dont le fonctionnement sera d'ailleurs très différent de celui la métropole . Les Africains ne sauront donc jamais leurs droits et n'apprendront quasiment pas la manière de les défendre.

L'école, qui était pourtant le lieu idéal pour apprendre tout cela, sera plutôt le lieu d'apprentissage des frustrations les plus diverses (rejet des langues maternelles, dénigrement des croyances ancestrales, etc.). On s'efforcera donc de limiter qualitativement et quantitativement l'apprentissage du français, des sciences etc. au strict minimum; ce qui entretiendra alors le doute et le complexe d'infériorité chez de nombreux Africains. D'ailleurs les rires sarcastiques du << *parler petit nègre* >> chez les colons sont assez connus dans la littérature des années 20 où l'Africain répondait au grand plaisir de son employeur << *ouimsié* >> (oui monsieur). C'est dans ces contradictions que seront prises les populations de l'Oubangui qui ne sauront pas s'il est dans leur intérêt ou non d'envoyer leurs enfants à l'école française. Il n'est pas exclu que par ignorance ou par excès de prudence, certains parents aient vu en l'école française, une concurrente non négligeable à l'éducation ancestrale qu'ils inculquaient à leur progéniture. Pour le grand-père Mbalanga, qui avait déjà travaillé avec les colons, l'école devait être perçue comme un processus évolutif. Découvrir l'autre, au besoin en apprenant sa langue et sa culture était, de son point de vue, une démarche enrichissante. Il imaginait aussi que les enfants les mieux formés à l'école française allaient jouer, à l'avenir, un rôle capital en Oubangui. Cette approche l'a poussé à rechercher, au prix de grands sacrifices financiers, une meilleure scolarité à son petit-fils Bokassa.

Celui-ci s'inscrit, en 1928, à l'école Saint-Louis, très réputée de la capitale que dirige le révérend père Gruner. Au bout d'une année seulement, Bokassa quitte l'école Sainte-Jeanne-d'Arc de Mbaïki dans laquelle il fait ses premiers pas. La raison de ce départ n'est pas uniquement liée au fait qu'elle est moins réputée que celle de Saint-Louis. C'est surtout qu'à cette époque, le jeune Bokassa est un garçon turbulent comme il l'a reconnu à maintes occasions. Un jour, son instituteur retrouve, à son entrée dans la salle de classe, le tableau noir sur lequel écrivent les maîtres d'écoles à même le sol. Bokassa est accusé d'être à l'origine de l'incident. L'instituteur décide alors de le punir. Mais, le jeune homme, encore sous le choc du décès de ses parents, va s'énerver. Il va refuser d'obéir aux injonctions de l'enseignant. Il sera soutenu par son grand-père qui s'opposera à toute sanction à l'égard de son petit-fils. Il obtient donc un transfert à l'école Saint-Louis. Arrivé à Bangui en 1928, le jeune Bokassa a du mal à se concentrer sur ses études, ses relations avec ses camarades sont tendues et ses jeux avec les autres enfants sont régulièrement prêts à dégénérer en bagarre. Il obtient un autre transfert pour s'inscrire dans une école missionaire de Brazzaville. Contrairement à l'image d'élève brillant que Bokassa a toujours voulu donner de sa courte scolarité (six ans), il aura beaucoup de mal à obtenir des résultats satisfaisants pour poursuivre sa formation au séminaire et devenir curé. Le chagrin du décès de ses parents le ronge tellement qu'il risque même de compromettre son avenir. En plus, son âge avance et il semble de moins en moins attirer par la vie scolaire et ses contraintes. Etudier les leçons, se plier aux règles et aux sanctions du système éducatif, tout cela lui donne des boutons. Il préfère travailler, gagner de l'argent et aider ses frères et sœurs restés à Bobangui. Il tente sa chance dans plusieurs métiers sans grand résultat. Le voyant inquiet, son grand-père, Mbalanga, lui demande alors d'entrer dans l'armée. Ce sera le début d'une longue et brillante carrière dans l'armée française.

II

De l'armée à la politique

Pendant la seconde guerre mondiale, alors que la France est occupée par l'armée allemande et qu'elle a besoin de l'aide de ses colonies pour sa libération, le jeune Bokassa, âgé de dix-huit ans, se présente le 19 mai 1939 comme engagé volontaire au bataillon des tirailleurs sénégalais de Brazzaville, officiellement appelé le bataillon des tirailleurs de Brazzaville. Il restera vingt-trois ans dans l'armée française et participera aux batailles de Provence et de Diên Biên Phu. Il recevra aussi de très hautes distinctions de la République Française notamment la Croix de guerre, la Médaille Militaire et la Légion d' Honneur.
A son retour en République Centrafricaine, dans le cadre de l'assistance militaire française, Bokassa devient le chef de cabinet du président Dacko qu'il va renverser quelques années plus tard.

1- L'ère des grands combats

Après son entrée dans l'armée française, Bokassa est nommé soldat de première classe le 1er janvier 1940. Six mois plus tard, il accède au grade de caporal (le 1er juillet 1940) après avoir satisfait aux épreuves d'élèves gradés. Il obtient le brevet d'opérateur radiophoniste le 15 septembre 1941 et en moins de deux mois, il devient sergent (le 1er novembre 1941). N'ayant pas réussi à s'imposer sur les bancs de l'école, Bokassa veut s'imposer dans l'armée et sur les champs de bataille. Cette ambition l'amènera au débarquement de Provence dans le sud de la France, en août 1944, un mois seulement après sa nomination au grade de sergent chef (1er juillet).
Lorsque éclate la deuxième guerre mondiale, l'empire colonial français, notamment l'AOF (Afrique Occidentale Française) et l'AEF (Afrique Equatoriale Française), est appelé au secours de la métropole. Pendant que la panique s'empare du pays, le général de Gaulle réfugié à Londres, lance, sur les ondes de la radio britannique BBC, un appel à la résistance le 18 juin 1940. Cet appel va créer un véritable dilemme aux troupes des territoires français d'Outre-mer. Faut-il suivre le maréchal Pétain, nouveau chef de l'Etat français qui vient de capituler devant l'Allemagne ou le général de Gaulle qui prône la poursuite du combat ?
L'Afrique Equatoriale Française et le gouverneur du Tchad Félix Eboué, un Français d'origine guyanaise, choisissent la seconde voie. Le jeune Bokassa qui se trouvait donc à la garnison militaire de Brazzaville, apprend, au cours d'une réunion avec le capitaine Delange, qui dirigeait la compagnie, que le général de Gaulle cherche des volontaires pour affronter les Allemands. Bokassa dira: << *Je suis alors sorti des rangs pour me porter volontaire.*>> C'est ainsi qu'il va obtenir sa carte de combattant volontaire de l'armée française (voir annexe 1).
Il est important de revenir sur la situation qui prévaut à cette époque en Afrique pour mieux comprendre l'attachement de Bokassa au général français et son enracinement dans le gaullisme. Comme en France, il régnait, en gros, deux ten-

dances dans le continent noir: l'une vichyste et l'autre gaulliste. Chez les premiers, il y a à peu près deux courants: d'une part ceux qui adhèrent réellement à l'idéologie et à la politique nazie et d'autre part ceux qui, quelque peu timorés, meurent de peur à l'idée de manifester une opposition quelconque aux forces de l'occupation. Dans cette seconde catégorie, on trouve le général Husson dont un médecin décrit l'immobilisme marqué uniquement par la poursuite de sa carrière personnelle ou encore le gouverneur de Côte-d'Ivoire Monsieur Croccichia cité dans un document publié en 1946 à Bamako et intitulé : *Au Bagne, entre les griffes de Vichy et de la milice.* Il y déclare : << *Je suis Corse, j'ai ma famille en Corse, tout me pousse à craindre que notre île devienne italienne, notre défaite étant totale et définitive. Si je désire conserver ma situation, sans laquelle je ne saurais faire vivre ma famille, je dois donc m'incliner. Je ne puis, par conséquent, m'opposer à la politique de Vichy.*>> Un autre personnage, Armand Annet, gouverneur de Madagascar à l'époque se demande, en quoi la soumission au gouvernement de Vichy pouvait–elle constituer une erreur politique ou personnelle ? Son témoignage est longuement détaillé dans un ouvrage publié en 1952 aux éditions du Conquistador et intitulé *Aux heures troublées de l'Afrique française (1939-1943).*

Chez les gaullistes, qui sont minoritaires dans les structures coloniales dirigeantes, le choix de sauver la patrie française du nazisme sera plus net mais difficile à exprimer et à faire émerger dans les colonies. Un homme réussira, contre vents et marrées, à promouvoir l'option du général de Gaulle en Afrique. Il s'agit de Félix Eboué. Comment s'y prend-il? D'abord en usant d'une diplomatie et d'une habilité à toute épreuve. Ayant pris l'initiative de ne pas signer l'armistice et de soutenir de Gaulle, il savait que cette position était risquée dans un contexte où les rivalités entre les groupes coloniaux s'exprimaient violemment. Il va donc autoriser ceux qui refusent le ralliement aux Forces Françaises Libres de se rendre au Niger par la route ou de rejoindre la métropole par bateau. Au même moment, les partisans de De Gaulle sont arrêtés et incarcérés à Dakar. Occupant un poste stratégique au Tchad, il craint d'être pris en tenaille entre les garnisons italiennes du Fezzan et les troupes situées dans le nord du Cameroun revendiqué par Hitler. Eboué va alors demander à de Gaulle de lui donner les moyens nécessaires à ses efforts de mobilisation. Le 24 août 1940, le général de Gaulle lui envoie son émissaire spécial René Pleven accompagné du colonel d'Ornano. C'est ainsi que Félix Eboué va déclarer ouvertement que : << *La restauration de la grandeur et de l'indépendance françaises exige que la France d'Outre-mer continue de se battre aux côtés de la Grande Bretagne.*>> Il proclame ainsi l'Union du territoire et des troupes des Forces Françaises Libres du général de Gaulle et lance un vibrant appel aux autres parties de l'Afrique française de suivre l'exemple du Tchad.

L'appel d'Eboué reçoit un écho très large au point que de Gaulle le nomme gouverneur de la totalité de l'Afrique Equatoriale Française (et du Cameroun) en novembre 1940. Ce qui n'est pas de nature à plaire à beaucoup de gaullistes. Certains d'entre eux prendront cette nomination pour un affront, une trahison du général de Gaulle qui laissait entre les mains d' un Français d'origine antillaise un pouvoir d'une si grande ampleur. Ils sont cependant loin de comprendre que la principale préoccupation de De Gaulle est de gagner la guerre et de rendre à la France sa liberté et sa grandeur. Et, en bon stratège militaire, il sait que seul Eboué, très apprécié des Africains, est, plus que quiconque, capable de mobiliser l'Afrique noire à l'effort de guerre aux côtés de la France. Il passera donc outre les préoccupations raciales de son entourage et encouragera Eboué à aller de l'avant. La suite des événements lui donnera raison .

Eboué a essuyé, comme certains de ses amis Antillais, les avanies liées aux préjugés raciaux. Il lui a fallu, dans sa carrière, concilier à la fois le respect de la logique coloniale, ses convictions liées au respect des Droits de l'Homme de même que son adhésion à la franc-maçonnerie et au parti socialiste SFIO. Une démarche difficile qui lui vaudra à la fois l'incompréhension et le respect. De Gaulle dira de lui dans ses *Mémoires de guerre* : << *Cet homme d'intelligence, de cœur, ce noir ardemment français, ce philosophe humaniste répugnait de tout son être à la soumission de la France et au triomphe du racisme nazi.* >> Cette reconnaissance de la valeur intrinsèque et des compétences était, selon Bokassa, << *d'une grande audace et d'une grande noblesse de la part du général dans la France des années 40* >>. Il faut dire que Eboué, ayant longtemps servi au Tchad et en Oubangui comme administrateur français, a beaucoup contribué à atténuer la brutalité des colons dans cette région. C'est cela aussi qui va énormément toucher Bokassa.

Cette perception et ce regard très personnel que de Gaulle manifestait contre les préjugés raciaux de son entourage, à ce moment précis, marqueront profondément Jean Bedel Bokassa (grand amateur de l'histoire de France). Son enracinement dans le gaullisme trouve ici son fondement et sa justification.

Une fois la guerre terminée, la contribution des tirailleurs sénégalais ayant été décisive dans la victoire des Forces Françaises Libres, le général de Gaulle va considérer qu'il est incongru de laisser, dans l'armée française, les combattants africains au rang de subalterne. Il demande donc aux commandants militaires de sélectionner, parmi les Africains de langue française, des soldats pouvant intégrer l'école des officiers. Deux candidats de l'AEF seront reçus à l'examen d'entrée de l'école des officiers. Il s'agit du Tchadien Doumro et du Centrafricain Jean Bedel Bokassa. Les écoles de formation d'officiers ayant été détruites par la guerre, Bokassa entrera à l'école des cadres de Saint-Louis du Sénégal le 25 février 1947. Il y restera jusqu'au 8 mars 1948 et suivra par la suite un stage à l'école militaire interarmes de Yaoundé (Cameroun), avant de revenir en France pour compléter sa formation au centre d'instruction de Châlons-sur-marne. C'est donc au mois de mars 1950 qu'il arrive à Fréjus pour un stage de perfectionnement au Groupement d'Instruction Militaire des Troupes Coloniales.

Bokassa se rend compte, au fil du temps, que le gain des galons dans l'armée française est un parcours du combattant pour l'Africain qu'il est. Il doit encore consentir beaucoup d'efforts pour gravir différents échelons dans la hiérarchie militaire. Il est aussi conscient qu'au lendemain de la libération de la France par les Forces Françaises Libres et les Alliés, il ne doit plus sous-estimer ses capacités d'accomplir une grande carrière dans cette armée. Il va confier un jour à un journaliste de la revue *Europe Outre-mer*, qu'avant le débarquement de Provence, le général de Gaulle le voyant, à dix-huit ans, se demandait sceptique : << *Est-ce que cet enfant va tenir le coup*? >> Bokassa a tenu le coup puisqu'il était toujours là, onze ans après. Il obtient le 1er mars 1950 le grade d'adjudant de l'armée. La même année, il est désigné pour faire partie du corps expéditionnaire d'Extrême-Orient qui va combattre le Vietminh en Indochine. Ayant acquis des compétences techniques et l'expérience de la guerre, l'adjudant du neuvième bataillon d'infanterie de la marine va combattre sans état d'âme. Son seul objectif est de remplir sa mission. Il se verra confier le rôle d'officier des transmissions du bataillon colonial de Saigon-Chôlon. Une responsabilité importante lorsqu'on sait qu'en période de guerre, la transmission des informations est capitale dans l'application des stratégies de combats. Bokassa est donc une pièce importante dans le dispositif technique des moyens de transmission. C'est là qu'il va roder sa formation au renseignement militaire. Il dira que lui avoir confié une tâche de cette envergure relevait, pour un officier de son état, d'une << *grande confiance de la hiérarchie* >> à son égard.

Sa participation à cette guerre, considérée comme une guerre coloniale, lui a été reprochée à plusieurs reprises par ses détracteurs, Français et Africains confondus. Il est important de souligner qu'à cette époque, Bokassa est un officier français malgré ses origines africaines. Il ne peut donc se soustraire à ses devoirs de citoyen français. D' après lui, un militaire ne peut pas s' appesantir sur des considérations politiques et morales fussent-elles gênantes pour la conscience qu'il avait nécessairement des méfaits de la colonisation dans son pays d'origine: l' Oubangui. D'ailleurs, il n'a jamais éprouvé le moindre regret ou le moindre malaise d'avoir participé aux différentes missions de l'armée française. Il avait toujours été fier de son action, de sa fidélité et de sa loyauté au sein de cette armée. Il considérait surtout qu'être un résistant français de la première heure n'était pas un choix banal pour un Africain. Il aimait répéter à un de ses proches : << *Mais, ils sont bien culottés ces Français qui se moquent de moi, j'ai quand même pris les armes pour défendre la France au moment où certains d'entre eux se terraient dans les caves et liquidaient des juifs.* >>

Bokassa opérait toujours un distinguo entre son statut de militaire et la politique coloniale française qu'il n'avait ni oubliée ni tolérée.

Pendant la bataille de Saïgon, il se fera remarquer par son professionnalisme et son audace. Un rapport militaire du commandant en chef de son régiment en dit long à ce sujet. Il affirme que Bokassa : << *Sous- officier spécialiste radio, chef de poste du P.C. du sous- secteur de la rivière, très actif, très dynamique, toujours volontaire pour les patrouilles, les reconnaissances et les opérations. A accompli plusieurs liaisons dans les postes du sous secteur pour effectuer << les réparations >>.* Ce général souligne que Bokassa << *s'est distingué le 23.09.51 au cours d'un harcèlement du poste en construction de BA-DONG (province de BIEN-HOA- SVN).* >> Avant d'ajouter qu'il << *a fait preuve de belles qualités de calme et de courage, assurant lui-même le tir violent des rebelles* >>. Selon le même commandant, Bokassa << *a permis ainsi à la pièce d'artillerie d'exécuter sous ses renseignements un tir rapide et précis qui obligea les rebelles à décrocher* >>.

A la fin de ce conflit, il recoit le 27 juin 1953, une lettre de félicitations d'un officier supérieur des Forces armées de la zone de défense de l'Afrique Equatoriale Française.

2- L'officier noir du général de Gaulle

Lorsqu'il retourne en France en mars 1953, au centre de formation de Fréjus, Bokassa est de plus en plus apprécié par sa hiérarchie. Mais, dans le même temps, son caractère belliqueux ne lui attire pas la sympathie des officiers de l'armée. Il est perçu par certains comme quelqu'un de laborieux, persévérant et tenace alors que pour d'autres, il donne plutôt l'impression d'être imprévisible, pouvant rapidement passer de la colère vive à la politesse excessive.

Il est clair que la personnalité de Bokassa suscite déjà quelques curiosités dans les casernes. De plus, conscient d'avoir fait ses preuves en tant que militaire, il ne supporte pas d'entendre, de la bouche de ses collègues, des critiques ou toutes formes de reproches. L'homme est très susceptible, il ne faut surtout pas le prendre à rebrousse-poil.

L'armée est devenue une seconde famille pour Bokassa. Elle lui a redonné le sens de la discipline, de la rigueur et de l'honneur. Il y a aussi derrière tout cela une victoire, celle du travail et du mérite, celle d'un petit soldat devenu officier à force d'audace et de persévérance. Pour l'Africain qu'il est, cela a encore plus d'importance.

Au fond de lui-même, il est convaincu qu'il doit aussi son ascension à un homme : de Gaulle. Il est resté graver en lettre d'or dans l'esprit et le cœur de Bokassa. Pour lui, la France c'est de Gaulle et l'armée française. Un point c'est tout!

Son engagement sans réserve dans les rangs de cette armée lui vaut la Médaille militaire par le décret du 21 décembre 1954 puis la Croix de guerre le 29 avril 1957. Avant cette date, en 1955 précisément, il est affecté comme instructeur des transmissions au quatrième régiment d'infanterie de la marine à Fréjus. Bokassa va dispenser ses cours avec enthousiasme et passion.

Sa nomination le 1er décembre 1956 au grade de sous-lieutenant va soulever un tollé puisqu' il n'était pas évident de passer du grade d'adjudant-chef à celui de sous-lieutenant sans être titulaire au moins du baccalauréat. Pour obtenir ce grade, il fallait avoir un dossier professionnel brillant.

En décembre 1958, Bokassa est affecté à Brazzaville dans le cadre de l'assistance technique militaire française avec le grade de lieutenant obtenu tout juste le 1er décembre de la même année. A cette occasion, il rencontre son cousin Barthélémy Boganda. Au cours de ces retrouvailles, Bokassa reçoit, lors d'une cérémonie officielle, les honneurs de son cousin devant un parterre de quelques centaines de personnes. Celui-ci le félicitera de sa << *réussite au sein de l'armée française*>>. Il dira: << *J'accueille avec joie et fierté le jeune lieutenant Jean Bedel Bokassa, premier ressortissant d'Afrique Centrale à porter avec honneur des galons d'officier français.*>>
Il faut noter qu'à cette époque, les Africains pouvant se targuer d'être officier de l'armée française étaient rares. Bokassa faisait donc figure d'exception dans cette région et surtout pour son pays d'origine, le Centrafrique.

La joie des deux hommes et le respect qu'ils éprouvent l'un pour l'autre sont si forts qu'ils ont le sentiment d'avoir, chacun dans son domaine, un parcours qui honore leur famille. Au delà de cette déclaration publique, il y a surtout une joie secrète que Boganda et son cousin Bokassa savourent en silence : c'est l'impression d'avoir fait un pied de nez à la violence coloniale dans laquelle leurs parents ont péri.

A la fin des années 50, le processus de décolonisation est lancé et plusieurs futurs états de l'Afrique Equatoriale Française se préparent aux indépendances. La guerre ayant révélé la vulnérabilité de la métropole, une avalanche de revendications va s'abattre sur le système colonial. Sous la pression conjuguée des intellectuels, des syndicalistes, des organisations estudiantines et des partis politiques, les Africains vont obtenir des autorités françaises la suppression du travail forcé et du régime d'indigénat. La liberté de la presse sera conquise, les droits syndicaux et le militantisme politique seront arrachés. La Constitution française de 1958 va suivre la voie des réformes même si elle reste prudente et réservée sur le principe du droit à l'autodétermination inscrit dans la charte de l'atlantique de 1941 et soutenu par les Etats-Unis et l'Union Soviétique.

C'est dans cette atmosphère de conquête des libertés que la République Centrafricaine sera proclamée en Oubangui-Chari

le 1er décembre 1958. David Dacko devient alors le premier chef de l'Etat centrafricain en 1960. Immédiatement, il doit faire face aux difficultés de la jeune République, notamment la carence des cadres hautement qualifiés dans l'administration, la santé et l'armée.
Dans un télégramme confidentiel que l'ambassadeur de France à Bangui, Monsieur Roger Barberot, adresse à son gouvernement en 1961, il souligne que Dacko déplore l'insuffisance des cadres militaires et de matériels roulant dans l'armée centrafricaine. Le diplomate précise dans le même document que les << *besoins de l'armée centrafricaine s'élèvent à 20 officiers au minimum* >>. Il remarque qu'on ne peut atteindre ce chiffre qu'en ne comptant qu'un seul officier par compagnie alors que le nombre de trois est généralement admis comme minimum.
Cette carence des cadres militaires s'explique essentiellement par le fait que le système colonial ne prévoyant pas l'octroi des indépendances en 1960, aucune disposition n'avait été prise pour remplacer les officiers de l'armée française en République Centrafricaine. Le président Dacko envisagera donc de pallier ce manque en demandant le transfert des sous-officiers centrafricains qui servaient dans l'armée française au titre de l'assistance technique. Bokassa qui est devenu lieutenant le 1er décembre 1958 sera donc affecté en 1959 dans l'armée centrafricaine au titre de l'assistance technique militaire française. Il aura pour tâche de constituer le cabinet militaire du Président Dacko. Il se consacrera à ce travail et lorsqu'il est nommé capitaine le 1er juillet 1961, il passe véritablement la dernière année de sa carrière militaire dans l'armée française après plus de vingt années de service. Le retour dans son pays natal marquera un nouveau départ dans sa carrière et surtout un tournant décisif dans les arènes du pouvoir politique.

3- Aux portes du pouvoir politique

En 1961, l'armée centrafricaine ne possède que trois officiers dont Jean Bedel Bokassa qui est le chef de cabinet militaire du président Dacko. Cette responsabilité, qu'il assume auprès du chef de l'Etat, le place au cœur du dispositif de sécurité de l'ensemble du pays. A cette époque, David Dacko envisage une << *africanisation des cadres* >> de l'armée. Dans son esprit, sa propre sécurité ainsi que celle des Centrafricains doit être assurée par les militaires centrafricains et non par les Français. Mais, le président reste prudent car il a également besoin de l'aide française pour structurer et équiper son armée. Ne voulant pas dévoiler ses arrières-pensées dans ce domaine très sensible, il restera évasif au cours d'une entrevue avec l'ambassadeur de France Roger Barberot. En fait, il ne dira rien sur le temps qu'il entend consacrer à cette << *africanisation* >>. Une décision prise en conseil des ministres, sous l'impulsion de Dacko, avait pourtant choisi la date du 31 décembre 1962 pour parachever l'opération << *d'africanisation* >>. Le problème de Dacko est qu'il trouvait trop long le projet établi par un commandant français qui prévoyait que << *l'africanisation* >> des brigades ne pouvait se terminer qu'en mai 1963. La volonté du président Dacko d'accélérer les changements dans l'armée va donc l'amener à signer un décret le 18 janvier 1962 dans lequel Bokassa est promu, à << *titre exceptionnel* >>, commandant et chef de bataillon. Le même jour, les sous-lieutenant François SANA et Georges Bangui sont également nommés au grade de capitaine (voir annexe 2).

Avant cette nomination, la France avait déjà proposé le colonel Séou pour occuper ce poste. Mais, celui-ci, pour de multiples raisons, ne correspondait pas à l'homme que voulait Dacko à cette fonction. Il rejettera donc la proposition des Français et son choix se portera sur Jean Bedel Bokassa. Ce dernier a souvent évité d'évoquer cette promotion dans son répertoire de grades (sans doute parce qu'elle n'était pas liée à ses efforts personnels, mais à une nécessité politique). Elle va pourtant marquer le début de son attrait pour la vie politique cen-

trafricaine.
Le président Dacko, qui recherche un véritable soutien dans l'armée, constate que peu de militaires sont proches de sa région natale. Il imagine alors que Bokassa, étant du même village que lui, sera son meilleur allié. Il lui accordera toute sa confiance.
C'est ainsi que Bokassa devient le bras droit du président Dacko et dans une certaine mesure le numéro deux du régime. Ils se rendront ensemble en visite officielle en Israël au mois de juin 1962. Le but de ce voyage est d'étudier la structure et l'organisation des forces militaires et paramilitaires que vient de créer l'Etat hébreux. Malgré l'intérêt que Dacko semble accorder aux forces armées, il nourrit surtout l'ambition de réduire son autorité à la portion congrue. Il espère ainsi éviter de susciter, chez les militaires, l'appétit du pouvoir politique. En plus, la situation économique du pays se dégrade et le président veut relancer les activités agricoles pour redorer son blason.
Bokassa, qui ne doute pas du soutien que lui accorde le chef de l'Etat, continue dans la discrétion à travailler à l'organisation de l'armée centrafricaine. En 1963, il devient chef d'Etat major et se retrouve à la tête de l'armée de terre, de l'armée de l'air, de la marine, de la gendarmerie et du service central du Commissariat de la défense nationale, placés sous l'autorité du président Dacko qui cumule lui-même deux portefeuilles, notamment celui de la Défense et de l'Intérieur (voir annexe 3).
Pour mettre à exécution son projet d'affaiblissement de l'armée centrafricaine, Dacko demande à Bokassa de réorganiser tout le dispositif militaire dans l'ensemble du pays. Or, les premières structures mises en place deux années auparavant ne sont pas encore achevées. Le président cherche à diminuer les dépenses militaires qu'il considère exorbitantes et estime que Bokassa est mieux placé pour le faire. Une façon de lui demander de scier la branche sur laquelle il est assis. Bokassa va, une première fois, remettre à Dacko un projet non chiffré. Cette attitude excitera la colère du président qui lui ordonnera de reprendre tout le travail. Le chef de l'Etat entend profiter d'une visite en France pour solliciter l'aide du gouvernement

français. Il croit qu'en se montrant sourcilleux sur le budget militaire, Paris mettra plus facilement la main au portefeuille. Dans l'urgence, Bokassa crée une commission regroupant des conseillers militaires français et un officier de l'ambassade de France. Il va prendre soin qu'aucun des officiers français n'ait de contact direct avec le président. Le rapport rédigé par cette commission sera remis à Dacko la veille de son départ pour Paris. Mais il sera aussitôt rejeté par Dacko pour deux raisons: d'une part, il ne répond pas aux aspirations du chef de l'Etat et d'autre part, au lieu de diminuer les dépenses, il les augmente au contraire. Le rejet de ce nouveau rapport mettra les conseillers militaires français dans une situation inconfortable et amènera le général délégué pour la défense de la zone Outre-mer n°2, Monsieur Kergaravat, à justifier dans un document secret adressé à sa hiérarchie que : << *Faute de contacts personnels directs avec le Président, les officiers ne reçoivent leurs directives que par l'intermédiaire du Commandant Bokassa qui n'en saisit pas toujours exactement l'esprit. Ils ne sont alors en mesure ni de faire préciser la pensée du gouvernement, ni de présenter leurs observations préalablement à la rédaction du projet.*>>
Malgré cette tentative d'explication du général Kergaravat, on ne saura jamais s'il s'agissait d'une incompréhension réelle de la demande du président Dacko ou d'une ruse soigneusement menée par Bokassa pour éviter une restriction du budget de l'armée. Dacko est finalement parti à Paris sans projet.

Dès son arrivée en France, il va demander aux autorités françaises l'envoi à Bangui d'un expert pour réorganiser l'armée centrafricaine. Son choix sera dirigé vers le colonel Bigeard.

En décembre 1964, Bokassa est promu colonel. Il observe cependant qu'un climat de tension s'installe progressivement entre le président de la République et lui. Il ne comprend pas les mobiles exacts qui poussent Dacko à vouloir à tout prix soumettre l'armée, récemment créée, à un régime amaigrissant.

A la suite du voyage de ce dernier à Paris, le ministre français des Armées, Monsieur Pierre Mesmer, émet des réserves sur l'orientation que Dacko entend donner à l'armée centrafricaine à travers le projet du colonel Bigeard. Il s'inquiète du fait que : << *La mission principale de la nouvelle armée de terre devienne la participation au développement économique et social du pays. Le maintien de l'ordre interne ne vient qu'en troisième position.* Selon lui, *il est à craindre que, par un phénomène analogue à celui qui s'est produit en Côte- d'Ivoire, où le Président Houphouët Boigny a été amené à séparer nettement l'armée du service civique, l'armée centrafricaine ne se trouve assez rapidement écartelée entre ses deux missions.*>>

Monsieur Mesmer estime que << *le reclassement dans l'administration d'environ 50 soldats de carrière par an paraît une opération plus difficile à réaliser que le reclassement civil des appelés qui constituaient jusqu'à ce jour la quasi-totalité de l'armée centrafricaine* >>. Ces réserves du ministre Mesmer sont bien partagées par Bokassa qui ne voit pas d'un bon œil ce démembrement des forces armées. La situation, qui était déjà tendue entre Dacko et lui, va rapidement se détériorer, quelques mois seulement après sa nomination au grade de colonel. Pour la première fois, Bokassa se met à réfléchir sur l'opportunité de prendre le pouvoir au Centrafrique.

III

Quatorze années de pouvoir au Centrafrique

Pendant plus d'une décennie, Jean Bedel Bokassa règne sur la République Centrafricaine et l'Empire Centrafricain. Il sera d'abord président, puis président à vie et enfin empereur. Tantôt adulé, tantôt craint, parfois raillé, souvent courtisé, Bokassa laissera ses marques dans la mémoire de nombreux Centrafricains et dans celle de nombreux Occidentaux. Les médias ont donné de lui l' image d'un tyran nègre bouffon et excentrique. Pourtant, un bilan rigoureux et factuel du régime de Bokassa n'est pas marqué de bout en bout par la tyrannie, la bouffonnerie et l'excentricité. Précisons sur cette partie de sa vie, qui a toujours mêlé vérités et mensonges, que notre objectif consiste simplement à montrer et à éclairer les actions de Bokassa en quatorze années de pouvoir. Notre rôle n'est pas ici de juger ce qu'il a fait de positif ou de négatif. Nous nous abstenons aussi de défendre ou de condamner son héritage. Celui-ci reste sa propriété et celle des Centrafricains. Notre présentation des faits sera forcément subjective, mais d'une subjectivité honnête afin que chacun se forge réellement sa propre opinion sur la véritable personnalité de Jean Bedel Bokassa.

Les principaux domaines qui sont traités pendant ces quatorze années de pouvoir concernent la politique intérieure, l'économie, la diplomatie et les Droits de l'Homme.

Ce choix est peut-être partiel, mais il a l'avantage de couvrir l'essentiel de l'action du président centrafricain.

1- La prise du pouvoir

A la veille de la prise du pouvoir par Bokassa, la République Centrafricaine est en proie à deux difficultés majeures: l'absence de liquidités dans les caisses de l'Etat et l'imprécision de la politique extérieure du gouvernement. Sur le premier point, malgré les efforts réalisés dans la production et l'exportation de certains produits tels le diamant et le bois, la balance commerciale reste déficitaire et les principales cultures d'exportation que sont le coton et le café souffrent de la baisse des cours sur le marché international. Les agriculteurs, qui représentent la majorité de la population (environ 80%), vont être les premières victimes de cet effondrement des prix car ils en tirent l'essentiel de leurs revenus.
Noyé dans les réflexions macro-économiques avec ses conseillers, qui encouragent le développement des cultures d'exportation au détriment des cultures vivrières destinées au marché centrafricain, Dacko a du mal à contrôler la situation. Ses discours, invitant les Centrafricains au travail de la terre, résonnent comme des sons de cloche lointains et inaudibles par les paysans. En outre, la gangrène de la corruption ronge l'ensemble de la classe politique et les hauts fonctionnaires de l'administration. Une incurie gouvernementale qui ne donnera lieu à aucune sanction de la part de Dacko.
S'agissant de la politique extérieure, le président est un peu déboussolé devant les difficultés de son pays. Sa stratégie consistera donc à vouloir concilier l'inconciliable. Il veut bénéficier de l'aide française et privilégier l'implantation en République Centrafricaine des communistes chinois. Il chargera Monsieur Nzala, un responsable de la branche maoïste du parti unique, de négocier avec les chinois. Le Centrafrique signera un accord de coopération avec Taiwan et n'hésitera pas à considérer, quatre mois après, le gouvernement de Pékin -en conflit avec Taiwan- comme << *l'unique gouvernement légal représentant tout le peuple chinois* >>.
Ce rapprochement avec les deux Chine va semer le trouble chez les Français, principaux partenaires de la République Centrafricaine. Alertés par ces contacts, les services secrets

français commencent à s'agiter. Ils scrutent tous les faits et gestes de Dacko. Cette atmosphère de désordre sur le plan économique et d'incertitude sur le plan diplomatique va ouvrir une brèche à l'éviction du président. Celle-ci va survenir après une brouille dans les relations entre David Dacko et Bokassa qui détient dorénavant l'autorité sur l'armée de terre, l'armée de l'air et la gendarmerie nationale. Il se trouve donc en position d'exercer des pressions sur le chef de l'Etat qui n'est pas très apprécié des militaires pour la politique d'austérité qu'il mène à leur égard. Dacko songe rapidement à éloigner Bokassa du Centrafrique. Il oublie cependant que celui-ci a eu le temps - malgré l'apparent désintérêt qu'il affiche vis-à-vis de la politique - de tisser des relations sûres dans l'armée. En juillet 1965, il est envoyé en exil à Paris avec toute sa famille. Il sera logé au cercle des officiers, place Saint-Augustin dans le VIII ème arrondissement de Paris. Dans son entretien avec le journaliste Roger Delpey, Bokassa détaille son séjour en France et le contexte de son retour à Bangui en ces termes: << *Le séjour à Paris n'a pas été drôle. Je me suis ennuyé comme il n'est pas possible. J'ai passé le temps à lire, à voyager à travers la France. Au mess, parfois je recevais des étudiants, des stagiaires centrafricains. Pour ne pas perdre contact avec mes compatriotes et indirectement avec le pays. Finalement, sous la pression de l'armée, David Dacko m'a rappelé et j'ai regagné Bangui au mois d'octobre 1965.*

La situation dans tout le pays était décadente sous tous les plans. Il y avait des clans, les uns politiques et les autres militaires, je me suis trouvé serré au plus près par les intrigues et visé, aussi par plusieurs machinations. Dans la nuit du 31 décembre 1965 au 1er janvier 1966, je me suis décidé à <<agir>>.>>

Cette action sera le putsch de la Saint Sylvestre qui a entraîné le renversement de David Dacko. Il est intéressant de revenir sur le déroulement de ce putsch pour mieux saisir la personnalité de Bokassa et pour comprendre le rôle de la France dans ce pays. Bokassa explique sa version des faits de la manière suivante : << *Dans la journée du 31 Décembre 1965 à 10 heures du matin, me fut signifié, par un acte officiel dûment signé du président de la République (David Dacko), l'ordre de mon exécution. La cause de celle-ci était totalement ignorée de moi (...) Ayant pris connaissance de la funeste et fatidique décision, je me rendis au camp de Roux, où j'étais malgré tout, résolu à y attendre dans l'honneur et avec courage l'heure de ma mort. Je m'y préparais au demeurant, en holocauste et en chrétien (...). Selon la tradition africaine, je me fis raser la tête en signe de deuil.*

A 10 heures 30, la machine infernale se mit en marche. Et c'est à 19 heures 30 que les premières balles de ce qui était trop hâtivement et unanimement admis par toute la presse internationale comme un coup d'Etat de plus en Afrique, ourdi et exécuté en République Centrafricaine par le Colonel Bokassa, les premières balles furent donc dirigées, hélas sur le colonel Jean Bedel Bokassa. Militaire, je sais me défendre et échapper aux poursuivants qui me prirent pour cible.

A minuit environ, les partisans du colonel Bokassa eurent sans coup férir l'avantage et devaient très rapidement contrôler la situation. A peu près à la même heure, le président Dacko me remit son acte de reddition et de démission, en disant ceci : <<je reconnais mon tort mon colonel, je démissionne à partir de maintenant, mais allez-vous me tuer? >>

Instinct de conservation? Résurgence de l'humaine condition? Expression d'un échec? Que sais-je?

Quelques heures plus tard, la nuit devait retrouver son calme. A 3 heures 20 minutes, je m'adressais à la nation sur les antennes de la radio centrafricaine. Peu d'effusion de sang, quelques morts. Un ingénieur de nationalité française tué par les supplétifs des militaires réguliers. Je signale en passant que ces derniers furent formés, selon le désir du président Dacko, par des représentants de la Chine populaire aux fins de me liquider d'abord, et ensuite, de les substituer à l'armée régulière.

La dépouille mortelle de l'ingénieur français fut expédiée en France dans le cercueil que j'avais fait confectionner pour mon propre corps, ayant été averti du sort qui m'était réservé. C'est donc dans ces circonstances que j'ai accédé au pouvoir en cette matinée du 1er janvier 1966, sans m'y être le moins du monde préparé. >>

Il est certain qu'il n'était pas préparé à gouverner. Mais, pour la réalisation du putsch, Bokassa y songeait déjà depuis

quelque temps. A la mi-décembre de l'année 1965, sur instructions du président Dacko, les députés augmentent les crédits alloués à la gendarmerie et rejettent le plan budgétaire de l'armée préparé par Bokassa qui est le chef d'état-major. L'attitude du président est dictée par un accord secret entre les autorités françaises et le chef de l'Etat centrafricain qui est sommé par Paris de laisser le pouvoir à Jean Izamo, commandant de la gendarmerie.
La France, qui voit d'un mauvais œil les incursions des communistes de Pékin dans sa zone d'influence, décide de soutenir Izamo. Celui-ci aura même de très bon rapports avec le premier conseiller de l'ambassade de France à Bangui, Monsieur Henri Piot, qu'il rencontrera à plusieurs reprises. Bokassa, quant à lui, possède déjà son propre réseau d'informateurs dans le pays. Il sera mis au courant par le petit cousin d'Izamo des tractations que ce dernier mène avec les autorités françaises. Un jour, lorsqu'il apprend que Dacko est déprimé, pleure et se drogue, Bokassa téléphone à son ami Alexandre Banza, commandant du premier bataillon d'infanterie, son ami personnel. L'objectif est de renverser Dacko et de s'emparer du pouvoir. Banza prendra donc en main toutes les opérations du putsch. Tout va s'accélérer dans le début d'après midi du 31 décembre lorsqu'un agent de renseignements de la présidence informe Bokassa de la détresse du président Dacko. Il lui dit précisément que ce dernier range tous ses documents et brûle une partie de ses archives. Bokassa se dit que l'heure d'intronisation d'Izamo par la France approche. Celui-ci tentera de neutraliser Bokassa en l'invitant prendre un apéritif à la gendarmerie. Mais Bokassa averti, lui proposera, à son tour, une invitation au camp de Roux en jouant sur le droit d'aînesse -très utilisé en Afrique- et sur sa supériorité hiérarchique. Izamo s'est donc rendu naïvement au camp de Roux et là, il a été arrêté puis torturé et étranglé. Il décédera et son corps disparaîtra. Le premier véritable rival de Bokassa sera ainsi éliminé.
Quelque temps après, le palais présidentiel est encerclé sur ordre de Bokassa. Lorsqu'il pénètre avec le capitaine Banza à l'intérieur du palais, vers minuit et demi, il constate l'absence du président Dacko. Affolé, il veut rebrousser chemin car il

croit que le président est réfugié à l'ambassade de France et que l'armée française va intervenir contre les putschistes. A ce moment précis, le capitaine Banza pointe son revolver sur Bokassa et lui dit : << *Pas question de revenir en arrière, tu nous as amené trop loin.*>> Bokassa comprend alors qu'il ne peut plus reculer. Mais comment savoir ce qui se trame du côté français? Il connaît la puissance de frappe des militaires français pour avoir travaillé avec eux pendant vingt trois ans. Et puis, il ne veut surtout pas avoir à tirer sur ses compagnons d'armes. << *Lutter contre l'armée qui m'a formé, ma propre armée, c'est comme assèner des coups de pierre sur mon propre sexe.*>> dira-t-il. Plus tard, il confie au journaliste Roger Delpey : << *S'il ne s'est rien passé cette nuit-là, ma crainte ne s'est pas dissipée pendant plusieurs jours.* >>

Ayant retrouvé David Dacko qui tentait simplement de s'enfuir, Bokassa le fait arrêter et lui demande de signer sa démission. Apeuré et tremblant, il va rédiger à la hâte l'acte de démission sur un papier volant (voir annexe 4). Ce texte dit : << *Ce jour 1er janvier 1966 à 03h 20, nous David Dacko, président de la République Centrafricaine, président du gouvernement, ministre de la Défense Nationale, remettons nos pouvoirs au chef d'Etat Major- le colonel Jean Bedel Bokassa*

Fait à Bangui le 1- 1- 66
David DACKO >>

Dans cette prise de pouvoir un peu inattendue, on assiste à la première grande manœuvre de Bokassa qui allie l'usage des coutumes et la stratégie militaire. Contrairement à ce qui a été dit et écrit dans les médias, Bokassa n'a jamais bénéficié de l'aide française pour prendre le pouvoir en République Centrafricaine. Il s'est imposé dans un scénario qui lui était plutôt défavorable. Le général de Gaulle aurait critiqué, en Conseil des ministres, l'attitude de l'ambassadeur de France à Bangui, Monsieur Jean Français qui, selon le général, avait échoué dans l'installation d'Izamo à la tête de l'Etat centrafricain. Monsieur Français, pour essayer de se rattraper, dira à Bokassa : << *Si vous ne formez pas immédiatement un nouveau gouvernement, je me verrai dans l'obligation de faire intervenir la France.*>> La réplique de Bokassa sera sèche : << *De quel droit me parler vous ainsi ? Vous avez une bien curieuse vision de la souveraineté et de l'indépendance du Centrafrique monsieur.*>>

L'habileté politique et l'audace de Bokassa apparaissent donc dès sa prise de pouvoir le 31 décembre 1965. La mort d'Izamo et les réponses embarrassées qu'il donnera à Delpey montrent aussi qu'il inaugure cette prise de pouvoir par des actes de violence même si le putsch en lui-même se déroule sans véritable effusion de sang. Les accusations régulièrement portées contre la France sur sa capacité à faire la pluie et le beau temps en Afrique ne sont, elles aussi, ni tout à fait fausses ni tout à fait justes. Il est vrai que l'armée française, en vertu des accords militaires, a ramené le 18 février 1964 le président gabonais Léon Mba au pouvoir après un coup d'Etat mené par des militaires et que les autorités françaises voulaient installer Jean Izamo en Centrafrique. Mais, le cas de Bokassa a aussi prouvé que les interventions françaises n'étaient pas si simples à réaliser et qu'elles pouvaient même quelques fois comporter des risques importants pour ses hommes et pour son image.

La colère de De Gaulle lors de l'arrivée de Bokassa au pouvoir sera très vite tempérée par Jacques Foccart. Il expliquera au général les dangers qu'une intervention musclée pouvait faire courir aux soldats français et à la politique africaine de la France. Il précisera surtout au général que Bokassa est un anticommuniste notoire et un allié sûr de la France. La thèse d'une Afrique marionnette entre les mains de la France a été très confortable à la fois pour des Africains et pour certains Français. Les premiers s'abstiendront de toute initiative politique car elle sera, selon eux, vouée à l'échec. Ils estiment et restent convaincus que leur destin échappe totalement à leur contrôle. Les seconds ne refuseront jamais -et pourquoi le feraient-ils ? - un pouvoir exorbitant qu'on leur prête toujours a priori des événements politiques.

Pour Bokassa, il n'y aura pas de temps à perdre. Dès son arrivée au pouvoir, son gouvernement va démarrer sur les chapeaux de roue en s'attaquant d'abord aux difficultés économiques.

2- L'économie centrafricaine et << l'opération Bokassa >>

Les réalisations et les dérives économiques de Bokassa en République Centrafricaine ont été noyées dans un flot d'anecdotes sur sa fortune et son système clientéliste. Il vaut mieux regarder de près ce qu'il a fait et ce qu'il n'a pas fait pour situer son action en matière économique.
Comme nous l'avons dit dans les pages précédentes, au moment où il arrive au pouvoir, le pays manque de liquidités, baigne dans la corruption et n'est pas réellement gouverné. Mais la situation économique qui n'est pas dramatique reste tout de même préoccupante. C'est alors que Bokassa lance le 6 janvier 1966 à Bambari un mot d'ordre de redressement qui portera son nom << *l'opération Bokassa* >>. Il s'agit d'abord d'une relance des activités agricoles avec une application stricte des techniques modernes d'exploitation et de cultures. Deux actions sont menées simultanément. D'abord la propagande gouvernementale où les ministres, les fonctionnaires et les membres du MESAN (parti unique) donnent l'exemple en créant des plantations collectives de produits vivriers. Bokassa lui-même est aux premières loges. Ensuite, le gouvernement mène de front l'extension de l'utilisation des tracteurs puis celle des engrais et des insecticides dans différentes zones agricoles. Quelques mois après, le gouvernement annonce son intention de mettre tout le monde au travail en lançant une grande campagne contre l'oisiveté. Tous les Centrafricains, âgés de dix-huit à cinquante-cinq ans ne présentant pas d'incapacité physique doivent justifier << *d'une activité normale susceptible d'assurer leur subsistance* >>. Le dispositif inhérent à cette campagne repose sur une proposition adressée aux oisifs de participer aux travaux d'intérêt général. Le gouvernement s'engage à mettre à leur disposition un terrain à cultiver. Toute personne réfractaire à ces injonctions sera punie d'une peine de trois mois à un an d'emprisonnement et d'une amende de 50 000 à 100 000 F CFA (actuellement 50.000 F CFA valent 500 FF). Cet appel solennel au travail sera un prélude au redressement

économique général du pays, mais aussi une introduction aux méthodes des casernes. Bokassa a une préoccupation essentielle : << *Sortir la République Centrafricaine du sous développement* >>. Il le dira à plusieurs reprises parce qu'il le croyait profondément. Il décide alors de mobiliser tous les Centrafricains dans ce combat.

Les résultats de cette mobilisation sont spectaculaires. En 1967, la récolte de coton-graine est portée à 49 000 tonnes (contre 24 000 en 1965). 200 000 m3 de bois sont abattus la même année contre 175 000 m3 en 1965 et 110 000 m3 en 1965, soit pratiquement le double en sept ans, dont le tiers réalisé en un an seulement de gouvernement Bokassa. Des progrès sont également notables dans la production du café, de l'arachide, de l'élevage et du diamant industriel. Le 16 juin 1967, le chef de l'Etat promulgue le premier texte officiel de << *l'opération Bokassa* >>. Cette fois, il est question d'accélérer l'implantation de la culture attelée et de lui assurer les meilleures conditions techniques pendant les années de démarrage. La technique consiste à défricher et à labourer pendant deux années successives une sole d'un demi-hectare pour chaque bénéficiaire. La première sole est entièrement travaillée à la main, la culture attelée n'intervient qu'en deuxième année. Le paysan est obligé de supporter les coûts de l'opération, soit 7000 F CFA (70 FF), par hectare tandis que les charges d'amortissement et d'encadrement sont au compte de l'Etat. Ce programme est prévu sur 4 400 hectares pour les quatre années du plan.

Il y a en plus << *l'opération culture attelée* >> qui consiste à fournir à quelques chefs de familles une chaîne de culture avec une paire de bœufs dressés, une charrue- batteur-sarcleur, une herse, une charrette, une chaîne de traction et un joug, le tout pour une valeur de 800 FF(chiffre calculé après dévaluation du franc CFA). L'introduction de la traction animale a permis d'accroître la superficie cultivée de 50 à 80% selon les types d'assolement. Dans l'effervescence de << *l'opération Bokassa* >>, plusieurs secteurs de la vie économique vont connaître des améliorations et des progrès notables.

Pour ce qui est des industries, trois complexes industriels

voient le jour dans la seule année 1968. Il s'agit de la SICPAD (Société Industrielle Centrafricaine Pour les Produits Alimentaires Dérivés), la CICI (Centre Industriel Centrafricano-Israélien) et l'ICCA (Industrie Cotonnière Centrafricaine).
La SICPAD a été inaugurée le 22 février 1968. C'est une société anonyme avec un capital de 100 millions de francs CFA dont un tiers est souscrit par l'Etat centrafricain, le second tiers appartient aux grands Moulins de Paris et à la Société Industrielle et Agricole du Niari (SIAN) qui sont les véritables promoteurs des activités. Le dernier tiers est détenu par trois autres entreprises Moura & Gouvéia, Camouna et SCKN-Centrafrique. La SICPAD est un véritable complexe industriel dont les activités tournent autour d'une huilerie à base d'arachide, de coton, de palmiste et de sésame. C'est aussi une savonnerie et une minoterie. Cet ensemble, qui était destiné à éviter des importations onéreuses aux consommateurs centrafricains, a avalé un investissement de 630 millions de francs CFA, soit 301 millions de capitaux privés extérieurs et un crédit de 284 millions consentis par la République Fédérale d'Allemagne.
En ce qui concerne l'ICCA inaugurée le 2 mars 1968, son ambition est aussi grande. Etant une entreprise d'économie mixte dont le capital est de 586 millions de francs CFA avec une participation de l'Etat centrafricain à hauteur de 200 millions et celle de la société française Agache-Willot, promoteur et constructeur, à hauteur de 300 millions, elle assure par des produits dérivés, du coton, une bonne couverture du marché intérieur et vise des débouchés en Afrique et en Europe.
Quant au CICI, une autre société d'économie mixte, au capital de 75 millions de francs CFA, répartis entre l'Etat centrafricain et la société Pituach-centrafricaine de diamants (SOPICAD), son ambition sera de réaliser plusieurs millions de francs de recettes pour une production hétéroclite de matériel de quincaillerie, de lampes tempêtes et, plus tard, de montage de postes radio et de magnétophones.
<< *L'opération Bokassa* >>, qui est dans un premier temps, << *une stratégie nouvelle de l'exploitation et de la mise en valeur rationnelle du sol* >>, circonscrite dans l'agriculture et localisée

à Ouaka, deviendra rapidement << *une philosophie* >> pour l'ensemble de l'économie centrafricaine. Elle sera inscrite au plan quadriennal de développement 1967-1970. L'enthousiasme suscité par ce plan dépasse même les frontières centrafricaines. En France par exemple, dans une note interne de la direction des projets du secrétariat d'Etat aux Affaires étrangères chargé de la coopération, un responsable souligne avec beaucoup d'optimisme que les objectifs du plan quadriennal en matière de production cotonnière vont être atteints et peut-être même dépassés. Il ne sera pas démenti, car l'engouement des populations est à la hauteur de l'enthousiasme du chef de l'Etat et de son équipe gouvernementale. Le succès de ces << *opérations commando* >> est telle que la France, d'abord réticente, finit par apporter son soutien financier à la République Centrafricaine. Elle entraînera, dans son élan, la Communauté Economique Européenne. C'est ainsi que le FAC (Fonds d'Aide et de Coopération) financera les aménagements fonciers, l'encadrement et l'animation rurale ainsi que la protection du bétail. Le FED (Fonds Européen de Développement), pour sa part, interviendra dans l'expérience pilote de la Ouaka. La Grande Bretagne et Israël apporteront leur concours à l'encadrement technique et à la fourniture du matériel agricole.

Cette émulation du développement économique est aussi teintée de confusion. L'opération sera tantôt une << *philosophie* >>, tantôt une << *idéologie* >>, souvent une << *éthique* >> voire un << *principe d'action* >>. Bref elle est tout et rien à la fois. C'est précisément ce qui va précipiter son déclin.

Après la mort du colonel Banza (traitée au chapitre suivant), ministre du gouvernement Bokassa de 1966 à 1969, l'économie centrafricaine perd un de ses ténors. Le chef de l'Etat qui redoutait les critiques de son compagnon d'armes, va lever le voile sur une facette de sa personnalité jusque-là mal connue: l'affairisme. Alors que le gel des crédits alloués à plusieurs départements ministériels se poursuit, Bokassa menace de se retirer de la zone franc et de battre sa propre monnaie. Entre temps, le poids des impôts commence à peser lourdement sur les paysans et le président-paysan, comme il aime se laisser désigner, oblige tous ceux qui ne s'acquittent pas de leurs taxes vis-à-vis de l'Etat à payer leurs dettes. Sa << tendresse >> pour les agriculteurs s'estompe et les préfets sont mis à contribution dans tous les actes de recouvrement dans les campagnes. Ces méthodes sont plutôt mal ressenties par les paysans qui considèrent que le gouvernement Bokassa leur fait payer chèrement la modernisation agricole. Loin de corriger l'erreur économique de David Dacko qui ramenait l'essentiel de l'agriculture centrafricaine à la seule production et à l'exportation du coton et du café, au détriment des produits vivriers nécessaires à la consommation nationale, Bokassa a plutôt relancé et dynamisé les cultures d'exportation avec des impératifs de rendement quasi militaires. Un rythme de travail que les paysans n'ont pas supporté d'autant que leurs revenus n'ont jamais atteint leurs espérances.

Sans trop y croire, le gouvernement se lance dans le second plan (1971-1975) où la priorité des priorités reste le développement du monde rural et de l'agriculture. L'objectif est de porter la production intérieure à environ 9 % par an. Et pour cela, le chef de l'Etat réactive les grandes lignes de l'ordonnance sur << *l'opération Bokassa* >>. Il est question de doubler les surfaces cultivables, de créer des fermes d'Etat et de multiplier des villages pilotes pouvant servir d'exemples à la population.

Un vaste chantier que les Centrafricains ne verront pas se consolider malgré les résultats des années précédentes. Notons que la croissance moyenne aura été durant cette période faste de 5% par an en volume. Ce qui reste une performance pour les quatre premières années du gouvernement. Galvanisé par cet élan de bons résultats, Bokassa va briser l'économie centrafricaine par une avalanche de décisions toutes aussi brutales que spectaculaires. Un des soucis de Bokassa, qui restera longtemps insaisissable, est le monopole de fait de nombreuses entreprises françaises dans le domaine agricole. Il n'admet pas que l'essentiel de l'économie de son pays, constituée du coton et du café, soit concentré entre les mains de quelques entreprises étrangères qui agissent parfois à leur seule convenance. Malgré son attachement vis-à-vis de

la France, sa méfiance à l'égard de certains entrepreneurs français reste profonde.
Sa préoccupation sera donc de renforcer le contrôle et la participation de l'Etat centrafricain dans les différents secteurs de la vie économique afin d'atténuer les ardeurs des industriels étrangers dans la gestion du patrimoine national. Mais comment réaliser une telle démarche sans entraver la liberté d'entreprise et sans susciter une tension entre les Français et lui ? Jacques Foccart rapporte dans son journal de L'Elysée intitulé *Tous les soirs avec de Gaulle*, une analyse du général à ce sujet : << *Bokassa, qui est, je n'en disconviens pas, un être très particulier, manquant de mesure et d'intelligence, doit être excédé par les Français qui habitent Bangui. Ils ont toujours été insupportables. Ce territoire, dans le temps, nous a régulièrement valu des soucis de toutes sortes. D'une part, les Centrafricains ont un caractère extrêmement versatile, mais nous y avions, et nous y avons toujours, la plus mauvaise colonie française. Tous ces types,* poursuit de Gaulle, *se croient encore <<au bon vieux temps>>, comme ils disent, et par conséquent, ils emmerdent Bokassa à longueur de journée. Alors celui-ci, de temps en temps, pique une colère.*
Ne vous faites pas d'illusions, dit le général, *tout cela va encore se terminer par une expulsion d'un certain nombre de Français. Nous n'y pouvons rien* regrette-t-il. *Je dirais même que dans l'intérêt général de l'amitié avec l'Afrique, c'est nécessaire.*>>
Comme de Gaulle le prévoit, Bokassa va trancher sur le vif. En septembre 1970, il prend le contrôle du ministère du Développement et expulse plus d'une soixantaine de techniciens agricoles français. Aussitôt, il lance une réforme agraire et crée une ferme d'Etat. Un mois plus tard, le 19 août 1970, Bokassa, qui a recruté un jeune Centrafricain Koudoua Gemo pour l'aider à engager des réformes agraires, signe une ordonnance qui dissout tous << *les services étatiques ou para-étatiques, du ministère de l'agriculture et de l'élevage* >>. Cette ordonnance exige le démarrage immédiat des réformes agraires dont l'exécution est prévue le 29 août, soit dix jours après la signature du texte. Sans attendre d'observer les effets de sa décision, il signe dans la foulée une autre ordonnance le 30 août portant création de l'Office Nationale de Commerciali-

sation des Produits Agricoles (ONCPA). Le monopole de la commercialisation est attribué à l'office avec interdiction formelle d'employer des intermédiaires.
La portée de ces décisions successives va être fatale à l'agriculture des régions du centre et de l'est du pays qui verront le rapatriement massif des machines agricoles vers la ferme d'Etat placée sous l'autorité directe du président. Bokassa effectue un virage à cent quatre-vingts degrés dans son programme économique. Il abandonne les campagnes, qui assuraient l'essentiel de la production, pour s'intéresser à la capitale et à son village natal : Berengo. C'est là le véritable tournant de l'effondrement économique du pays sous son règne.
L'ONCPA, qui est à la fois un organisme de recouvrement de dette, d'achat, de vente et de gestion des produits agricoles, manque d'objectifs clairs et précis au point qu'il se trouve miné, pendant les trois premières années de son existence, par d'importantes difficultés financières. De plus, cet organisme suscite la méfiance chez un grand nombre d'agriculteurs des zones rurales qui préfèrent consacrer l'exclusivité de la vente de leur produits aux acheteurs privés, notamment les commerçants libanais qui opèrent en dehors des circuits officiels.
En 1973, le chef de l'Etat va carrément rattacher l'ONCPA à la présidence de la République. Une manière, pour lui, de veiller personnellement sur cette institution et, de ce fait, lui ôter toute possibilité de contrôle extérieure. Cette tendance à assurer lui-même la gestion des biens publics s'accentue lorsqu'il confie à la SECIP, une entreprise dirigée par ses proches, la direction du matériel des travaux publics et des marchés publics. La même société obtiendra l'exclusivité de la construction de la villa Nasser, une propriété de Bokassa, et le luxueux hôtel Continental de Bangui. Au même moment, le ministère des Travaux publics, sous-équipé, ne peut répondre efficacement aux difficultés du réseau routier (aménagement et entretien des routes et des ponts), principal tendon d'Achille de l'agriculture centrafricaine. Une préoccupation qui tenait pourtant Bokassa à cœur lors de son accession au pouvoir se retrouve paradoxalement et brutalement reléguée

au rang des discours et des bonnes intentions.

Cette main invisible du chef de l'Etat, qui caresse les biens et l'argent publics, rompt avec le coup de pouce que tous les Centrafricains avaient réellement perçu dans son engagement pour le redressement économique du pays. Petit à petit, ce sera le choix d'une mainmise pernicieuse sur l'économie centrafricaine.

A la fin du deuxième plan quadriennal, 1971-1975, les résultats sont décevants. Les objectifs ne sont pas atteints et le constat d'échec est retentissant. Non seulement la production du coton n'a pas triplé, comme le prévoyait le plan, elle a même baissé de 19 %. La production du café a aussi baissé de 10 % et le pouvoir d'achat des agriculteurs s'est rétréci comme une peau de chagrin.

Entre 1969 et 1970, le revenu global des planteurs de coton est estimé à 17 millions de francs CFA. Il tombe à 14 millions en 1975. Les autorités vont justifier cette perte de revenus par deux arguments: d'un côté, la baisse des prix du coton et du café sur le marché international et de l'autre, les obstacles liés à l'enclavement et à la médiocrité des voies de communication sur tout le territoire centrafricain. De ces deux arguments, si le premier est pertinent et juste, le second est un peu court et nébuleux. En effet les Centrafricains n'étaient pas totalement dupes en voyant une partie importante du matériel des travaux publics (tracteurs, grue, camions, etc.) affecté aux besoins immobiliers de la capitale alors que le mot d'ordre était d'améliorer les moyens de transport (pistes et routes) et de faciliter la commercialisation et l'écoulement des produits agricoles. D'ailleurs, les projets et les études ne manquaient pas dans ce domaine. Il y avait par exemple, l'aménagement des routes secondaires de la lobaye avec 82 km pour le tronçon Mbaïki-Mongoumba et 34 km pour le tronçon Pissa-Bouchia. Ce réseau interne devait permettre l'évacuation vers la capitale ou vers le fleuve des produits de la zone forestière et agricole située entre Bangui-Mbaïki et la rivière Lobaye. Les études effectuées par l'entreprise française SEGECO STRIN avaient reçu le soutien financier du Fonds Européen du Développement (FED) pour un montant de 400 millions de francs CFA. D'autres études pouvant aider au désenclavement du pays ont aussi été réalisées par BCEOM. En particulier les liaisons Bangui-Fort-Archambault-Fort-Lamy qui constituaient une voie trans-équatoriale allant du lac Tchad à Pointe-Noire au Congo. Il y avait aussi la route Bangui-Bossembelé-Goré jusqu'à Fort-Lamy au nord du Cameroun. Les avantages et surtout et la rentabilité économique de ces voies étaient, somme toute, clairement établis. Mais, il est à craindre que les sommes d'argent qui circulaient dans ces projets étaient de nature à susciter toutes sortes de gourmandises et de tentations.

L'autre secteur qui a aussi connu beaucoup de vagues à cette époque est le diamant. C'est l'une des principales richesses de la République Centrafricaine. Sa place est particulière dans l'économie du pays et dans << *l'opération Bokassa* >>. D'abord laissé à quelques sociétés industrielles, le gouvernement Dacko va autoriser, après les assises du parti unique à Berbérati en avril 1964, tous les citoyens d'origine centrafricaine à exploiter le diamant. Ce qui n'a pas manqué de créer un vaste réseau d'exploitants clandestins. Dès l'arrivée de Bokassa au pouvoir, il va essayer de freiner cette tendance quelque peu anarchique de l'exploitation du diamant en créant le 20 juin 1966 l'Office National du Diamant (OND). Cet organisme public sera chargé de la collecte des diamants de production artisanale sur l'ensemble du territoire national et d'en assurer la vente à l'étranger. Dans le cadre de cet office, une convention est signée le 6 août 1966 avec la société américaine Diamond Distributors Inc. lui donnant mandat de former un consortium International. La convention prévoit que le consortium doit rétrocéder à l'Etat centrafricain 40 % des bénéfices commerciaux réalisés sur les marchés internationaux. Le consortium s'organise donc autour de cinq entreprises ou bureaux d'achats comme le prévoient les statuts. Il s'agit de Diamond Distributors Inc de New-York, de l'Office Centrafricain des Pierres et Métaux Précieux (OCCMP), de la filiale de la Société Israélienne Pituach, la Société Pituach-Centrafrique de Diamants (SOPICAD), de la Société Centrafricaine Américaine de Diamants (CADIAM), une filiale de la société américaine Tempelsman & Sons basée à New-York et enfin la Société Anonyme de Commercialisation de l'or et du

Diamant (SACOD).
Il fonctionne avec des règles strictes d'achat et de vente. Un contrôle financier des opérations commerciales est réalisé par une firme internationale spécialisée. Après une année d'exercice du consortium, l'OND a pu empocher la coquette somme de 165 940 000 francs CFA, permettant ainsi une augmentation de 30 % des recettes de l'Etat. Ce dynamisme et ces recettes ne seront que de courte durée, car ce secteur attractif de pierres précieuses va rapidement devenir opaque en attirant tous les aventuriers du << diamond business. >>
Au total, l'agriculture et les industries amorcent une chute irréversible et, du coup, les méthodes de gouvernement commencent aussi à se modifier sensiblement.

3- Le durcissement du régime

Tout au long des quatorze années de pouvoir de Bokassa, la violence, les menaces et la répression iront crescendo. Dès le lendemain du coup d' Etat de la Saint-Sylvestre, une avalanche de déclarations diffusées à la radio centrafricaine vont amener le chef de l'Etat à rappeler à ses compatriotes l'attitude qu'ils devraient avoir face à leur gouvernement : << *Je mets en garde tout individu, de quelque organisation qu'il appartienne, de déclencher toute grève qui sera aussitôt considérée par le gouvernement comme illégale.*>>
En fait Bokassa s'inquiète d'une montée de tension chez les travailleurs du chantier du nouvel aéroport de Bangui Mpoko. Ce chantier, qui est le plus important de la ville emploie, depuis 1964, plusieurs centaines de personnes et celles-ci ne supportent plus leur faible niveau de rémunération et leurs conditions de travail. La crainte d'une manifestation éventuelle amènera Bokassa à expliquer après sa mise en garde que : << *Mon gouvernement a placé au premier plan de ses préoccupations l'instauration d'une politique sociale saine et juste. Les problèmes posés par les conditions de travail et le niveau de vie des travailleurs sont examinés avec la plus bienveillante attention. Mais,* dit-il, *vous comprendrez qu'avant de prendre des décisions qui engagent l'avenir économique de la nation, il est primordial de connaître dans ses moindres détails, la situation laissée par le précédent gouvernement.*>>
Deux mois plus tard, un communiqué adressé à la population centrafricaine et diffusé à plusieurs reprises par radio Bangui va prévenir sur un ton plutôt menaçant : << *Des ambitieux de pouvoir, qui se trouvent chaque jour aux aguets et qui sont eux-mêmes les vrais destructeurs de la nation, se verront châtiés sans pitié.*>>
Dès les premiers mois du gouvernement Bokassa, le chef de l'Etat veut à la fois relancer l'économie du pays et convaincre les Centrafricains du bien fondé de ses idées. Il veut surtout les faire accepter sans discussion et sans résistance. Une attitude qu'il a immanquablement acquise sous les drapeaux et dans les casernes. Là-bas, le débat contradictoire n'est pas

monnaie courante. Sachant tout de même qu'il dirige un pays et non une << armée de citoyens>>, il choisit de s'en tenir exclusivement aux prérogatives constitutionnelles que lui accordent l'acte n° 1 du 4 janvier 1966 et l'acte n°2 du 8 janvier 1966. Le premier texte autorise le chef de l'Etat à prendre par ordonnance toutes les mesures exigées par les circonstances particulières (exceptionnelles) et le second fixe << *l'organisation provisoire des pouvoirs de la République* >>. Il permet au président de la République d'assurer << *la totalité du pouvoir exécutif* >>.

Cette forme d'exercice de l'autorité de l'Etat va aiguiser l'appétit d'une véritable concentration du pouvoir politique chez Bokassa. En janvier 1967, il cumule la fonction de président de la République avec deux portefeuilles ministériels : celui de la Défense et de l'Intérieur. Huit mois plus tard, il est nommé secrétaire général du parti unique le MESAN (*Mouvement d'Emancipation de l'Afrique Noire*) après avoir adhéré au mois de juillet à l'Union Générale des Travailleurs Centrafricains (UGTC), le principal syndicat du pays. Cette adhésion à l'organisation syndicale est plutôt stratégique. Elle vise à populariser l'autorité de Bokassa et à museler l'UGTC. Etre syndicaliste signifie qu'il se considère comme n'importe quel travailleur centrafricain ou, comme il le disait lui-même, un << *président-paysan*>>, en référence aux agriculteurs qui constituent la majorité de la population. Seulement, sa présence aux côtés des syndicalistes neutralise toute velléité de contestation et rend inopérant l'autorité syndicale dans l'ensemble du pays. A travers ces initiatives politiques, Bokassa montre déjà une grande habilité à manipuler les masses populaires.

Le 1er décembre 1967, il est promu au grade de général de brigade et arbore les galons du même rang. Il avait pourtant refusé ce grade en 1966, sans doute parce qu'il ne voulait pas ressembler à certains militaires africains qui s'empressaient de s'attribuer des grades de complaisance après leur arrivée au pouvoir à la suite d'un coup d'Etat. La carrière militaire de Bokassa était trop précieuse et laborieuse pour mériter le ridicule. Un scénario avait pourtant été mis au point en 1966. Le 24 janvier de cette année, la radio centrafricaine annonce bruyamment la nomination du chef de l'Etat au grade de général. Selon un communiqué rédigé à cet effet, un officier va déclarer : << *Nous pensons rendre hommage à vos grands mérites militaires et vous assurons de notre dévouement pour vos commandements à la fois de chef d'Etat et des Forces armées.*>> Bokassa n'a pas apprécié cette démarche et la plaisanterie n'a pas continué.

Cependant, la course à la concentration du pouvoir va se poursuivre. Pendant l'année 1968, le chef de l'Etat s'arroge le ministère de l'Information. La même année, Bokassa signe un décret qui suspend l'envoi des étudiants centrafricains en France. Une décision qui survient à la suite d'une manifestation des étudiants centrafricains à l'ambassade de la République Centrafricaine à Paris. Bokassa va considérer qu'il s'agit là d'un acte de rébellion qui témoigne de << *l'ingratitude de ces étudiants à l'égard de leur gouvernement* >>.

Il est certain que le gouvernement de Bokassa se faisait réellement des soucis pour la formation des étudiants centrafriains. Le Conseil révolutionnaire qu'il présidait avait décidé en 1966 de maintenir soixante bourses qui devaient être supprimées par le gouvernement Dacko. Les problèmes de trésorerie qui se posaient à l'Etat centrafricain, pendant les deux premières années de gouvernement, n'ont pas permis une solution rapide des problèmes des étudiants. En outre, une mauvaise circulation de l'information entre les administrations a créé un malentendu entre les étudiants et le gouvernement. Toujours est-il que Bokassa éprouve une allergie quasi maladive aux manifestations publiques. Il considère toutes formes de revendications ou de contestations comme des attaques dirigées contre son régime.

Son compagnon d'armes, le lieutenant-colonel Banza, va lourdement payer de sa personne ce refus de la contestation. En 1969, il est condamné pour tentative de coup d'Etat et d'assassinat à l'égard du général Bokassa. Alexandre Banza, qui a planifié et exécuté le renversement de Dacko en 1966, était à la fois respecté et redouté par Bokassa. Réputé rigoureux et honnête, ce militaire voulait mener un combat acharné pour l'assainissement de la vie publique et pour un véritable développement économique. De ministre d'Etat

chargé de l'Economie, il sera d'abord rétrogradé au rang de ministre de la Santé en avril 1968 puis à celui de troisième ministre d'Etat. Au départ, numéro deux du régime et bras droit de Bokassa, il n'appréciait pas l'essoufflement des réformes économiques et la fatigue qui gagnait la lutte contre la corruption. Ces arguments, qui leur avaient pourtant permis de justifier leur prise de pouvoir au président Dacko, semblaient peu à peu abandonnés par Bokassa.
Arrêté dans la nuit du 10 avril 1969, il a été jugé par le tribunal militaire permanent et condamné à mort pour atteinte à la sûreté intérieure et extérieure de l'Etat centrafricain et tentative d'assassinat sur la personne du chef de l'Etat. Il sera exécuté le 12 avril 1969 par un peloton militaire. La disparition du lieutenant-colonel Banza va jeter l'émoi chez de nombreux Centrafricains et augmentera parallèlement la crainte et l'autorité de Bokassa. Il va, deux mois plus tard, calmer les esprits en signant une grâce présidentielle en faveur des mères prisonnières.
Cette mesure de grâce présidentielle, annoncée par Bokassa lui-même, avait été prise à l'occasion de la fête des mères dans le cadre d'une politique visant, selon lui, à redonner à << *la femme toute sa dignité* >>. Cette décision que certains ont jugé précipitamment de démagogique avait pourtant un antécédent de sincérité politique. Déjà en 1966, Bokassa s'était insurgé contre le détournement coutumier de la dot des femmes. Cette pratique ancestrale, répandue dans de nombreux pays d'Afrique, consiste à remettre certains objets ou certains biens (vêtements, vaches, moutons, perles, argent, bijoux etc.) à la famille de la future épouse pour sceller le mariage et marquer l'union des familles. Seulement, la cupidité de certaines personnes a progressivement entraîné des dérives dans la forme et le contenu symbolique voire culturel de la dot. Elle est devenue un prétexte d'enrichissement, de spoliation des familles et finalement de chantage pour des femmes dans leur ménages ; certains époux n'hésitant pas à considérer, à la moindre crise du couple, leur épouse comme un bien acquis à un coût exorbitant. Et c'est pour éviter ce genre de situation aux femmes que Bokassa supprime la dot en 1966. Plus tard, il institue la médaille de la mère, un symbole destiné à

récompenser les mères de familles nombreuses qui élèvent << *dignement leurs enfants* >>. L'amour de Bokassa pour les femmes n'était pas uniquement attaché au plaisir sexuel comme ses amis ou ses détracteurs s'évertuent à le souligner. C'était aussi un amour profond, sincère et quasiment révérenciel. Si peu de femmes lui résistaient, c'est aussi parce qu'il savait les inonder de cadeaux, d'argent, de compliments et de tendresse. C'était l'homme qui ne marchait qu'au coup de foudre. Pour n'importe quelle belle femme de n'importe quelle race, il pouvait lui arriver de perdre la tête. Il a toujours aimé les femmes à la folie comme il aimait le pouvoir c'est-à-dire sans partage et sans limite. Ces aspects très peu évoqués dans la vie de Bokassa, sinon pour le railler, nous ont été confirmés par deux femmes qui l'ont connu à deux périodes différentes de sa vie. Il s'agit d'Astrid Van Erpe, sa première femme et Augustine Asséma, sa compagne qui a longtemps vécu avec lui après sa chute. Le malaise qu'éprouvent certains historiographes de Bokassa à montrer ce côté << agneau >> qui est aussi son trait de caractère tient au fait qu'il avait été catalogué comme un être violent et féroce. Affirmer qu'il est aussi doux et chaleureux apparaîtra toujours comme une contrevérité. Pourtant, c'est bien là une des complexités de la personnalité de Bokassa.

Ses décisions comme ses actes les plus anodins et les plus spontanés sont presque toujours accompagnés d'un sens politique aigu. L'intérêt politique ne lui échappe jamais. Il s'amusera régulièrement à placer les actes douloureux à côté des décisions joyeuses. Choisir de gracier des femmes le jour de la fête des mères vient juste après la mort effroyable de Banza. En 1966 il annonçait une loi d'amnistie après avoir proféré des menaces à l'égard de ses concitoyens. Frapper et caresser, châtier et pardonner deviendront les armes politiques les plus redoutables utilisées par Jean Bedel Bokassa. A tous les coups, il s'en servira avec une certaine réussite dans son pays et dans ses rapports avec les pays étrangers.

Le début des années 70 va donc marquer un tournant dans le durcissement du pouvoir du président centrafricain avec ce que le politologue français Didier Bigo a appelé : << *La théâtralisation de la violence* >> et le règne de la délation. Comment

conforte-t-il son pouvoir ? Conscient du poids de son autorité dans la psychologie des Centrafricains, Bokassa n'hésite pas à se considérer irremplaçable, inamovible. Le 2 mars 1972, il est proclamé << *président à vie* >> lors du congrès du parti unique. Malgré les critiques qui fusent dans la presse internationale, Bokassa s'en moque et reste persuadé que sa légitimité est incontestable. Il est pour son peuple, l'homme providentiel, le protecteur, << *le père de la nation* >> d'où l'appellation de << *Papa Bok* >>. Ses ministres, les membres du MESAN et l'ensemble de ses collaborateurs l'appelleront << *Papa* >>. Bokassa, qui appréciait la vie des casernes du camp de Roux, va finir par troquer la tenue militaire pour le costume trois pièces. Le président colérique devient violent et spectaculaire. Le 29 juillet 1972, il publie un décret sur le châtiment contre le vol. Le texte souligne : << *Qu'un voleur prit en flagrant délit aura une oreille coupée dès l'arrestation à la suite du premier vol. L'autre oreille sera amputée après le deuxième vol. La main droite sera amputée après le troisième vol. Le coupable qui ne peut, par ailleurs, bénéficier d'une circonstance atténuante, subira en outre une peine de cinq ans d'emprisonnement ferme et le recours en grâce est refusé.*>>
Ce décret sera mis en application quelque temps après et plusieurs voleurs seront effectivement châtiés sur la place publique.

Une vague de protestation s'élèvera contre ces pratiques. La Ligue des Droits de L'Homme et le Secrétaire général des Nations unies, l'Autrichien Kurt Waldheim, vont exprimer leur préoccupation à l'égard de la situation des Droits de l'Homme à Bangui. Bokassa s'indignera de l'ampleur de ces protestations et traitera Monsieur Waldheim de << *maquereau, colon et impérialiste* >>, tout en ironisant que << *les voleurs du monde entier aillent piller le bureau du Secrétaire général de l'ONU ou le siège de la Ligue des Droits de l'Homme, s'ils le veulent*>>.

Il est incontestable que les cambriolages et les vols à mains armées étaient devenus à Bangui un véritable fléau. Surtout dans les quartiers populaires du Kilomètre 5, de Pétévo ou de Miskine où l'on pouvait être agressé en plein jour pour une poignée de francs CFA ou pour des bijoux. Un témoin se souvient que la résidence de l'ambassadeur du Canada avait été vidée par des voleurs. Même le chef de l'Etat n'était pas épargné par les vols à répétition. Dans sa ferme de Bérengo, plusieurs cas ont été signalés. La preuve de l'ampleur de ce fléau est fournie dans un rapport détaillé du commissariat spécial de Pissa que nous nous sommes procuré. Il met très largement en évidence le phénomène du vol dans l'entourage du Chef de l'Etat. Le commissaire divisionnaire informe Bokassa ainsi : << *J'ai l'honneur de transmettre à votre haute attention le dossier constituant les enquêtes diligentées par le commissariat spécial de Pissa, au sujet de différents vols perpétrés à la ferme présidentielle de Bobangui du 16 au 26 juillet 1973* >> (voir annexe 5). L'initiative de Bokassa de venir à bout des godobe (terme utilisé en *sango*, langue nationale centrafricaine, pour désigner les jeunes voyous de la ville) était acceptée comme il l'a dit lui-même à plusieurs reprises dans les médias par une partie importante de la population centrafricaine qui subissait la terreur des voleurs. En revanche, la méthode utilisée était plus discutable, car les amputations d'oreilles, pas plus d'ailleurs que les bastonnades, n'ont réussi à éradiquer les vols à Bangui. Les proportions que cette affaire a pris en Occident marquaient sans doute une différence importante de perception et d'appréciation entre ceux qui vivaient directement ce problème au Centrafrique et le public des médias occidentaux qui n'en avait qu'un miroir un peu déformé. D'ailleurs, la gêne des journalistes de la chaîne publique française Antenne 2, lors d'une interview de Bokassa n'a pas échappé à beaucoup d'observateurs lorsqu'à la question sur la nécessité de couper les oreilles et de fouetter les voleurs, Bokassa répond : << *Jusqu'ici, la France n'a pas encore aboli la peine de mort. Qu'est ce qu'il faut choisir, la peine de mort ou une oreille coupée sur une personne qui vit encore?* >>

Il rappellera régulièrement que ce sont les Français qui ont introduit la chicote au Centrafrique. Cette référence à la France apparaît dans plusieurs interventions de Bokassa sur sa politique intérieure et en particulier lorsqu'il s'agit des Droits de L'Homme. Il essaye toujours de justifier ou de mettre en avant les pratiques du système colonial français pour se disculper ou pour minimiser toute action de violence per-

pétrée par son gouvernement. De ce stratagème, Bokassa en usera sans vergogne. Il sait surtout qu'il bien placé pour établir des parallèles entre la violence coloniale et la sienne. De son point de vue, la première a avalé sa famille et la seconde n'est donc que l'héritière logique de la première. Au fond, il n'est pas exclu que la violence coloniale que Bokassa a connu dans son enfance et qui a broyé ses parents l'ait poursuivi toute sa vie. Une violence refoulée durant sa jeunesse qui n'attendait que le moment propice pour réapparaître de façon sublimatoire. De nombreux psychologues affirment d'ailleurs que tout enfant qui a connu la violence a tendance à la reproduire à l'âge adulte. Précisons que la réplique de Bokassa à la question des journalistes sur les << oreilles coupées >> correspond à des images précises dans sa mémoire. Ces images ont été rapportées par l'historien français Pierre Kalck dans sa thèse de doctorat sur *l'histoire centrafricaine.* Il affirme que : << *Les cahiers de recensement du district de Boda en 1956 portait encore fréquemment, en face des noms de vieillards des régions de N'Goto et de Bambio, la mention :* << *signes particuliers : oreille(s) coupée (s) par la compagnie* >>. Cette allusion permanente à l'histoire coloniale française est devenue, la << protection >>, l' argument de défense de Bokassa. Il rendra un peu les autorités françaises prisonnières de cette espèce de << mauvaise conscience historique >> qui les amènera à fermer les yeux sur certains excès de son régime.
Plusieurs journalistes ont souvent évoqué l'appui dont il bénéficiait auprès des responsables politiques français en ignorant aussi que malgré le terme mis au régime colonial dans les années 50, Bokassa continuait à remuer dans l'inconscient collectif français, le sentiment de culpabilité qui pouvait exister chez certains dirigeants de l'époque. Une démarche qui a bien pu paralyser le sens critique de quelques uns d'entre eux.
Dans l'entourage du président centrafricain, on va rencontrer de nombreux courtisans. Chacun veut obtenir les largesses du prince et un climat de délation s'installe à tous les échelons du pouvoir. Tout le monde soupçonne tout le monde. Les fastes du pouvoir attirent de plus en plus de << vautours >>

au point qu'en avril 1973, l'ancien ministre des travaux publics, Auguste Mbongo, considéré après la mort de Banza comme le nouveau bras droit de Bokassa, est accusé de complot contre le chef de l'Etat. Ayant été évincé contre toute attente du gouvernement le 6 avril, Mbongo a pris peur pour sa sécurité. Il décide immédiatement de se rapprocher des diplomates est-allemands. Informé de ces contacts, Bokassa demande l'arrestation de Mbongo le 12 avril 1973. Jeté en prison et torturé, il mourra privé de soins et de nourriture en mars 1974. Cette année-là, l'inspecteur et ancien commandant de gendarmerie Lingoupou, qui a participé activement à l'élimination des militaires putschistes, croit pouvoir évincer Bokassa à son tour. Il accuse certains collaborateurs du président de fomenter un coup d'Etat à son encontre. Prudent, << *le président à vie* >> diligente une enquête qui aboutira à l'inculpation de Lingoupou pour << *dénonciation calomnieuse* >>. Il sera jugé et condamné par le tribunal militaire à dix ans de prison ferme. Bokassa, voulant ménager son image sur le respect des Droits de L'Homme, demandera une exécution discrète de Lingoupou ; laquelle interviendra le 27 décembre 1974 à la prison de Ngaragba.

Dans cette atmosphère de coups fourrés, de délation et de clientélisme, l'ivresse du pouvoir s'empare de tous les ténors du régime. Bokassa lui-même ne se contente plus de son titre de << *président à vie* >>. Il se souvient qu'il est avant tout militaire et qu'il doit couronner sa carrière en devenant maréchal. Ce sera chose faite le 19 mai 1974. Il sait également que toutes ces personnes qui gravitent autour de lui peuvent à tout moment l'évincer ou le tuer. Toutes les tentatives de putsch orchestrées par ses compagnons Banza, Mbongo et Lingoupou l'ont amené à développer un réseau d'indicateurs et d'informateurs occultes destiné à mieux contrôler ses adversaires potentiels ou réels. La particularité de ce réseau est de surveiller les collaborateurs zélés mais aussi de s'auto-surveiller. Le recrutement étant disparate et très hétérogène, on y trouve aussi bien des gens de l'armée, ceux de la gendarmerie de même que les membres de la société civile en l'occurrence les femmes des marchés populaires. Bokassa savait que ces dernières étaient à la fois des confidentes pour leurs maris et pour leurs amants. Les indiscrétions qui pouvaient échapper des moments d'intimité ne pouvaient qu'alimenter la surenchère de la trahison dans l'entourage du président. Un de ses atouts pendant son règne est d'avoir développé jusqu'à la perfection ses services de renseignements. Formé à l'école du renseignement français, il n'a pas tardé à inonder son pays de << grandes oreilles >>. La coordination de ces services de renseignements féminisés à outrance sera, un moment, assuré par la puissante présidente du parti unique Madame Domitien. C'est ainsi qu'il sera informé en 1976 d'un plan de coup d'Etat concocté par Jean-Claude Mandaba, bourreau d'Alexandre Banza et complice du complot que son ancien ministre Auguste Mbongo avait fomenté contre lui trois ans auparavant. A cette époque, il avait envoyé Mandaba à Bucarest en tant que ambassadeur de la République Centrafricaine.

Alors que Bokassa lui avait épargné la vie, ce qui n'était pas courant dans sa manière de traiter les putschistes et leurs complices, Mandaba va tenter, pendant son séjour dans ce pays, de renverser Bokassa avec le soutien des communistes roumains. Il sera rappelé en consultation à Bangui et arrêté en mai 1976 puis condamné à vingt ans de prison par le tribunal militaire.

Le magistrat français André Baccard, dans son ouvrage intitulé *Les martyrs de Bokassa,* s'appuie sur divers témoignages dont celui de Mokoa, un sbire de l'empereur, pour soutenir que Mandaba a été incarcéré et plus tard exécuté << *pour son indiscipline et sa désinvolture* >>. Un argument trop court et assez fragile lorsqu'on observe que ce militaire était une pièce maîtresse dans les actes de torture et de violence infligés à Alexandre Banza et que le même Mandaba était impliqué dans un certain nombre de disparitions à la prison de Ngaragba. Cet engrenage de la violence, des arrestations, de la trahison et de la délation, a été intériorisé et pratiqué par la plupart des prétendants aux fonctions présidentielles au Centrafrique. Bokassa ne peut donc être considéré sans nuance comme un sanguinaire. Rappelons que tout cela se déroule et s'inscrit dans une logique de conquête du pouvoir politique. Le meurtre et la violence étant les moyens les plus utilisés pour prendre le pouvoir, il semble bien que tous les candidats au trône ont utilisé ou tenté d'utiliser ces moyens.

De plus, l'enjeu étant très important pour chaque protagoniste, la taille du risque est généralement proportionnelle à la sanction en cas de réussite ou d'échec. N'oublions pas que la prise du pouvoir par la force implique la mort ou le cachot pour le perdant dans un grand nombre de pays non démocratiques. Il est aussi à noter que les principaux collaborateurs du président n'étaient pas des petits chrétiens au cœur d'ange. Ils éprouvaient aussi une soif inextinguible de diriger le pays en lieu et place du maréchal-président. Cette légitime faim du pouvoir qui hantait les jeunes loups de l'armée centrafricaine incitera Bokassa à défendre son << territoire >> avec une certaine vigueur. En cela, il est semblable à la plupart des dirigeants politiques d'Afrique et d'ailleurs où les structures de contre-pouvoir sont faibles ou carrément inexistants. Il faut ajouter qu'en dehors de quelques insurrections qui ont marqué la vie politique en Oubangui-Chari, le Centrafrique indépendant n'a pas véritablement favorisé une éclosion des contre-pouvoirs (médias, syndicats, partis d'opposition, etc.). Ni Dacko, ni Bokassa ne manifesteront leur intérêt dans ce domaine. De plus, il est possible que les séquelles de la domination coloniale aient probablement contribué à renforcer une certaine docilité à l'égard de la violence et de la répression gouvernementale.

Parmi toutes les tentatives de renversement de son régime, l'une d'entre elles va marquer fortement et définitivement Bokassa: celle de Fidèle Obrou, son gendre. Ce jeune lieutenant, qui avait été coopté par Bokassa, avait épousé sa fille adoptive Martine Thi-Baxi. Il avait placé toute sa confiance en ce garçon au point qu'il lui était difficile de douter de sa loyauté à son égard. C'est pourtant ce chef de bataillon et commandant de l'escadrille centrafricaine qui allait préparer un attentat contre Bokassa lors d'un voyage dans le nord du pays.

Le 3 février 1976 à l'aéroport de Bangui Mpoko, l'adjudant chef Zoukango, bras exécutif d'Obrou, lance une grenade sur Bokassa qui est sur le point de prendre l'avion. La grenade, de fabrication soviétique, n'a pas explosé du fait d'une manipula-

tion incorrecte de la part de Zoukango. Surpris par cet échec, il se suicide sur le champ. Ses complices seront arrêtés, dont l'instigateur Fidèle Obrou et un mystérieux Francis Caldo qui était conseiller économique à l'ambassade américaine à Bangui. Ce personnage d'origine irakienne, à qui Bokassa avait d'ailleurs attribué la nationalité centrafricaine, était soupçonné de travailler pour les services secrets américains, notamment la CIA. Il aurait été, selon les autorités centrafricaines, le principal parrain de cette tentative d'assassinat à l'encontre du chef de l'Etat.
Bokassa sera très perturbé par cet événement qui lui apparaîtra comme un acharnement injustifié à l'égard de sa personne. Plus tard, il se déclare choqué par << *l'hypocrisie et les fausses amitiés* >> de son entourage. Une déception qui l'amènera à décréter l'interdiction de l'appeler << *papa* >>. Cette décision procède d'ailleurs plus de la colère que d'un refus véritable. Lorsqu'en 1971-1972, Bokassa suscite cette appellation chez ses concitoyens, c'est pour véhiculer son image de << *père protecteur* >>. Une démarche paternaliste qu'il critique pourtant vivement chez de nombreux Français, mais qu'il reprend à son compte et s'en sert pour sa communication politique. En découvrant soudainement que les gestes ou les comportements d'affection en politique masquent parfois de lugubres calculs de pouvoir, il décide, sous le coup de l'énervement, une pseudo-sanction. En fait, ses proches et de nombreux Centrafricains continueront, l'orage passé, de l'appeler << *papa Bok* >> sans qu'il s'en indigne outre mesure.
Plusieurs cas d'assassinats, de disparitions, de tortures et d'emprisonnements ont été en vrac imputés à Jean Bedel Bokassa. Il est utile sur ce sujet de différencier le bon grain de l'ivraie, les affabulations des faits vérifiables, les fantasmes de la réalité. Et d'abord, la réalité a prouvé qu'il existait en général deux catégories de victimes en matière d'assassinat politique, de torture et d'emprisonnement : celles ordonnées par Bokassa lui-même du fait des conflits de pouvoir et celles diligentées par des personnes zélées de l'administration judiciaire et pénitentiaire ainsi que certains militaires ou gendarmes qui se prenaient, à tort ou à raison, pour des protégés du président.

Dans le premier cas, certaines mesures ont été prises par représailles voire par extension à l'égard des personnes proches de ses adversaires politiques comme la disparition du père de Banza, l'incarcération de ses frères et l'exil de ses enfants à Birao pendant trois ans. Ces actes vont provoquer le mécontentement de la communauté Gbaya dont est issu Banza. Les justifications de Bokassa dans un discours radiodiffusé en langue *Sango* auront du mal à convaincre les Gbaya qui n'ont pas hésité à lyncher deux Mbgaka du village de Bokassa. L'arrestation des membres de la famille du sous-préfet de Carnot, Aboubakar Kenguéléwa, qui avait hésité à appliquer les directives de Bokassa et pour cela incarcéré en 1970, a aussi mis en cause Bokassa. De même que l'emprisonnement de l'épouse de Lingoupou ou encore l'arrestation de la mère de Fidèle Obrou. La disparition mystérieuse à la prison de Ngaragba de sa femme Martine, fille adoptive de Bokassa a aussi été considéré comme un acte diligenté par le chef de l'Etat centraricain. D'après plusieurs sources, l'ombre de Bokassa plane sur ces arrestations, ces disparitions et sur bien d'autres.
En revanche, des témoignages concordants prouvent que les personnes proches de Bokassa ont exploité les antécédents du putsch pour accuser et procéder aux arrestations du frère de l'ancien ministre Auguste Mbongo, Boma Grégoire à qui on reprochait la possession de fétiches pouvant libérer son frère de prison. Les mêmes accusations ont également été portées à l'encontre de la mère de Lingoupou sur les mêmes bases du putsch manqué de 1974. Certains militaires et hauts fonctionnaires centrafricains n'hésitaient pas à faire incarcérer arbitrairement leurs ennemis personnels. Ainsi, l'ouvrage d'André Baccard qui instruit à charge sous le titre accusateur de : << *Les martyrs de Bokassa* >>, ne réalise aucun discernement entre les faits dont la responsabilité incombe réellement à Bokassa et ceux qui sont propres à son entourage; alors que la richesse des témoignages contenus dans ce livre aurait permis de mieux comprendre les rapports qu'entretenait le pouvoir politique avec les autorités judiciaires et l'institution carcérale.
Un grand nombre d'analyses effectuées sur la politique in-

térieure centrafricaine, sous Bokassa, a terriblement souffert du poids des préjugés sur sa personnalité et sur son régime au point que la place accordée à la politique extérieure est restée insignifiante.

4- La diplomatie de Bokassa

La politique extérieure centrafricaine est sans doute le terrain sur lequel Bokassa a le plus étonné les Africains et les Occidentaux durant ses quatorze années de pouvoir. Non pas parce qu'il était un diplomate chevronné -loin de là- mais parce qu'il cultivait l'art de prendre tout le monde à contre-pied. Ses décisions spectaculaires, souvent inédites et incompréhensibles déroutaient autant les Européens que les Africains. En Europe comme en Afrique, on n'a jamais su sur quel pied danser avec Bokassa.

Pendant longtemps, il sera considéré par les médias comme une marionnette de l'Occident, en l'occurrence celle de la France. Pourtant, à y regarder de près, Bokassa apparaît plutôt comme l'un des rares chefs d'Etats africains qui a le plus agité les relations franco-africaines en brisant les règles de la courtoisie diplomatique, ignorant la langue de bois et les <<bonnes manières>>. Il ne savait pas tourner autour du pot. Quand ça n'allait pas, il brisait la glace. Ses quatre principaux traits de caractère : l'audace, la colère, l'habileté et l'imprévisibilité seront régulièrement au menu de son action diplomatique. C'est surtout avec la France que ces différentes tendances de sa personnalité vont s'exprimer de façon marquante.

Il faudrait cependant observer que la France est bifide chez Bokassa. Lorsqu'il lance des attaques ou des messages d'amitié à cette France, il évoque toujours deux choses : la France des libertés et la France coloniale. En juillet 1966, par exemple, alors qu'il effectue une visite privée à Paris, il va déclarer à la presse: <<*Je suis ici, en France, chez moi, au milieu de ma famille*>> avant d'ajouter : << *Notre politique étrangère n'est pas une politique de neutralité systématique ou de non-engagement. Nous proclamons hautement que nous sommes engagés aux côtés de la France et du général de Gaulle. Il est inutile de rappeler les liens qui nous unissent, mais en revanche, il nous faut proclamer que nous n'avons aucun complexe de colonisé vis-à-vis du colonisateur.*>> On voit qu'il distingue de Gaulle du colonisateur.

Bokassa montre à travers ces phrases qu'il est très attaché à la personne du général de Gaulle et à la France qu'il représente. Mais, il n'oublie pas de souligner que cet attachement n'est pas synonyme de soumission à l'égard de la << France coloniale >>. Celle précisément qui a anéanti sa famille en Oubangui-Chari. Cette distinction, jamais mentionnée jusqu'ici, est en fait très importante pour lui. Dans son esprit, il y a et il y aura toujours deux France. Celle de la colonisation représentée par la violence, la chicote, l'inhumanité et l'arrogance, puis celle du respect des valeurs humaines et des grands hommes représentée par Napoléon, de Gaulle et les vaillants soldats de la République. Tous les discours de Bokassa vont osciller entre ces deux France. La première sera continuellement dans l'orbite de ses attaques, alors que la seconde sera toujours sa << *terre bien aimée* >>. Une compréhension insuffisante de cette double perception de Bokassa a induit beaucoup de Français et d'Africains en erreur. Certains le jugeront << *trop soumis à la France* >> et d'autres s'empresseront de le considérer << *indigne de l'Afrique.* >>
Les uns et les autres ont interprété l'attitude de Bokassa selon leur vision propre et non à partir de son histoire personnelle.
Sa vision de deux France est une perception qu'il a en quelque sorte héritée de son cousin Boganda. Il n'accepte pas la cohabitation de la France coloniale et celle des Droits de l'Homme. Pour lui, l'une est << *détestable* >> et l'autre << *admirable*>>. A la première il demande des comptes, à la seconde il offre son cœur. Les deux font, malgré tout, partie de son histoire. Si l'une a broyé sa famille et sa dignité, l'autre lui a redonné tout cela. C'est en ce sens qu'il convient de saisir, plus tard, son adversité à l'égard de Valéry Giscard d'Estaing et d'autres Français, comme son amour pour de Gaulle et l'armée française. A propos de Valéry Giscard d'Estaing, il dira dans son entretien avec Delpey : << *Valéry Giscard d'Estaing est bien le fils de son père qui a commencé à faire la fortune de la famille dans nos pays quand y régnait encore l'esclavage. Mais le Centrafrique n'est plus l'Oubangui ! Ce n'est plus une colonie française et ce n'est pas la France. Il ne s'en rend pas compte.* >> Il est à souligner que le père de Valéry Giscard

d'Estaing, Edmond Giscard d'Estaing, a dirigé dans les années 20, la Société Financière Française et Coloniale (SFFC) devenue plus tard, la Société Financière pour la France d'Outremer (SOFFO). Cet établissement était actionnaire dans la Compagnie Forestière Sanga-Oubangui, principal bourreau et cauchemar des Oubanguiens et de la famille de Bokassa. Sur tout ce qui touche à l'histoire coloniale de son pays, Bokassa a gardé la mémoire vive et le souvenir précis.
Toutes les caricatures qui l'ont présenté comme le produit du colonialisme français ou l'archétype du << *bon roi nègre* >> relèvent, pour l'essentiel, d'une critique hystérique et simpliste de sa personnalité. Bokassa n'est ni un << *bon nègre* >> ni un << *sous-colon* >>. Il a tellement souffert de la politique coloniale qu'il passera son temps à la traquer. Cette attitude est devenue, pour lui, une véritable obsession. D'ailleurs, tous les écarts de comportement et même les simples gestes de mécontentement des diplomates et des hommes d'affaires français seront toujours interprétés comme des attitudes coloniales et sanctionnés à tous les coups par lui.
Durant toute l'année 1966, il va chercher une légitimation extérieure de son pouvoir au point qu'au mois de décembre, lors de la fête nationale centrafricaine, il obtient le soutien des présidents Tombalbaye du Tchad et Ahidjo du Cameroun. Cette manifestation de grande envergure marquera la popularité de Bokassa dans son pays. Le Secrétaire d'Etat aux affaires étrangères, Monsieur Jean de Broglie, qui représente le gouvernement français à cette occasion, va offrir un grand dîner à la résidence de l'ambassadeur de France à Bangui en l'honneur de Bokassa. Cette soirée, à laquelle participent Ahidjo et Tombalbaye, est un signe encore timide du soutien de Paris au président centrafricain. Celui-ci avait pourtant reçu en août 1966, après sa visite privée à Paris au mois de juillet, une lettre de De Gaulle dans laquelle le général lui témoignait sa reconnaissance de la façon suivante : << *Je veux que vous sachiez combien j'ai apprécié la confiance que vous m'avez témoignée ainsi que les termes par lesquels vous l'avez formulée. A mon tour, je vous adresse les souhaits très sincères que je forme personnellement pour vous-même, pour l'heureux avenir du peuple centrafricain et pour la coopération avec la*

France.
Veuillez croire, Monsieur le Président, à ma haute considération.>>
Un message très diplomatique qui réconfortera beaucoup Bokassa. En avril 1967, il obtient la signature d'un accord domanial militaire avec la France. Selon les termes de cet accord, la totalité des biens immobiliers de l'armée française est définitivement remise à la République Centrafricaine. Mais, l'armée française décide de garder la jouissance du terrain pour ses opérations et son entraînement conformément aux accords de défense entre les deux pays.
Le gouvernement français prend ainsi l'option d'accorder plus d'intérêt à la sécurité du chef de l'Etat centrafricain plutôt qu'à ses préoccupations financières.
Bokassa va rester patient car, selon lui, << *son père* >>, de Gaulle ne l'abandonnera pas dans ses difficultés même si l'aide financière tarde à venir de Paris. Cette conviction d'être le fils spirituel du général va l'emmener en mai 1968, au moment où les manifestations estudiantines menaçaient le gouvernement de De Gaulle, à réveiller en pleine nuit l'ambassadeur français à Bangui, Jean Herly, pour lui proposer de sauter sur Paris avec un commando de parachutistes. Son but est << *d'aider le général en difficulté* >>. Surpris par cette proposition, le diplomate va le convaincre d'abandonner cette initiative. L'entourage de De Gaulle a toujours tourné le président centrafricain en dérision du fait qu'il appelait de Gaulle << *papa* >>. Il paraît que de Gaulle lui-même était exaspéré par cette appellation quelque peu intempestive.
Jacques Foccart rapporte, dans son *Journal de l'Elysée*, deux anecdotes assez significatives à ce sujet. Lors de la visite privée, en France, de Bokassa en juillet 1966, il rencontre le général et se met au garde-à-vous dans un violent bruit de bottes en lâchant : << *Bonjour père* >>. Le général de Gaulle répliquera, selon Foccart, par un << *bonjour monsieur le président* >> et lui demandera, plus tard, de ne plus l'appeler << *papa* >>. Ce sera peine perdue car, lors d'une autre audience à l'Elysée, Bokassa récidive en saluant le général : << *Bonjour père, comment allez-vous* ?>> A la fin de sa visite, de

Gaulle le raccompagne en disant : << *Au revoir Monsieur le président* >> et Bokassa de répondre à quelques mètres des journalistes : << *Au revoir papa* >>. Il confiera à la femme de Foccart : << *Pour moi, le général de Gaulle, c'est mon père, il n'y a personne qui pourra me faire changer d'avis. D'ailleurs lui-même, je l'appelle <<père>>. La dernière fois, il m'a dit de l'appeler <<Monsieur le président>> comme tout le monde. Et bien, madame, il n'y a rien à faire. Je vais le voir après demain et je vais encore l'appeler <<père>>.>>*

Pour de Gaulle, les choses étaient simples. Il considérait dorénavant Bokassa comme un chef d'Etat à part entière. Même si celui-ci avait été un vaillant soldat pendant la Libération et surtout, un militaire loyal et dévoué à l'armée française. De plus, il n'imaginait pas avoir joué un rôle quelconque dans la vie et la carrière de Bokassa comme nous le verrons plus loin.

Malgré ses élans d'affection vis-à-vis du chef de l'Etat français, Bokassa aura beaucoup de mal à obtenir un soutien financier de Paris. Il a pourtant deux préoccupations : d'abord trouver de l'argent pour renflouer les caisses de l'Etat qui sont désespérément vides, ensuite essayer de marquer de son empreinte la diplomatie centrafricaine dans le continent africain et sur la scène internationale.

L'année 1968 sera donc laborieuse et féconde pour lui. En février, il décide du retrait de la République Centrafricaine de l'Union Douanière et Economique de l'Afrique Centrale (UDEAC), le principal groupement économique de la sous-région, qui rassemble le Cameroun, le Congo et le Gabon, soutenu par la France. Au mois d'avril, il participe à la création d'une organisation rivale, l'Union des Etats de l'Afrique Centrale (UEAC) soutenue par les Américains et regroupant le Zaïre, le Tchad et le Centrafrique. Bokassa manœuvre d'un camp à l'autre pour obtenir des crédits, en particulier français. Ce qui ne manquera pas d'attirer la curiosité des chefs d'Etat africains sur sa versatilité.

Au mois d'octobre, il échappe à une tentative d'empoisonnement lors d'une visite officielle à Moundou, une petite localité située à la frontière tchado-centrafricaine. Cet acte, qui aurait été commis par un agent des services secrets français, permettra à Bokassa de mobiliser les Centrafricains en faveur de son action diplomatique. Attendu à l'aéroport de Bangui par une foule chauffée à bloc, il sortira de l'avion sur une civière et accusera la France en *sango*, langue nationale de son pays, en ces termes : << *Les salauds de colonialistes ont voulu m'assassiner.* >> Une mise en scène doublée d'une grande charge émotionnelle va raviver le sentiment anticolonial français chez ses compatriotes. Il faut dire que l'art oratoire et le poids des mots sont, chez Bokassa, d'un maniement extraordinaire et souvent redoutable. Il n'épargnera pas le président tchadien Ngarta Tombalbaye qu'il traitera de << *traître et complice des colons* >>. Une accusation qui surprendra Tombalbaye qui avait été le premier chef d'état africain à reconnaître le gouvernement de Bokassa après le coup d'Etat de la Saint-Sylvestre. Dans cette tornade d'accusations très médiatique, on peut remarquer que Bokassa est capable, sans aucune préparation, d'adopter un ton grave et de se mettre en scène comme dans une pièce de théâtre où le comique et le tragique sont intimement liés. L' homme peut faire rire comme il peut faire pleurer sans se forcer. Il est surtout en mesure, en l'espace de quelques instants, de se montrer courtois et discourtois, tendre et rugueux, acteur et spectateur. Bref, il peut épouser, à la manière du caméléon, la <<couleur>> qui lui plaît au gré des situations. Bokassa est un joueur de grand talent. Pour certains de ses proches, c'est dans ce genre de situation qu'il est quasiment impossible de savoir si le président fait semblant de se fâcher ou s'il est vraiment en colère. Son habileté sera toujours de ne jamais laisser à personne le soin de déceler quand, comment et pourquoi il passe d'un état à l'autre. Ni même le rythme avec lequel il passe de la colère à l'apparence de la colère ou à la bonne humeur.

A la fin de l'année 1968, la France, inquiète pour ses intérêts, décide d'accorder des crédits à la République Centrafricaine. Le 8 décembre, le Commissariat français de l'énergie atomique reçoit une concession du gisement d'uranium de Bakouma. Le 9 décembre, Bokassa quitte de façon inattendue l'UEAC. Il réintègre l'UDEAC et rompt ses relations diplomatiques avec le Zaïre. Ce revirement spectaculaire marque le caractère im-

prévisible de Bokassa ainsi que son habileté à utiliser les forces antagonistes pour défendre les intérêts de son pays.
Le chef de l'Etat centrafricain va, petit à petit, prendre de l'assurance avec ces premiers tests concluants de sa politique extérieure. Dès février 1969, il se rend à Paris sur l'invitation officielle du gouvernement français. Ce sera une excellente occasion, pour lui, de revoir << *son père* >>, le général de Gaulle mais aussi une façon de sortir de l'isolement dans lequel son pays avait été laissé depuis 1966. Le séjour parisien de Bokassa ne sera plus teinté de réserve et de discrétion comme les années précédentes. Au contraire, son agenda sera chargé.
Au deuxième jour de sa visite, il est successivement reçu à l'Hôtel de ville par le président du Conseil de Paris, Monsieur Bernard Rocher, puis à Matignon par le premier ministre, Maurice Couve de Murville. Une autre réception lui est réservée à l'hôtel Noirmoutier par son mentor Jacques Foccart. La plus grande rencontre sera évidemment celle qu'il aura à l'Elysée avec de Gaulle. Dans un discours prononcé à cette occasion, de Gaulle dira à l'attention de Bokassa : << *La guerre a vu, en effet l'indépendance et la libération de la France trouver sur le Chari, l'Oubangui, le Wouri et le Congo un refuge et une base de départ. Elle a vu les Africains de ces contrées se joindre à notre cause avec une admirable générosité. Elle vous a vu vous-même, monsieur le président, comme l'un des tous premiers Français libres, participer à tous nos combats, en Afrique, en Europe, en Asie, avec une résolution et un courage éclatant. Elle a vu se nouer entre les soldats de chez nous et ceux de chez vous une camaraderie, entre vos pays et le nôtre une amitié qui font partie de l'histoire* >>. De Gaulle ajoutera : << *Depuis lors, le territoire de l'Oubangui est devenu la République Centrafricaine, qui a reçu et assuré sa souveraineté avec toute la responsabilité qui s'y rattache.*>>
La réponse de Bokassa, très francophile, sera aussi élogieuse que celle du général.
Après cette visite en France, Bokassa se sent pousser des ailes. Dès le mois d'août 1969, il passe à la vitesse supérieure en lançant une véritable offensive diplomatique en Afrique. Il voyage dans un grand nombre de pays pour solliciter l'aide

financière mais aussi pour montrer aux Occidentaux qu'il jouit d'un plus grand respect chez ses homologues africains. De tous ces voyages, il n'obtient que des promesses sans lendemain et son pays, privé de liquidités, va poursuivre inexorablement la descente aux enfers.
Ennuyé par cette situation, Bokassa décide de s'attaquer aux sociétés étrangères de diamant installées au Centrafrique. Il leur demande de payer des ristournes sur les bénéfices qu'elles réalisent sur le marché international. Ces entreprises regroupées autour d'un consortium ont toutefois un antécédent avec le gouvernement de Bokassa. Celui-ci a laissé s'installer une société privée, la Centradiam, en violation totale des procédures et de la réglementation en vigueur sur les entreprises d'exploitation du diamant. Elles savent que la Centradiam est soutenue discrètement par le chef de l'Etat. Ce qui amènera donc le consortium à refuser de payer les taxes et à marquer ainsi sa protestation contre l'attitude du gouvernement. Bokassa pique une colère et réagit en envoyant la police et l'armée aux portes de l'Office National du Diamant. Il fait signer dans la foulée un arrêté d'expulsion contre quarante et un techniciens français de Centramines après avoir mis en détention son président Jean de Marcilly. Cette affaire provoque un tollé à Paris au point que le successeur de De Gaulle, Georges Pompidou, va sortir de sa réserve en Conseil des ministres en s'indignant qu'il est inadmissible << *qu'un pays qui bénéficie de l'aide de la France ne puisse traiter ses ressortissants avec un minimum d'égards* >>. L'ambassadeur centrafricain à Paris, Jean-Louis Psimhis essayera en vain de rencontrer le chef de l'Etat français pour apaiser la tension. Loin de cette logique d'apaisement, Bokassa continue dans sa lancée en annonçant à Brazzaville que : << *La République Centrafricaine choisit le socialisme scientifique.* >> Douche froide dans les capitales occidentales : à Paris, on se demande quelle mouche a bien pu piquer Bokassa, le gaulliste libéral, pour porter les <<habits neufs>> du communisme marxiste. Surtout qu'il s'est séparé de la Chine en 1966 en se positionnant comme le rempart anticommuniste de l'Afrique Centrale. Joignant l'acte à la parole, il signe le 22 décembre 1969 un accord commercial avec l'URSS. Loin d'être un fou, comme le

prétendent certains médias, sa stratégie consiste à susciter l'angoisse et la panique dans le camp occidental pour être courtisé et pour négocier en même temps l'augmentation des crédits extérieurs. Il fait monter la pression en multipliant les voyages dans un grand nombre de pays arabes et ne se prive pas de déclarations << *révolutionnaires* >>. Lors d'un voyage en Egypte en avril 1970, il va déclarer devant le président Nasser : << *La crise à laquelle vous faites face concerne aussi les Africains et je viens vous dire la part que nous tiendrons à vos côtés.*>> Dans cette déclaration, Bokassa fait allusion au conflit israélo-arabe. Quelque temps après, il apprend le bombardement de l'école d'Abou Zabel par l'aviation israélienne. Cet incident fera quarante sept morts du côté égyptien. Pour le président centrafricain, cela est insupportable. Alors que, jusque-là, son pays était considéré comme faisant partie du groupe des Etats africains plus proche d'Israël que des pays arabes, ce jour-là, c'est le contraire. Bokassa, révolté, s'en prend aux Israéliens.

Dès son retour à Bangui, il rappelle en consultation son ambassadeur en Israël et retire l'agrément à la société israélienne d'exploitation du diamant SOPICAD installée en République Centrafricaine.

Voyant la désapprobation de la France augmentée, il s'énerve aussi contre le directeur du centre culturel français à Bangui, Monsieur Jourdain, et l'expulse pour subversion au mois de juin 1970. Le mois suivant, ce sera au tour de l'ambassadeur de France Albert de Schoenen d'essuyer les foudres de Bokassa qui ne supporte pas les remarques appuyées du diplomate sur l'aide que l'Etat français accorde à la République Centrafricaine. Déchaîné, Bokassa accentue son rapprochement avec les pays de l'Est. En juillet, il reconnaît le GRUN (Gouvernement Révolutionnaire Cambodgien) du prince Norodom Sihanouk en déclarant à cette occasion : << *Notre option révolutionnaire est irréversible.*>> Entre temps, le problème de l'enclavement du pays préoccupe aussi Bokassa. Privée de la mer, la République Centrafricaine effectue toutes ses importations et ses exportations via Pointe-Noire au Congo. Un itinéraire de 510 Km de voie ferrée très long et très coûteux. Plusieurs projets étant à l'étude pour

résoudre ce handicap, le plus intéressant et le plus sérieux à ses yeux est la construction du chemin de fer Douala-Bangui. La France sera sollicitée pour le financement de ce projet. Le coût de l'opération jugé onéreux par les Français les amènera à s'abstenir de tout engagement. Déçu, Bokassa se tourne vers les pays de l'Est. Il reconnaît la République Démocratique Allemande puis la Tchécoslovaquie (actuellement divisée en deux Républiques : Tchèque et Slovaque) en avril 1970. Deux mois plus tard, il se rend à Moscou puis en Roumanie. Les Roumains se montreront << *sensibles*>> aux doléances du président centrafricain. Mais la sensibilité n'est pas synonyme d'octroi de liquidités, particulièrement dans le langage diplomatique.
Après quelques mois d'attente infructueuse, Bokassa s'aperçoit que les pays du bloc communiste ne sont pas plus généreux que la France. Il décide donc de revenir vers cette dernière pour obtenir les crédits qu'il cherche désespérément partout. Il sait que les choses seront désormais plus compliquées car << son père adoptif >> est décédé. Il est nécessaire de s'arrêter sur cet événement qui a donné lieu à une campagne de railleries très particulière vis-à-vis de Bokassa.
A la mort de De Gaulle en 1970, Bokassa est saisi d'un profond chagrin. Il est si éprouvé qu'il éclate en sanglots à Colombey-les-deux-Eglises. Cette scène restera inédite dans les archives télévisuelles françaises et sera habilement exploitée par ses détracteurs pour l'humilier. En vérité, l'affection de Bokassa pour le général de Gaulle était plus profonde que les caricatures qui en ont été données. Bokassa, ayant perdu ses parents très tôt, a cherché dans sa jeunesse un modèle, un père qui pouvait inspirer son ambition personnelle. Après ses difficultés scolaires, il voulait aller le plus loin possible dans sa carrière. Son entrée dans l'armée française représentait donc une opportunité sans pareille pour réaliser son rêve professionnel. C'était aussi une manière de prendre une revanche sur son enfance difficile. Malgré ses efforts permanents dans l'armée française, sa valeur intrinsèque est à peine reconnue par certains de ses supérieurs hiérarchiques et Bokassa croit revivre, à de nombreuses occasions, l'époque coloniale qui lui avait déjà fait tant de mal. Il va s'apercevoir

que le général a, selon lui, << *une vision plus humaine et plus respectueuse de l'Afrique* >> et surtout qu'il sait << *apprécier les individus à leur juste valeur* >>, comme il le dira un jour à l'un de ses amis. Ce général aura ainsi profondément marqué, sans le savoir, la vie de Bokassa. Dans son livre *L'affrontement*, Valéry Giscard d'Estaing rapporte des propos assez instructifs sur son entretien avec Bokassa lors des obsèques du général de Gaulle : << *Je suis très abattu, me dit-il. Il n'y a pas de plus grande tristesse que la perte de son père. J'avais déjà perdu, étant enfant, mon père naturel. Et maintenant c'est le tour de mon vrai père, le général de Gaulle. Je suis officier français, vous le savez. C'est pourquoi j'ai interrompu mon programme pour venir d'urgence à Paris.* >> La difficulté de beaucoup de Français et d'Africains qui s'étonnaient et s'offusquaient de cette attitude très démonstrative de Bokassa était liée à une absence d'éclairage sur sa vie. C'était un homme affectueux, passionné et spontané comme nous l'ont confirmé de nombreux témoignages. Mais pour une partie des médias qui l'avaient déjà estampillé comme un grand bouffon, il devenait de plus en plus difficile de montrer Bokassa tel qu'il est sans railler ou caricaturer ses comportements. Une démarche bien plus agréable car elle renforçait l'image du << *bouffon nègre* >> qui lui était déjà attribuée. Les commentaires des journalistes français et africains à cette époque exprimeront un étonnement consensuel avec des arguments différents. Les premiers vont ironiser sur << *les larmes de l'inconsolable président centrafricain* >> alors que les seconds vont s'indigner des pleurs de leur << *frère africain sur la tombe d'un général blanc* >>.

Ces critiques ont tellement agacé Bokassa qu'il s'est vu obliger de se justifier d'avoir pleuré ce jour-là.

Après la disparition du général de Gaulle, Pompidou, qui n'appréciait pas particulièrement Bokassa, n'a pas l'intention d'accepter ses volte-face. Ils auront néanmoins de multiples entretiens avec l'appui discret de Jacques Foccart. Ils vont longuement converser le 1er décembre 1970, à l'occasion de la fête nationale centrafricaine. Le même jour, Jacques Foccart et Yvon Bourges conduiront une importante délégation française à Bangui. Un certain nombre d'hommes d'affaires

français sont de retour au Centrafrique et tout laisse croire au réchauffement des relations entre Paris et Bangui.
Dans son message aux Centrafricains le 1er décembre, Bokassa rend un vibrant hommage, comme à l'accoutumée, à de Gaulle et déclare que : << *La République Centrafricaine et la France demeureront toujours amis, comme par le passé. Nos relations,* dit-il, *vont grandissant et seront de plus en plus étroites, car* poursuit-il, *pour le général Bokassa, le président Pompidou est le reflet authentique et le seul représentant valable du général de Gaulle.* >> Il ajoute : << *Je puis vous affirmer pour ma part que je prends solennellement la décision de remettre d'aplomb, dans les meilleurs délais, nos relations avec la France.*>> Dans la même intervention, il fustige les dirigeants des pays de l'Est en ces termes : << *Nous savons tout le mal que ces relations précipitées et empoisonnées nous ont causé, en réduisant toutes nos chances vis-à-vis de nos anciens amis (c'est-à-dire la France) qui nous comprenaient bien. Dans tous les cas,* lance-t-il, *je leur donne (aux Pays de l'Est) un certain délai pour chercher à me rencontrer, faute de quoi la République Centrafricaine évitera systématiquement de se mouiller inutilement.* >> Il conclut que : << *L'idéologie en politique étrangère n'est pas la forme d'aide que nous sollicitons. Elle est une arme secrète qui divise les nationaux et cause l'anéantissement d'une nation.*>> Pendant la guerre froide, un discours de ce type était plutôt bienvenu à l'Ouest.
Dans tous ces propos, il est clair que Bokassa n'a vraiment pas le cœur à l'Est comme il l'a pour la France. Mais il essaie toujours de faire monter la pression avec les communistes, comme il le fait avec les Français, pour que ces derniers se dépêchent, malgré tout, à l'aider à renflouer les caisses de l'Etat. Du côté français, Foccart et son équipe savent bien que la stratégie de Bokassa vise une assistance accrue et soutenue de la France vis-à-vis du Centrafrique. Bokassa multipliera d'ailleurs les actes de séduction en direction de Paris. Il démissionnera même son ministre des Affaires étrangères Nestor Kombot-Naguémon qui prônait un plus grand rapprochement avec les communistes.
Paris croit apaiser Bokassa en lui offrant une caravelle, mais l'histoire de sa fille Martine va empoisonner à nouveau le

climat. Cette affaire, comme beaucoup d'autres dans la vie intime de Bokassa, a alimenté les journaux à sensation. Que s'est-il donc passé ?

En 1950, lorsque la France entre en lutte contre le régime communiste Nord Vietnamien de HÔ CHI MINH, Bokassa, alors adjudant de l'armée française, est envoyé à Saigon dans le corps expéditionnaire d'Extrême-Orient pour combattre le Viêt-minh. Il rencontre une Vietnamienne avec qui il aura un enfant. Il raconte lui-même cette aventure dans un magazine bilingue (anglais - français) *Continent 2000* en ces termes : *<< Je n'étais pas un Saint ! Tous mes compagnons africains et français avaient fait la connaissance de jeunes Vietnamiennes. Moi-même, j'ai rencontré une jeune fille de 17 ans. Elle s'appelait Nguyen-Thi-Hue, de son nom de naissance, mais on la surnommait <<Banho>> qui en vietnamien signifie petite dame, car elle était très jeune, très mince, très petite et très mignonne. J'ai obtenu sa main de ses parents et nous avons vécu à la vietnamienne pendant près de trente mois. Nous avons eu une petite fille. Trois jours après sa naissance, j'ai apporté les pièces à l'état - civil français, et à l'état civil du gouvernement vietnamien. C'est ainsi que mon enfant a été enregistrée sur les actes de naissance de l'Etat français et possède la nationalité française. Quand je suis parti pour la France, j'ai emporté avec moi trois copies d'actes de naissance, car j'avais l'espoir d'obtenir l'autorisation du commandement militaire français en vue de normaliser le mariage. Mais peu de temps après mon arrivée en France, il y eût l'Armistice. Il fut mis fin à l'envoi du corps expéditionnaire en Extrême-Orient. Et je suis donc resté en France.>>*

Une fois la guerre terminée, Bokassa entreprend de retrouver son enfant et sa compagne. Mais celle-ci, mariée, reste invisible. Plus de dix années se sont écoulées dans des recherches vaines. Puis, dans l'euphorie des rapprochements diplomatiques des années 70 qu'effectue le président centrafricain, une drôle de coïncidence survient avec l'annonce inattendue de la découverte à Saigon de sa fille Martine. Ravi par cette nouvelle, il envoie deux billets d'avion pour le voyage de Martine en République Centrafricaine. Elle sera accompagnée d'une traductrice vietnamienne. Devant la joie d'accueillir sa fille à Bangui, il décide spontanément de la présenter au public lors des cérémonies de la fête nationale le 1er décembre 1970. Seulement, quelque temps après, coup de théâtre! Cette Martine n'est pas sa fille naturelle. Elle est plutôt Mademoiselle NGuyen Thi-Baxi, une jeune métisse vietnamienne de vingt ans, vendeuse dans un magasin de vêtements à Saigon. Elle s'est substituée à sa vraie fille. Elle sera immédiatement placée en résidence surveillée et Bokassa va demander l'ouverture d'une enquête judiciaire.

Avant d'obtenir les résultats de l'enquête, il accuse pêle-mêle l'ambassade de France à Saigon et les services secrets américains notamment la CIA d'avoir attribué une fausse identité à Mademoiselle Thi-Baxi pour espionner ses relations avec les pays communistes. Cette affaire fait fureur car la guerre froide entre l'Est et l'Ouest est à son paroxysme. Selon lui, il existe un lien direct entre les expulsions des coopérants occidentaux en République Centrafricaine et l'affaire Thi-Baxi. Lui envoyer une jeune femme qui n'est pas sa fille ressemble bien à un coup monté par Washington et Paris. Ces soupçons seront tempérés par un quotidien vietnamien *Trang Den* qui, après une enquête minutieuse, révélera à Bokassa, preuves à l'appui, l'existence de sa vraie fille. Elle rejoindra Bangui dans la plus grande discrétion. Toutes sortes de rumeurs et d'affabulations ont circulé sur ce que la presse internationale nommait << *l'affaire des deux Martine* >>. Les autorités françaises, qui avaient attribué un passeport à Mademoiselle Thi-Baxi, ont failli porté seuls le chapeau, manifestement trop grand, de toute cette affaire. Un communiqué du ministère des Affaires étrangères du Sud Viêt-nam accusera les Français en ces termes : << *Le consulat de France à Saïgon doit porter l'entière responsabilité sur la reconnaissance de Mademoiselle Baxi comme étant Martine Bokassa.* >> La riposte des diplomates français sera immédiate. Pour eux, les autorités vietnamiennes étaient : << *Les seules à pouvoir mener une enquête sérieuse d'identité sur la fille de madame Nguyen Thi Than.* >> Ils préciseront que : << *Les autorités sud-vietnamiennes ont saisi directement le président Bokassa du dossier de l'affaire le 31 septembre 1970, alors que ce n'est que le 5 novembre suivant que le dossier du consulat de France a été présenté à*

Bangui. >>
En réalité, selon un ancien diplomate vietnamien que nous avons interrogé à Paris et qui était, à l'époque, en poste au ministère des Affaires étrangères à Saigon, il s'agissait d'une action orchestrée par les services de renseignements sud-vietnamiens. L'ancien fonctionnaire affirme que la volonté du gouvernement Vietnamien de sortir de son isolement diplomatique et de séduire des partenaires étrangers était si forte qu'il osait prendre tous les risques même lorsqu'il avait des doutes sur un dossier. D'ailleurs les autorités vietnamiennes ont reconnu avoir eu des doutes sur l'identité de la première Martine dès la fin du mois de septembre 1970. Mais elles n'ont voulu rien rectifier jusqu'au 19 novembre, date à laquelle un visa de sortie sera demandé pour Mademoiselle Thi-Baxi. Pour tromper la vigilance du consulat de France à Saigon, elle avait réussi à se procurer les photos de Bokassa datant de sa jeunesse. L'énigme de ce dossier est de savoir si les services secrets vietnamiens ont agi en partenariat ou non avec les services spéciaux français. Il faut bien dire que Mademoiselle Thi-Baxi qui ne connaissait pas Bokassa ne pouvait pas posséder ses photos prises pendant la guerre lorsqu'il était encore officier français. Seuls les autorités militaires, ses collègues ou quelques rares correspondants de guerre pouvaient les détenir. Alors y a-t-il eu des <<fuites>>?...La mère de Thi-Baxi avait bien reconnu que des <<Messieurs français>> avaient fait des pressions sur elle pour qu'elle affirme avoir été la compagne de Bokassa.
Pour mettre un terme à cette bruyante affaire, Bokassa a agi avec une originalité qui lui était propre : en adoptant purement et simplement la fausse Martine et en gardant sa fille légitime.
Cet épisode, loin de calmer la tension entre le chef de l'Etat centrafricain et les autorités françaises, va accentuer la discorde. Sans oublier qu'avec ses homologues des Etats africains, Bokassa devient de plus en plus insaisissable. En 1970, il participe au sommet des non-alignés à Lusaka et s'en prend violemment << *aux régimes racistes et colonialistes d'Afrique Australe* >>. Mais, puisqu'il espère bénéficier de l'aide sud-africaine, il tempère sa virulence et appuie discrètement

en 1971 les propositions de dialogue avec le gouvernement de Prétoria. Dès le mois d'août 1971, le chef de l'Etat centrafricain, qui a lancé une souscription nationale pour acheter un avion DC-8, annonce soudainement son retrait de la Compagnie aérienne Air Afrique. Une décision qui a été prise quelques mois auparavant par le chef de l'Etat camerounais Amadou Ahidjo. Il s'agit pour le Cameroun de mobiliser ses ressources en faveur de la nouvelle Compagnie nationale *Cameroon Airlines*. Mais, à la différence d'Amadou Ahidjo, Bokassa ne prépare pas son retrait. Il décide de créer une Compagnie nationale *Air Centrafrique* comme son voisin camerounais et se lance dans l'achat d'un DC-8 auprès d'une compagnie privée américaine. Seulement, cet avion ne présente pas toutes les garanties de sécurité exigées par l'aviation civile internationale. Ne sachant pas trop comment l'utiliser, le DC-8 restera garé en France à l'aéroport du Bourget près de Paris et la compagnie *Air Centrafrique* mourra quelque temps après.
Les coups de colère de Bokassa en cette année 1971, sont terribles pour les étrangers et pour sa cible préférée: la France. L'arrivée d'un nouvel ambassadeur français à Bangui, Monsieur Laurent Giovagrandi n'y changera rien. Le 22 juin, il expulse un expert français des Postes et Télécommunications, Monsieur René Lidon, en l'accusant de travailler pour les services secrets français, notamment le SDECE. En fait, il le soupçonnait de vouloir brancher les lignes téléphoniques présidentielles sur les circuits de l'ambassade de France afin d'écouter toutes ses communications. Ce que contestera l'intéressé. Déjà, en février 1971, le chef de l'Etat centrafricain avait supprimé les visas américains et libériens. Le 13 août de la même année, il rompt avec la République Démocratique Allemande pour donner plus d'importance à la coopération avec le gouvernement de Bonn plus << généreux >> sur le plan financier. Décidément, Bokassa ne supporte plus des relations financièrement infructueuses. Il sait que les recettes ne rentrent plus dans les caisses de l'Etat et il considère qu'il n'y a pas de temps à perdre avec des promesses à moyen ou à long terme. Bokassa veut du cash et vite, car le spectre de la contestation plane sur son pays et cela l'effraye. Au fond, il

commence un peu à en avoir assez de chercher de l'argent partout. Le 31 octobre, il ordonne la fermeture d'une succursale de la Banque Nationale de Paris (BNP) qui ne veut pas, avec d'autres banques de Bangui, accorder des crédits au trésor centrafricain et pas même au président de la République. Il décide de battre lui-même sa monnaie, un point très sensible des relations franco-africaines. Bokassa brise le tabou en déclarant lors d'une séance de clôture du congrès des maires et des chefs de cantons : << *Nous ne voulons pas que le contrôle de notre monnaie nous échappe. Nous voulons que cette monnaie devienne effectivement notre propre bien.*>> Selon lui, << *On nous vante la qualité du franc CFA. D'accord, mais faut-il pour répondre à cela faire allusion à cette baisse inquiétante du franc CFA ? D'ailleurs, je me demande même s'il faut continuer à l'appeler franc CFA, puisque ce sigle veut dire Comptoirs Français d'Afrique. Cette appellation qui rappelle les sombres jours de la colonisation est, depuis 1960, vidée de son contenu, étant donné qu'à l'heure actuelle, les Comptoirs Français d'Afrique n'existent plus. Nous sommes simplement en face d'Etats indépendants et souverains. A bon entendeur salut.*>> Il conclura néanmoins son discours par des propos plus pondérés : << *Nous proclamons notre sincère amitié envers la France. Nous faisons le serment de demeurer jusqu'à preuve du contraire dans la zone franc et ce par l'intermédiaire de la Banque Centrale. Ce que nous exigeons, c'est la part des services de contrôle de la Banque Centrale reconnus comme droit de la République Centrafricaine. Nous demandons qu'on nous transfère tout simplement ces services. Voilà ce qu'il faut que l'on comprenne. En réaffirmant notre attachement à la France, nous tenons cependant à user de notre droit politique de pays souverain pour faire comprendre à la France que nous n'exprimons que le désir de la République Centrafricaine.*>>

Au fond, si Bokassa pourfend le franc CFA, c'est non seulement parce que le lien avec le franc français est très étroit, mais aussi parce qu'il perçoit ce lien comme un prolongement de la domination coloniale française. Notons au passage que toutes ces questions ne hantent véritablement son esprit qu'en période de pénurie financière grave. En fait, sur le problème du contrôle du franc CFA par les Etats africains, plusieurs chefs d'Etat africains partagent l'analyse de Bokassa. Mais, très peu ont le culot et le tempérament du président centrafricain pour oser critiquer ouvertement les autorités françaises. Ils seront donc réduits à une sorte de mutisme tantôt approbateur à l'égard de Bokassa tantôt bienveillant à l'égard de la France.

En réalité, le chef de l'Etat centrafricain a posé le problème d'une monnaie nationale centrafricaine quatre fois en trois ans. La première fois c'était en septembre 1967, puis les trois autres fois en 1971. Sa demande restera inaudible car la France ne pouvait accepter de voir éventrer la zone franc en laissant passer les coups de sabre de Bokassa sur un édifice très protégé des relations franco-africaines.

Avant de crier haro sur le franc CFA, Bokassa s'était déjà appliqué à ameuter les Centrafricains contre les autorités françaises. Le 29 septembre 1971 à 10 h 30 du matin, le parc de l'ambassade de France est brutalement occupé par de nombreux manifestants. Excités par la campagne antifrançaise que le président a lancée à la radio avec le slogan << *les Français nous volent* >> et chaudement relayée par la vice-présidente du parti unique, Madame Domitien, ils vont jeter des pierres sur les vitres de l'ambassade et ne s'arrêteront qu'après l'appel au calme du chef de l'Etat centrafricain sur les ondes de la radio nationale.

La véhémence de la presse française sera si forte que Bokassa tiendra les autorités françaises pour responsables << *des insultes, injures et calomnies* >> proférées à son égard. Il menacera même de saisir la Cour internationale de justice de la Haye. Cette attitude est aussi une marque de l'habileté politique de Bokassa. Il sait anticiper les événements qu'il a lui même provoqués en se présentant régulièrement comme une victime, mais tout en restant conquérant. Il va s'emparer de la réaction des médias qui n'était en réalité que l'effet d'une opération qu'il avait savamment élaborée et dont il prévoyait bien le résultat.

De toutes ces << empoignades >> avec la France, Bokassa ne sera presque jamais critiqué officiellement. Son audace et son discours direct le placeront toujours au centre de nombreuses controverses. Il apparaîtra de fait comme l'éternel grincheux

de l'Afrique francophone toujours prêt à casser la vaisselle pour se faire entendre.
Il reviendra à la charge en prenant à nouveau des contacts avec les pays de l'Est. Jusque-là, on croyait qu'il avait tiré un rideau sur ses relations avec les communistes. Eh bien non! Le 16 mars 1972, Bokassa reçoit le président roumain Nicolaï Ceaucescu à Bangui. Moins de deux mois plus tard, il s'envole vers la Yougoslavie pour un voyage officiel d'une semaine à Belgrade. La fin de l'année 1972 marquera une légère accalmie dans les relations franco-centrafricaines. Mais une autre brouille survient en avril 1973. Bokassa se déclare victime d'une tentative de coup d'Etat dans laquelle seraient impliquées quatre personnes de l'assistance militaire française. La presse fustige à nouveau les agissements de Bokassa qui accuse à son tour l'ambassade de France de se transformer en << *poste de subversion* >> dans son pays.
A cette époque, le ministre des Finances Valéry Giscard d'Estaing, qui sera plus tard son ennemi public numéro un, va profiter d'un safari en République Centrafricaine pour rassurer le chef de l'Etat du soutien de la France. Cette visite privée sera le point de départ d'une longue familiarité dont les péripéties éclateront au grand jour six ans après. En tout cas, c'est avec Valéry Giscard d'Estaing qu'une véritable détente s'installe dans les rapports entre la France et la République Centrafricaine. Devenu président en 1974, il effectue dans ce pays son premier voyage officiel en Afrique lors du sommet franco-africain, une grand-messe très consensuelle des chefs d'Etat où la tradition des rencontres est réservée à << *l'amitié* >> et aux grandes déclarations d'intention. A cette occasion, dans un discours très chaleureux, le président français déclare : << *C'est un grand jour pour moi que celui où je peux vous apporter non seulement mon salut personnel, mais le salut de la France, dont je suis le président (...). Croyez bien, Monsieur le président à vie, mon cher parent et ami, que la France ressent profondément cette solidarité envers la République Centrafricaine, qui, sous votre autorité, s'est engagée dans une action en profondeur de développement économique, culturel et humain.*>> Inutile de souligner qu'à cette période, le président centrafricain a déjà oublié le << *développement*

économique, culturel et humain >> de son pays et nul ne l'ignore à Paris.
Cependant, Bokassa retrouvait, dans ces mots, la joie d'avoir enfin un autre << *parent* >> avec qui le dialogue sera plus cordial qu'avec Georges Pompidou décédé le 2 avril 1974.
Dès cette date, tout laissait croire que les relations entre la République Centrafricaine et la France allaient prendre une autre allure, qu'une page de la coopération franco-centrafricaine allait être tournée. Dans une déclaration commune signée à Bangui le 1er décembre 1974 par le ministre français de la Coopération Pierre Abelin et le chef de l'Etat Bokassa, il était question d'établir entre les deux pays, une nouvelle coopération axée sur << *une base égalitaire* >> et assurer sa validité à partir d'une << *programmation précise dont les finalités seront clairement définies et les moyens d'action nettement déterminés* >>. Au fond, ces relations seront plus ambiguës qu'on ne l'imagine. Officiellement, il n'y aura pas de critiques clairement formulées à l'égard de la gestion financière du Centrafrique malgré les voyages d'experts et les rapports de missions qui attirent pourtant l'attention des autorités françaises sur la manière dont le gouvernement centrafricain gère le trésor public. Sur ce sujet, les observations audacieuses du directeur français du développement économique au ministère de la Coopération, Yvette Chassagne, lors de sa mission à Bangui vont carrément mettre Bokassa hors de lui. Elle s'inquiétait de la façon dont fonctionnaient les services financiers en République Centrafricaine. Dès son retour à Paris, elle va proposer une batterie de réformes. Elle sera écoutée et quelques coopérants seront envoyés à Bangui pour réorganiser le travail du trésor. Mais cette initiative sera rapidement freinée par Bokassa car au moment où tous ces efforts sont entrepris, un échange de correspondance a lieu entre le Président centrafricain et les autorités françaises. Bokassa enverra précisément une lettre au ministre de la Coopération dans laquelle il déclare : << *Monsieur le Ministre, c'est vraiment de tout cœur que je vous transmets mes sincères remerciements pour toutes les démarches que vous avez entreprises auprès de votre collègue, Monsieur le Ministre de l'Economie et des finances, afin que*

l'aide que j'ai demandée pour mon pays, la République Centrafricaine, me soit fournie dans les moindres délais. >> On voit dans cette lettre que Bokassa est en quelque sorte dans le rôle d'un percepteur impatient d'encaisser des versements, mais aussi dans celui d'un privilégié à qui on ne refuse rien même dans l'urgence. Bokassa est si sûr de ses solides attaches au sommet de l'Etat français qu'il peut laisser éclater à la fin de cette lettre << son affection parentale >> à l'égard du ministre français de la coopération. (voir annexe 6)
La vérité que peu de gens veulent voir et entendre est que, à différents échelons de la haute administration centrafricaine, des coopérants français ont, de tous temps, travaillé soit en temps que conseillers, soit en tant qu'experts ou parfois les deux. Certains ont laborieusement participé à la gabegie du Centrafrique alors que d'autres, une très faible minorité, l'ont combattue.
Dans l'appauvrissement et la corruption qui rongent ce pays depuis des décennies, il faut bien reconnaître que le régime de Bokassa, comme celui de son prédécesseur et successeur David Dacko, se nourrissait du soutien des Français et des Centrafricains pour enfoncer la RCA dans l'abîme. Cette triste vérité est prudemment évoquée dans un rapport confidentiel rédigé en 1975 par un groupe d'experts français visiblement impuissants devant la gestion du trésor centrafricain. Ils y affirment : << *La négligence et la paresse du personnel d'exécution, l'absence de coordination avec les autres Services Administratifs, en particulier avec l'Office National d'Informatique, semblent même s'être accentués. Ce dernier service, où travaillent quelques coopérants, n'a pas rempli jusqu'ici les tâches qui lui étaient demandées, notamment au point de vue des recettes, les erreurs et le retard de production de divers documents au trésor ne facilitent pas le travail de celui-ci.*>> (voir annexe 7)
Dans la plupart des écrits sur Bokassa, cet aspect n'a pas été assez souligné. C'est pourtant un point fondamental qui permet de comprendre le rôle de certains Français agissant soit pour le compte de leur gouvernement, soit à titre individuel dans l'économie et la politique du Centrafrique. En rappelant cette évidence, un vrai débat aurait - non sans réticence- eu

lieu en France sur ce qui est convenu d'appeler << l'aide de la France au Centrafrique >>. Les citoyens français l'exigeront-ils un jour ? Pour le moment, ce dossier est classé et ne reviendra probablement jamais sur le tapis. Pour servir l'histoire, nous avons voulu aider les lecteurs à suivre ici les coulisses de ce débat << interdit >>. Il s'agit plutôt d'une confession que Monsieur Maurice Espinasse, le conseiller français de Bokassa, fait à Monsieur Rabeyrol, directeur des Affaires africaines et malgaches au Quai d'Orsay. Il dit exactement ceci :

<< *Comme suite à l'audience que vous avez bien voulu m'accorder le 29 mai, j'ai l'honneur de vous confirmer que mes fonctions de conseiller à la présidence de la République Centrafricaine pendant plus de huit années consécutives m'ont amené à être témoin d'un certain nombre de faits susceptibles d'intéresser le gouvernement français.*

Je précise que je me suis toujours efforcé de tenir au courant des faits les plus importants les autorités françaises. Je l'ai fait par l'intermédiaire des chefs de la mission d'aide et de coopération à Bangui –dont je relevais directement – à savoir M. Michel Legrand d'abord, M. Jean Jacques Versière ensuite, qui étaient à même de renseigner l'Ambassadeur de France à Bangui. Je l'ai fait aussi par le biais de M. Michel Van Grévenynghe, alors affecté au Cabinet du Ministre Bourges et maintenant Ambassadeur à Cotonou, et par le biais de M. Jean Herly alors Directeur de la Coopération au Secrétariat d'Etat aux Affaires étrangères. Je l'ai fait enfin par l'intermédiaire de M. Jacques Foccart, vers lequel me dirigeait souvent le président Bokassa lui-même lors de mes missions en France.

Je rappelle succinctement qu'en juillet 1973, complètement écœuré par ce que j'étais amené à constater journellement, je n'ai pas sollicité le renouvellement de mon contrat et j'ai au contraire remis à M. Herly en personne, une demande d'affectation en France prétextant de ce que le Président Pompidou d'abord, le ministre Billecoq ensuite s'étaient engagés par écrit vis- à - vis du président Bokassa à ce que je demeure son conseiller pendant encore deux ans, il m'a été demandé avec insistance – par M. Jacques Foccart, par M. Jean Herly, par M. Courot du Cabinet du Premier ministre- d'accepter de repartir en

RCA. Ce que j'ai fait, à contrecœur, le 3 janvier 1974 seulement, en m'apercevant que ma demande d'affectation en France remise à M. Herly en juillet 1973, restait et resterait définitivement sans doute sans suite.

J'en arrive aux faits qui, à mon avis ont motivé directement mon expulsion.

Le 5 ou le 6 mai, le président Bokassa me priait de préparer immédiatement :

- *un décret <<interdisant les activités du Consulat Général de France en RCA <<*
- *une lettre au gouvernement français pour déclarer le Consul Général et Consul de France personnae non grata*
- *une note confidentielle au ministre de l'intérieur pour l'inviter à placer des éléments de la police à la porte du Consulat Général de France.*

Je refusai absolument d'exécuter l'ordre en donnant mes raisons. Nous restâmes là. Mais le lendemain, le Président m'envoyait en mission en France, en Suisse et au Maroc pour quinze jours. Je partais le 9 mai et, dès le 10 mai, il exécutait ce que j'avais refusé de préparer.

Le 23 mai, à mon arrivée à l'aéroport de Bangui, la police m'invitait, sur ordre du gouvernement, à remonter immédiatement dans le même avion et à quitter définitivement le territoire centrafricain sans aucune explication ni notification d'aucune sorte.

Je dois dire que, depuis trois mois environ, la situation ne cessait de se détériorer et les mesures antifrançaises de se multiplier, pratiquant des accrochages entre le président Bokassa et moi-même. Je cite quelques unes de ces mesures antifrançaises :

1°) En février, un décret faisant retour à l'Etat Centrafricain de deux titres fonciers appartenant à la S.K.N. (agence centrafricaine de Niger- France) et de trois titres fonciers appartenant à la société Sodexafrique(Directeur : M.Hublot, Français). Sous le prétexte fallacieux qu'une ordonnance de 1972 interdit à toute société de mettre fin à ses activités en RCA sous peine de se voir confisquer ses biens. Or les sociétés en question n'avaient pas mis fin à leurs activités mais en avaient seulement transformé le mode d'exploitation.

Je refusai de faire ce décret ; il fut préparé et signé en Conseil des Ministres ; je le contestai sur le plan juridique et ne cessai pas d'en demander l'abrogation jusqu'à mon départ. Le chef de la M.A.C fut tenu au courant. A ma connaissance, l'Ambassade de France n'a jamais réagi.

2°) En février-mars, la société Dassault réclamait au président de la République Centrafricaine le règlement de toutes les factures de réparation et d'entretien du Mystère 20 présidentiel se montant à plusieurs dizaines de millions de francs CFA.

Le président Bokassa donnait l'ordre de ne rien régler ; mieux, de détruire toutes les factures Dassault. M. David de Falcon service, est parfaitement au courant de la situation.

3°) Fin avril, le président Bokassa convoquait dans son bureau le Directeur de la Caisse d'amortissement des dettes de l'Etat et –la porte de communication de nos deux bureaux étant ouverte comme souvent- je l'entendais donner l'ordre au Directeur de la Caisse de procéder à un tri des factures à régler en instance à la caisse et de procéder à la destruction systématique et totale des factures les plus anciennes de façon à diminuer les dettes de l'Etat de moitié environ, en insistant sur la nécessité de détruire surtout les factures des maisons françaises.

4°) Le Gouvernement centrafricain a cédé à Alusuisse l'exclusivité des droits de recherche et d'exploitation de l'uranium centrafricain. Or, la convention passée avec le Commissariat de l'Energie Atomique français n'a jamais été abrogée et reste juridiquement valable.

J'ai insisté sur ce point de vue juridique auprès du président Bokassa mais n'ai pu rien obtenir de lui, si ce n'est des paroles extrêmement désagréables à l'égard de la France.

5°) Le 13 mai, alors que nous venions, le Ministre des Finances centrafricain et moi-même, d'obtenir la promesse ferme d'une subvention française d'équilibre d'un milliard de francs CFA, le Ministre, M. Koyamba, me montra une note manuscrite du président Bokassa à son intention. Il s'agissait du programme d'emploi de cette subvention. Il m'est impossible de réciter le texte de mémoire mais je fus frappé de voir que plus de la moitié de la subvention devait être consacré au règlement de dettes centrafricaines vis -à- vis de la Yougoslavie (construction du stade omnisport de Bangui), de la Roumanie (fournitures diverses) et de l'Allemagne (matériel de l'huilerie- savonnerie SICPAD). Il est prévu également que l'Etat centrafricain réglera au président Bokassa, sur cette subvention, soixante millions CFA (avance de 5 années de loyer pour l'immeuble récemment acheté à Berne par le Président Bokassa et loué à l'Etat pour y installer l'Ambassade centrafricaine en Suisse).

6°) La nationalisation des pétroliers était prévisible depuis plus d'un mois. J'en ai prévenu le chef de la MAC en avril et lui ai même remis un document confidentiel.

Les faits que je viens de citer touchent directement au domaine de la coopération franco -centrafricaine. D'autres faits touchent seulement à la personnalité du président Bokassa, à sa probité (ou à son manque de probité plus exactement à conception du pouvoir).

Je ne citerai à ce sujet qu' un seul fait qui me paraît le plus significatif.

En 1972, l'ambassadeur de Chine remettait au président Bokassa, en ma seule présence, un chèque de 52 millions de francs CFA destiné à financer au moins partiellement une faculté de médecine à l'université de Bangui. Ce chèque fut déposé par le président Bokassa à l'UBAC (banque) à un compte spécial sur lequel il avait seul la signature.

Chargé par le président Bokassa d'assurer la conservation de ses documents financiers et bancaires, je peux affirmer qu'en mars dernier, les 52 millions de francs CFA – après avoir rapporté des intérêts personnels pendant deux ans au président- ont été virés à la Société Générale de Romorantin et ont servi à payer le château de Villemorant récemment acquis par le président Bokassa. L'opération bancaire a été effectuée par M. Jean DENIS, sous directeur de l'UBAC de Bangui. >>

Paris le 30 mai 1974

Si Bokassa a réussi à se maintenir longtemps au pouvoir en République Centrafricaine, ce n'est uniquement pas à cause de ses méthodes répressives ou de son système clientéliste. C'est aussi probablement grâce aux crédits financier et politique que lui accordaient ses partenaires français. Comment comprendre qu'après tant de notes confidentielles et de rapports de missions d'experts français, sur ce que l'un d'entre eux nomme pudiquement la << *gestion parallèle des deniers publics* >>, Bokassa ait pu continuer à recevoir des aides du gouvernement français ? Surtout que ces aides ne visent pas à résoudre définitivement le problème du fonctionnement calamiteux du trésor centrafricain, mais à servir de perfusion à ses carences et à ses défaillances bien connues. Là se trouve la vraie énigme des années 70 entre Bokassa et la France. La preuve de cette attention particulière dont bénéficie le chef de l'Etat centrafricain est donnée par la note que Madame Yvette Chassagne adresse à son ministre en octobre 1975 et qui affirme que : << *A la suite de ses entretiens avec le Maréchal Bokassa, le Président de la République française a décidé qu'un complément de ressources serait apporté au Trésor centrafricain pour lui permettre d'honorer les dépenses obligatoires pendant les cinq derniers mois de l'année en cours.* >> (voir annexe 8)

Au regard du proverbe chinois selon lequel, il vaut mieux apprendre à pêcher qu'à donner du poisson à ceux qu'on aime, on se demande bien si Bokassa apprenait, avec ces aides, à pêcher ou à recueillir du poisson frais.

5 - Le piège du couronnement

Devenir empereur a été, pour Bokassa, une consécration tant sur le plan national que sur le plan international. C'était aussi un acte symbolique très important sur le plan personnel. Un rêve accessible qui a coûté beaucoup d'argent. Cet événement marque à la fois le sommet d'un règne et la fin d'une gloire.

En janvier 1976, lorsqu'il échappe à l'attentat de son gendre Fidèle Obrou, il se met à réfléchir. Brisé par ce qu'il considère comme une trahison familiale, le chef de l'Etat déprimé, songe, malgré tout, à renforcer son autorité en devenant empereur. Mais il sait également qu'un tel projet risque de soulever des vagues de contestation dans la communauté internationale. Surtout qu'à cette époque, son pays traverse de graves difficultés financières.

D'ailleurs de multiples rapports confidentiels décrivent très précisément l'état des ressources financières du pays. Celui de Monsieur Jean Guillon, inspecteur général de l'administration au ministère français de la Coopération est particulièrement accablant. Il affirme que : << *La situation économique de la République Centrafricaine est grave, sa situation financière encore pire. Après un bon départ avec l'opération Bokassa, après des réalisations spectaculaires dans le domaine de l'équipement immobilier improductif de la ville de Bangui, la réalité longtemps masquée par des expédients financiers, apparaît aujourd'hui.* >>

<< *La France*, poursuit Monsieur Guillon, *à qui la République Centrafricaine coûte 6 milliards CFA par an est placée devant une alternative peu agréable: si elle n'accepte pas d'augmenter son aide de fonctionnement à la République Centrafricaine, de payer une partie du coût d'une fonction publique pléthorique et des dettes d'un Etat imprévoyant, elle prend la responsabilité de ce qui suivra, car on peut faire confiance au Président à vie du Centrafrique pour détourner le moment venu la colère populaire vers les Européens. Si la position de la France devait se durcir,* poursuit Monsieur Guillon, *il vaudrait donc mieux attendre la*

période estivale où l'effectif de la colonie européenne est à son minimum. Si par contre, la France ne souhaite pas risquer les conséquences d'une attitude rigide, elle sera contrainte de pratiquer le goutte à goutte assurant la survie des finances publiques de la République Centrafricaine.>> En s'engageant à participer plus tard aux frais du couronnement de l'empereur, les hautes autorités françaises de l'époque étaient donc bien au courant de la situation du trésor public centrafricain et de la gestion financière du Centrafrique.

Le dilemme de Bokassa sera cependant de savoir comment présenter ce projet d'Empire sans paraître indifférent à la situation économique de son pays et surtout conserver une certaine crédibilité dans ses ambitions de développement du Centrafrique. Il imagine donc un scénario en trois étapes. D'abord susciter l'adhésion des Centrafricains à son projet d'Empire, au besoin en leur laissant croire qu'ils en sont les véritables initiateurs, ensuite obtenir les appuis financiers nécessaires à son projet et neutraliser à la fois les velléités de mécontentement à l'intérieur et les critiques à l'extérieur. Enfin mettre ses partenaires devant une série de faits qui rendront inévitables l'aboutissement et la concrétisation de l'Empire. Il enverra ainsi une mission d'exploration dans quatre pays africains: le Cameroun, la Côte-d'Ivoire, la Guinée et le Zaïre. Le but de cette mission est de déceler << le secret >> des dirigeants de ces Etats dont Ahidjo, Houphouët-Boigny, Sékou Touré et Mobutu qui ont réussi à implanter chacun un parti politique unique et règnent sans opposition depuis leur accession au pouvoir. Rappelons qu'à cette époque, le président Ahidjo dirige le Cameroun et l'Union Nationale Camerounaise (UNC) depuis 1960, le président Houphouët-Boigny dirige la Côte d'Ivoire et le Parti Démocratique de Côte-d'Ivoire (PDCI) depuis 1960, quant aux présidents Sékou Touré et Mobutu, ils dirigent respectivement la Guinée et le Parti Démocratique Guinéen (PDG) depuis 1958 et le Zaïre puis le Mouvement Populaire de la Révolution (MPR) depuis 1965.

Dès le retour de cette mission, le 8 mai 1976, le chef de l'Etat nomme un comité chargé de la réforme du MESAN. Entre temps, Bokassa est devenu invisible. Cloîtré pendant plusieurs jours dans sa ferme de Berengo, il ne reçoit personne et rumine seul les tracasseries du pouvoir (crise économique du pays et attentats contre sa personne). Un jour, son premier ministre, la très influente Madame Domitien décide avec quelques ministres d'aller à sa rencontre. Ils découvrent un homme fatigué et déshydraté. << *Qu'avez-vous papa?* >> lui demande Madame Domitien, << *rien!* >>, répond Bokassa après un long moment de silence. Sur l'insistance de ses hôtes, Bokassa finit par leur dire : << *Vous ne pouvez rien faire pour moi.* >> Sans se laisser démonter par le découragement apparent de leur chef, ils lui rappellent qu'ils sont prêts à tout, même à donner leur vie pour sauver le président. C'est alors que Bokassa leur confie qu'il veut être empereur. Gênée par cette confidence, Madame Domitien lance affectueusement à Bokassa : << *Mais que va- t- on dire à l'étranger? Vous savez bien les réactions qui ont accompagné les titres de maréchal et de président à vie.* >> Préoccupé, il lui répond, << *vous voyez, je vous ai dit que vous ne pouvez rien faire pour moi* >>. Dans cette entrevue, Bokassa apparaît aussi comme un excellent manipulateur. Il affiche une grande détresse physique et morale mais en sachant surtout qu'il va entraîner tout le monde dans son aventure impériale. La difficulté de saisir sa personnalité est ici évidente. Il est dans un état physique déplorable mais son esprit est ailleurs et résolument optimiste. Qui peut imaginer à ce moment que cet homme visiblement déprimé est déterminé à mener son projet à terme ?

Une fois ses visiteurs partis, le président reprend l'initiative et lance le 24 juillet 1976 les travaux du comité de réforme du parti unique, le MESAN. Un mois après, il renoue avec la Chine et se rend à Tripoli les 1er et 2 septembre sur invitation du chef de l'Etat libyen Mu'ammar Kadhafi. A son retour, le 5 septembre, il remplace le gouvernement par un éphémère Conseil de Révolution qu'il va dissoudre trois mois après. Le 18 octobre, à la surprise générale, Bokassa se convertit à l'Islam et adopte le nom de Salah Eddine Amed (combattant de la foi). Toutes ces démarches visent surtout à sensibiliser la France sur les problèmes économiques du Centrafrique. En effet la France est restée son premier partenaire économique.

En 1976, près de 45% des produits centrafricains ont été exportés vers la France et environ le même pourcentage des marchandises centrafricaines ont été acheminées sur le marché international par des entreprises françaises. En outre, la majorité des industries installées au Centrafrique sont détenues par des Français et sont pour la plupart, issues du système colonial. Les échanges entre les deux pays sont étroits, même si leur volume est resté négligeable dans la balance commerciale française. Pendant des années, la France a apporté une aide financière importante au Centrafrique. Mais les Centrafricains auront du mal à comprendre les véritables objectifs de cette aide ainsi que ses priorités réelles. Le soutien financier de Paris a longtemps servi à payer les salaires des quatre cents Français en poste au Centrafrique mais aussi ceux des fonctionnaires centrafricains. Une infime partie a été affectée à la formation des stagiaires centrafricains et à l'investissement.

Une question reste cependant posée: pourquoi l'investissement durable n'a pas été fortement encouragé et soutenu dans ce pays en plus ou à côté des industries d'exportation du coton du café et du diamant ? En vérité, les dirigeants centrafricains et leurs partenaires français ont toujours su que les finances publiques centrafricaines étaient au creux de la vague depuis l'indépendance du pays en 1960. La diversité des intérêts politiques et privés a toujours esquivé ce problème qui demeure un véritable goulot d'étranglement pour l'économie de ce pays. Beaucoup de choses ont été dites sur les investisseurs français au Centrafrique notamment leur volonté de perpétuer les pratiques coloniales en matière économique. Il est vrai que certains hommes d'affaires n'ont pas perdu ce zèle d'un autre âge mais, d'autres entrepreneurs plus respectueux de la législation du travail et d'une certaine éthique des affaires n'ont trouvé aucun soutien auprès des responsables français et centrafricains.

Dans un contexte où des intérêts politiques et stratégiques ne sont pas toujours compatibles, du moins en pratique, avec les intérêts des entreprises, certains ont finalement choisi la voie du clientélisme et d'autres le départ du Centrafrique.

Pour revenir au futur Empire, le chassé-croisé diplomatique

de Bokassa entre la Chine et la Libye lui permet de reprendre confiance et d'accélérer son projet impérial. Le 10 novembre 1976, il ouvre le Congrès extraordinaire du Parti unique (MESAN) qui travaille depuis six mois avec le comité pour sa réforme, mais rédige aussi secrètement les textes de constitution du futur Empire. Les travaux se déroulent en l'absence du chef de l'Etat qui est en visite officielle en Chine pour une durée de dix jours. A son retour, il est invité le 24 novembre à assister aux cérémonies de la fête nationale zaïroise organisée à Kinshasa par son ami Mobutu Sesse Seko.

A la fin des manifestations, Bokassa décide de rendre l'invitation au maréchal zaïrois en lui demandant de venir, à son tour, assister à la fête nationale centrafricaine le 1er décembre. Sachant que le président zaïrois ne pourrait se soustraire à cette invitation, il attendra son arrivée à Bangui pour lui proposer d'assister à la clôture du congrès extraordinaire du MESAN. Une manœuvre habile qui mettra Mobutu devant le fait accompli en assistant contre son gré à la proclamation de l'Empire et de l'empereur Bokassa 1er en décembre 1976.

Cet événement sera un pied de nez à Mobutu qui nourrissait aussi l'envie de devenir roi des Bantous et une consécration politique pour Bokassa qui voulait parachever son parcours politique par une image forte et un symbole recherché. En effet, le titre d'empereur coiffe ceux de président et de roi au plan protocolaire. Il sait qu'il reste à cette période deux empires, celui du Japon et d'Iran. Il sait également que les prestigieux Empires africains du Mali, du Soudan et d'Ethiopie ont gardé une valeur symbolique très importante dans l'esprit des Africains comme le premier et le second Empire ont marqué l'histoire de France. Ces rapprochements institutionnels historiques ont une grande importance dans l'esprit de Bokassa même si certains écrits n'y voyaient que << *amalgames* >>, << *folies* >> et << *rêve mégalomaniaque* >>. Précisons que Monsieur Ramm, un Français professeur d'histoire à l'Université de Bangui et conseiller de Bokassa, a joué un rôle capital dans la cristallisation du projet d'Empire dans son esprit. Cet enseignant passait de longues heures à visionner des cassettes de Napoléon 1er avec Bokassa. Il apparaît dans plusieurs témoignages que ses commentaires sur les similitudes physiques et les performances militaires entre Napoléon et Bokassa ont beaucoup pesé dans la décision de ce dernier de devenir empereur.

Signalons également que l'accumulation des titres et des médailles par Bokassa n'est pas toujours pour lui, une recherche effrénée du pouvoir absolu, comme cela a été martelé à maintes occasions. C'est surtout une << boulimie >> de la reconnaissance et de l'éloge. Il voudrait tellement être reconnu et admiré pour son action militaire et ce qu'on peut appeler sa réussite personnelle qu'il jugera régulièrement insuffisante toute manifestation de reconnaissance à son égard. La solution la plus évidente pour lui sera alors de s'autoreconnaître en s'attribuant sans cesse les titres et les médailles qu'il juge nécessaire. Une sorte d'autorécompense apaisante et consolatrice de << l'ingratitude humaine >>. Au lendemain de la proclamation de l'Empire, il met en place un comité chargé d'organiser les cérémonies du couronnement. Ce comité va travailler durant une année entière pour qu'aucun détail ne soit négligé. Il confiera l'organisation technique du couronnement à un de ses amis français Jean Pierre Dupont.

Le 4 décembre 1977, le couronnement a lieu à Bangui dans un faste remarquable. La France, des industriels occidentaux, quelques amis et le trésor centrafricain ont mis la main au portefeuille pour célébrer le nouvel Empire. Les présidents français Valéry Giscard d'Estaing et italien Giovanni Leone ont adressé à Bokassa 1er des messages de félicitations alors que plusieurs chefs d'Etat africains, tétanisés, sont restés muets. Ce mutisme a été interprété comme une désapprobation de l'Empire Centrafricain. A y regarder de près, il venait surtout d'une grande inhibition des Africains face à l'avalanche de critiques des médias internationaux. L'effervescence des médias autour du couronnement de Bokassa a paralysé beaucoup de personnes, amis et invités compris. Le pape Paul VI, sollicité pour le sacre, s'est dérobé sans explicitement le désapprouver. Il a préféré envoyer le légat pontifical Monseigneur Domenico Enricci. De même que le président Valéry Giscard d'Estaing ami et << *parent* >> de Bokassa qui s'est

laissé représenter par Robert Galey, le ministre français de la Coopération. Il y aura aussi un cousin du président français, François Giscard d'Estaing, invité d'honneur de sa Majesté.
La plupart des personnalités du monde occidental et d'Afrique ont été effrayées par la virulence des journalistes. Le couronnement de Bokassa a été perçu par beaucoup d'Occidentaux comme un événement << *grossier* >>, << *vulgaire* >> et << *ridicule* >>. Cette vision des choses est liée au fait que le projet d'Empire a toujours été détaché, consciemment ou non, de l'histoire personnelle de Bokassa. En fait ce couronnement représentait pour lui un exorcisme des frustrations accumulées dans sa vie et particulièrement celles refoulées de la domination française en Oubangui. Le meilleur moyen de laver ce qu'il considérait comme l'humiliation de sa famille et celle des Oubanguiens était de se référer à Napoléon avec ce qu'il représente de paroxysmique dans l'histoire de France. Agir comme Napoléon ou lui ressembler sous quelques formes que ce soit même avec maladresse, c'est fouler au pied le système colonial et ses ténors. L'anecdote que nous a rapportée le commissaire Patrick Rougelet, qui avait visionné la cassette du couronnement avec Bokassa dans son château d'Hardricourt, est assez révélatrice des arrière-pensées que Bokassa a de son couronnement. Il dira à Monsieur Rougelet dans un élan d'ironie teinté de malice : << *Hein, Monsieur le commissaire, je les ai bien eu tous ces cons! Tous à plat ventre devant l'ex sous-officier de la coloniale.* >>
Il est si convaincu de l'effet Napoléon qu'il espère gagner l'affection des Français qui ont gardé toute leur admiration pour cet illustre personnage. Seulement, ce sera sans compter avec l'interprétation des journalistes qui, pour beaucoup, avaient définitivement estampillé Bokassa dans le rayon des dictateurs << *mégalomanes* >>. D'ailleurs, la gêne des personnalités africaines viendra moins du sens profond du couronnement- ignoré par la plupart des gens- que de l'interprétation des médias. La réaction des Centrafricains à cet événement était plus difficile à cerner du fait de la propagande savamment orchestrée par la télévision nationale à ce sujet. Il n'en demeure pas moins qu'ils ont massivement participé à la fête et aux cérémonies du couronnement de

Bokassa 1er. Il va sans dire que les opposants au régime et à l'Empire ne se sont pas privés de reprendre sans nuance les critiques de << *simulacre d'Empire* >> de << *mimétisme de l'occident* >> et de << *rêve alcoolique* >> formulées par les journalistes. En réalité, l'approche du couronnement par Bokassa est très ambiguë mais aussi complexe. C'est à la fois une farce, un acte d'affirmation de soi et une revanche historique. Il entraîne tout le monde dans son rêve sans que personne ne comprenne quelque chose au sens qu'il donne réellement à son Empire.

Pour mettre un peu de piquant dans la manifestation, Bokassa, qui a de la suite dans les idées, n'oublie pas de solliciter le talent des couturiers, sculpteurs et artistes français pour repiquer intégralement la cérémonie du sacre de Napoléon. Il veut une copie conforme à l'original du sacre Napoléonien. Et pour cela, rien de mieux que d'obtenir les services des professionnels et des experts en la matière.

Olivier Brice sera celui qui aura la tâche de réaliser le trône d'aigle mesurant 3,50 m de hauteur sur 4,50 de largeur et pesant deux tonnes; le carrosse identique à celui de Napoléon sera recouvert de bronze. La couronne sera fabriquée par Claude Arthus Bertrand et le grand couturier Pierre Cardin exercera ses talents sur la veste impériale.

Bokassa 1er recevra un sabre napoléonien de son ami et << parent >> le président Valéry Giscard d'Estaing. Le cadeau sera remis par le représentant personnel du président français René Journiac décédé dans un mystérieux accident d'avion au Cameroun. Bref tout ou presque tout, concernant le couronnement, viendra de France et de ses amis Français. Quelques intermédiaires et des entreprises se sont gracieusement servis dans cette affaire. Plusieurs personnalités vont d'ailleurs demander à Bokassa d'augmenter ses commandes auprès de certaines entreprises françaises menacées de faillite. Le couronnement aurait ainsi permis de sauver des emplois en France et à engraisser quelques << copains>>.

Dans les préparatifs de ce couronnement, il est difficile de savoir exactement ce qui pouvait réellement être qualifié, à l'époque, de << *grossier et ridicule* >>. Est-ce ceux qui aident

Bokassa en ignorant ses arrière-pensées sur ce couronnement ou Bokassa qui prend cette affaire au sérieux tout en sachant au fond de lui-même que cette farce est nécessaire? Malgré les divers commentaires effectués durant cette période, il est à peu près sûr que plusieurs personnes ne comprennent pas grand chose aux raisons qui poussent cet homme à devenir empereur.
Lors de sa prestation de serment, il déclare : << *Bokassa 1er, empereur de Centrafrique, par la volonté du peuple centrafricain, uni au sein du parti politique national, le Mouvement pour l'Evolution Sociale de l'Afrique Noire (MESAN), jurons et promettons solennellement devant le peuple et devant l'humanité toute entière et devant l'histoire de tout mettre en œuvre pour veiller pleinement à la saine application de la Constitution de l'empire centrafricain, pour garantir l'indépendance nationale, l'intégrité du territoire centrafricain ainsi que le respect des accords et traités pour servir la nation centrafricaine conformément aux idéaux sacrés du parti politique national.* >>
Un fait est passé un peu inaperçu dans la mise au point institutionnelle de l'Empire. Il s'agit du décret signé par Bokassa le 21 décembre 1976. Ce texte fixe les règles de protocole et le siège de l'Empire à Bérengo. Il attribue l'essentiel du pouvoir au premier ministre. Selon ce décret, le chef du gouvernement préside à toutes les manifestations publiques : << *Y compris l'accueil à leur arrivée et à leur départ des chefs d'Etats et de gouvernements en séjour dans l'Empire. Quant à l'empereur, il ne peut recevoir les personnalités que si son calendrier le lui permet.* >>
Après un décryptage de ce texte, soigneusement effectué par ses conseillers, Bokassa instaure deux gouvernements. L'un élargi, politiquement insignifiant et dirigé par le premier ministre Ange Félix Patassé, puis l'autre plus restreint et tout puissant, siégeant à Berengo, et dirigé secrètement par l'empereur lui-même. Nous avons retrouvé la liste officielle de cette équipe restreinte et toute puissante (voir annexe 9). Cette manœuvre du vieux Briscard a été une réaction à la tentative orchestrée par son premier ministre Ange Félix Patassé visant à l'écarter subtilement du pouvoir. Bokassa voulait un Empire avec les pleins pouvoirs et non une coquille

vide dans laquelle il ne serait qu'une marionnette vétuste et sans valeur politique. Ce ratage d'Ange Félix Patassé explique aussi pourquoi il lâchera brutalement Bokassa lors des événements de 1979 (abordés au chapitre suivant) alors qu'il était l'un des défenseurs acharnés de l'Empire et le fidèle ministre de Bokassa pendant une douzaine d'années.

6 -L'affaire du << massacre des enfants >>

<< *Le massacre des enfants* >> dans l'Empire Centrafricain sera le titre choc de plusieurs journaux français en avril 1979. Ces deux termes:<< massacres >> et << enfants>> vont définitivement clouer l'empereur au pilori et engendreront sa perte du pouvoir politique. Pour bien comprendre cette affaire, il est utile de revenir quelques mois en arrière. En 1978, le premier ministre Monsieur Henri Maïdou, qui vient d'essuyer les remontrances de Bokassa sur l'échec massif des élèves au baccalauréat, décide du port obligatoire de l'uniforme dans les lycées et collèges. Cette décision prise dans la précipitation a mis le feu aux poudres malgré le soutien, très politique, qu'a apporté le Congrès de l'Union des Femmes Centrafricaines à cette mesure. L'innocence proclamée de Monsieur Maïdou, dans les péripéties meurtrières que prendra la contestation du port d'uniforme est surprenante. Les fondements de cette machination reposaient sur un argument commercial redoutable. Il existait à Bangui une entreprise de textile très prospère, la CIOT (Compagnie Industrielle d'Ouvrages en Textiles), détenue par un entrepreneur français dénommé Monsieur Robert. Celui-ci avait un monopole de fait dans la confection des tenues de défilés des élèves des lycées et collèges et employait près de quatre cents personnes. Bokassa, voulant lui aussi mener une activité commerciale dans ce domaine et prendre des parts de marché à ce commerçant français, avait initié un projet dans ce sens. Près de deux cent mille élèves et lycéens étaient concernés, une affaire juteuse.

Son premier ministre, Henri Maïdou, sachant que ce projet était en sommeil, a décidé de le réveiller en proposant à Bokassa d'imposer le port d'uniforme aux élèves centrafricains. Son objectif était de susciter des troubles pour déclencher une répression policière féroce et faciliter la chute de l'empereur par les militaires français. Son habileté et sa finesse l'amèneront donc à tenter une série de manigances. Il va d'abord tenter de manipuler Bokassa en lui laissant croire que l'emploi des coopérants français est à l'origine de l'échec des élèves au baccalauréat. Il va même initier un projet de réforme sur la << *centrafricanisation* >> des enseignants, c'est-à-dire le recrutement des professeurs centrafricains à la place des Français. Ce sera peine perdue car malgré les critiques que Bokassa adresse parfois aux coopérants, il préfère que l'enseignement soit dispensé par des professeurs français qui, selon lui, << *savent faire preuve de conscience professionnelle et de discipline* >>. Cette opinion du chef de l'Etat sur les enseignants français est juste jusqu'à une certaine époque. Il ne sait pas que certains d'entre eux, vivant depuis longtemps au Centrafrique, ont perdu la rigueur professionnelle dans laquelle ils ont été formés en France. Un document confidentiel du chargé d'affaires de l'ambassade de France à Bangui déplore ce laisser-aller en ces termes : << *Avec la disparition dans l'administration locale des disciplines élémentaires, l'abstentionnisme croissant des enseignants centrafricains feraient école chez certains de nos coopérants dont plusieurs seraient menacés par la drogue* >> (voir annexe 10). Voilà une preuve que Monsieur Maïdou était mieux informé que son président sur les problèmes de l'enseignement.

Cette attitude des enseignants français n'est certes pas généralisable à l'ensemble du corps professionnel français, pas plus qu'elle ne permet d'expliquer rapidement, comme Monsieur Maïdou, l'échec des élèves au baccalauréat. Les professeurs français n'étant pas les seuls à s'occuper des classes de terminale en République Centrafricaine.

Le premier ministre, voyant qu'il n'arrivait pas à convaincre son président, va tenter une deuxième opération de manipulation avec la proposition du port des uniformes scolaires. Cette fois, ce sera la bonne. Bokassa, dépourvu d'argent, pouvait désormais compter sur les recettes des uniformes des lycéens et des collégiens. Monsieur Maïdou pouvait aussi se racheter de la colère de son président sur l'échec des élèves centrafricains au baccalauréat en lui offrant la possibilité de gagner de l'argent facilement. Le but de la manœuvre était de mettre en place un décret de loi qui oblige tous les élèves à posséder un uniforme qui sera acheté non pas dans les ateliers de Monsieur Robert, mais dans une entreprise de textile dénommée *le paysan* et discrètement dirigée par l'impératrice Catherine, l'épouse de Bokassa. C'est précisément cet aspect qui sera à l'origine du malaise et de l'embarras de l'empereur. Il sera donc incapable de se défendre efficacement dans cette sombre affaire d'argent où il est piégé. Comment révéler qu'il voulait aussi gagner de l'argent sur le dos des élèves centrafricains sans avouer et reconnaître un manque de scrupule dans la course à l'enrichissement personnel ? Ce qui aurait même aggravé l'image peu honorable qu'il avait déjà sur le pillage de son pays. Cette épée de Damoclès suspendue à la tête de Bokassa, Maïdou la voyait bien. Et lorsqu'il pointera, plus tard, le doigt accusateur sur l'empereur en le désignant comme << *le massacreur d'enfants* >>, il sait que ce dernier ne pourra jamais le contredire en évoquant cette autre réalité. Bokassa se contentera de dire : << *Ce n'est pas moi qui ai pris la décision du port de l'uniforme, c'est Maïdou.* >> Il faut attendre le 2 septembre 1981 pour voir l'empereur cité prudemment le nom de la CIOT et ses liens avec Maïdou dans un entretien qu'il accorde au journal *Jeune Afrique*. Il dit précisément : << *Maïdou a du s'arranger avec la CIOT pour quelques pourcentages.* >> Voilà comment Bokassa deviendra contre son gré et sans preuve, << *un massacreur d'enfants* >>, un montage presque parfait.

Un décret d'application est signé en décembre 1978, par le ministre de l'Education nationale Jean-Claude Kazagui, pour contraindre tous les élèves à se plier à la décision ministérielle. Dès le 16 janvier 1979, date effective d'entrée en vigueur du texte, plusieurs élèves des lycées Boganda et Bokassa seront exclus des cours pour absence d'uniforme. L'inconvénient de ce port d'uniforme est qu'il intervient au moment où la plupart des parents d'élèves sont accablés par les difficultés financières. Les paysans, dont les enfants poursuivent les études à Bangui, sont privés de leurs revenus et croulent sous le poids des taxes et des impôts. Quant aux fonctionnaires, l'Etat leur doit des arriérés de salaires de plus de deux mois. Les étudiants, de leur côté, ont vu, pour certains, leurs bourses suspendues pour cause d'insolvabilité du Trésor public. Tout cela, Maïdou le savait. Ainsi le port d'uniforme est arrivé comme un coup de vent sur la braise. Le 18 janvier, collégiens, lycéens et écoliers s'enflamment. Ils demandent au premier ministre Henri Maïdou d'annuler la décision du port d'uniforme. Celui-ci, refusant de les recevoir, va interdire tout contact avec les élèves. Il va aussi proposer à l'empereur, qui souhaitait rencontrer les étudiants, de s'abstenir d'accueillir ces derniers. Pour Monsieur Maïdou, qui est aussi le conseiller politique de Bokassa, une telle démarche est prématurée à ce stade des événements. Bokassa écoutera et croira naïvement son premier ministre lequel se rétractera plus tard en se présentant, sans sourciller, comme une victime du régime de l'empereur. Un bel exercice de cynisme que vont pratiquer de nombreux collaborateurs de Bokassa. Monsieur Maïdou a beaucoup péroré dans les médias sur le régime de terreur et de corruption de Bokassa. On peut se demander s'il est devenu premier ministre en critiquant son président ou en brillant par sa dignité et son exemplarité au sein de ce régime. Retenons simplement que loin de la presse et des caméras de télévision, << *Monsieur démenti* >> accomplissait aussi des basses besognes. C'est ainsi qu'il a signé de sa main le 4 novembre 1978, une attestation reconnaissant que : << *La propriété sise à spiegel 18 Belle vuestrasse Köniz, Berne (Confédération Helvétique en registrée au registre foncier de la dite ville sous le n0 2890) a été acquise par sa majesté Bokassa empereur de Centrafrique sur ses fonds propres et personnels.* >> (voir annexe 11) Ce petit service visait peut-être à combattre l'enrichissement personnel de son patron. Ce qui est vrai dans cet exercice digne d'un avocat qui défend son client, c'est que << *Monsieur démenti* >> portait bien son surnom.

Quelque temps après, des incidents éclateront entre les élèves et les forces de l'ordre. Selon le journaliste Roger Delpey qui a enquêté sur ces événements : << *Le bilan des manifestations du mois d'avril 1979, constatés par des documents émanant des services de l'état-civil de la mairie, de la direction de la prison de Ngaragba et de l'enquête menée par le ministre de l'Intérieur, établit que le nombre de victimes se situe entre 14 et 19.* >> En dépit de toutes les polémiques sur ces événements, il est certain qu'ils ont porté la première grande fissure au régime de l'empereur centrafricain. C'était la première fois que la population centrafricaine marquait ouvertement et sans dé-

tour son mécontentement à l'égard du régime de Bokassa. Une épreuve terrible pour l'empereur qui avait toujours redouté la contestation populaire.
Pendant son règne, il n'a cessé de la contenir. Tout bascule avec les nouvelles protestations du mois d'avril qui ont été orchestrées par des hauts fonctionnaires flairant l'opportunité d'élargir la brèche ouverte par les élèves. L'erreur politique de l'empereur et de son entourage a été de croire que cette vague de protestation était retombée avec le décret du 20 février que Bokassa signe, dans l'urgence, pour apaiser les esprits. Le texte en question annonce une augmentation du SMIG (salaire minimum interprofessionnel garanti) passant de 4500 F CFA à 10 000 F CFA. Une décision absurde au regard de l'état désastreux des finances du pays. Le règlement des arriérés de salaires ne fera que différer le malaise sans l'éteindre.
La tension reprend le 22 février 1979 avec l'occupation de plusieurs lycées par l'armée. Le 9 mars, trois hauts fonctionnaires sont soupçonnés d'avoir soutenu les manifestations d'étudiants. Il s'agit de Messieurs Alphonse Blague, directeur de l'Ecole Normale de Bangui, Nicolas Golas, proviseur du lycée Boganda et Daniel Nkitifei, fondé de pouvoir à la Banque Nationale Centrafricaine. Ces trois personnes seront arrêtées puis exilées dans leur village. Une autre erreur de Bokassa et peut-être la plus fatale sera de s'atteler à la recherche effrénée de coupables ou plus exactement l'obsession de retrouver les responsables présumés de ces contestations. Il confond ces agissements avec les divers attentats et tentatives de coup d'Etat qui ont été perpétrés à son égard. Ces tentatives d'assassinat contre sa personne avaient bel et bien eu des instigateurs, des << *cerveaux* >>. Mais, ces manifestations populaires sont, au contraire, la conséquence d'un ras-le-bol des Centrafricains que Bokassa ne perçoit pas comme tel. Même s'il est vrai que Maïdou en est le moteur. Ce dernier a brodé sa machination sur un volcan de colère au point que l'explosion est devenue inévitable. C'est pour cela que Bokassa s'entêtera à essayer de faire arrêter ceux qu'il appelle lui-même << *les manipulateurs des étudiants* >>. Il ne se rend pas compte qu'il est lui-même manipulé dans cette affaire et

que tous les ingrédients étaient déjà réunis pour allumer << le feu social >>.

Une grève de quarante huit heures est aussitôt déclenchée par les enseignants et les étudiants. Le gouvernement, effaré, renonce à garder ces trois personnes en campagne et promet même de ne plus incarcérer qui que ce soit. Mais, contrairement à ce discours d'apaisement, le 8 avril 1979, plusieurs étudiants sont interpellés et écroués en même temps que le ministre de l'Information Barthélémy Yangogo accusé de diffuser des tracts prosoviétiques. Ces arrestations créent une multitude de groupuscules contestataires dans les églises, les écoles, et sur une bonne partie du territoire de l'Empire. Le 17 avril, des policiers en civil munis de talkies-walkies commencent à épier les manifestants. Ce qui n'a pas été dit, au moment de ces événements, est que certains de ces policiers en civil étaient en réalité des élèves travaillant pour les services de renseignements centrafricains. L'infiltration de l'enseignement par des élèves et des étudiants recrutés par la police politique, était une méthode largement utilisée en Afrique Centrale à l'époque des partis uniques.

Au cours d'un rassemblement à l'Eglise Notre-Dame d'Afrique, située au quartier populaire de Boy Rabe, les policiers seront identifiés et molestés. Le lendemain, l'armée prend position autour des quartiers nord de la capitale, notamment ceux de Boy Rabe, Fou, Gobongo et Galabadja. Elle se lancera dans une véritable chasse aux jeunes et arrêtera sans discernement enfants, adolescents, étudiants et godobe (voyous). Plusieurs camions seront réquisitionnés pour entasser ces jeunes gens. La confusion, toutes sortes d'abus, de zèle et de règlements de comptes intercommunautaires sont au menu de ce tohu-bohu militaro-policier. Plusieurs enfants, pris de panique, vont traverser le fleuve Oubangui pour se réfugier à Zongo, un petit village situé au Zaïre, devenu République Démocratique du Congo. Dans cette atmosphère de chaos, des parents se rendent à la prison centrale de Ngaragba puis dans les commissariats et les brigades pour tenter de retrouver leurs enfants. Ne les ayant pas immédiatement revus, ils seront persuadés qu'ils ont été tués par la garde impériale. Ces conclusions quelque peu hâtives seront démenties par le retour, quelque temps après, de la plupart des enfants. Malgré cela, un communiqué foudroyant est publié le 14 mai par Amnesty International. Le texte de cette association reflétait d'ailleurs la réalité jusqu'au début du mois de mai. Mais, par la suite, les données ont changé.

Ce document, relayé en cascade par la presse internationale, va assommer l'empereur Bokassa 1er. En fait, les médias ne prennent pas les mêmes précautions que l'Organisation des Droits de l'Homme. Ils accusent d'emblée l'empereur. Leur opinion est déjà faite. Pas de présomption d'innocence pour cet homme dont les coups de colère et les gestes de violence sont connus des journalistes. En outre, les démentis de Bokassa sont peu structurés et sans effet. A la limite, ils semblent dérisoires et simplistes : << *J'ai été soldat, et je sais qu'en aucun cas, on n'a pas le droit de toucher aux enfants, aux femmes et aux vieillards.*>> Il ajoute : << *Moi, père de famille nombreuse, jamais je ne pourrai faire de mal à des enfants. De toutes les accusations dont j'ai été l'objet, c'est celle-là qui me fait le plus mal.*>> L'empereur centrafricain sera vraiment touché par cette affaire qui va précipiter sa chute.

7- La Chute de Bokassa et <<l'opération barracuda>>

L'éviction du pouvoir de Bokassa 1er par les parachutistes français a été précédée d'une série de péripéties qui indiquent le caractère passionnel que prendra la fin de son règne. Ce chapitre permettra peut-être aussi de comprendre comment un ignorant en communication politique et médiatique peut devenir une proie facile en cas de crise majeure dans son propre pays.
Le coup de tonnerre qui déclenchera la chute de Bokassa partira le 14 mai avec la publication du rapport d'Amnesty international sur les événements du mois de janvier et d'avril 1979 à Bangui. Dans ce document, cette organisation ne met pas directement en cause l'empereur Bokassa 1er, mais l'entrée en scène des médias français sera déterminante dans la suite du processus. Le 16 mai, en demandant à son premier ministre Henri Maïdou de répondre aux inquiétudes d'Amnesty internationale et aux accusations de la presse, Bokassa croit pouvoir maîtriser les informations qui tendent à noircir définitivement son régime.
Il constatera que la tentative d'explication de Maïdou n'emportera pas l'adhésion. Et pour cause, ce dernier voit souffler sur l'Empire un vent de destruction médiatique qui risque de tout emporter sur son passage. De plus, << *Monsieur démenti* >>, comme le surnommaient des Centrafricains à Bangui pour son habileté à démentir toutes accusations portées contre le gouvernement Bokassa, était bien conscient du rôle actif qu'il avait joué dans l'avènement de ces troubles d'étudiants. Déjà en contact avec Paris pour préparer l'éviction de Bokassa, il va jouer le double rôle du premier ministre fidèle à son chef tout en orchestrant la déstabilisation du régime. La preuve de ce double jeu est apportée par Maïdou lui-même dans une longue interview qu'il accorde à l'hebdomadaire *Jeune Afrique* du 30 juin 1980. Il affirme : << *Il fallait endormir Bokassa. Ce à quoi j'ai pleinement réussi. Et ce seul fait devrait me réhabiliter. Parce que j'affirme avoir fait appel à la France, tout en restant aux côtés de Bokassa.*>> Les

ambiguïtés, les non-dits et les mystères de la chute de Bokassa commencent bien ici. Pourquoi n'avoir pas organisé l'éviction de << l'insupportable dictateur >> par les Centrafricains eux-mêmes ? De plus, qui a finalement sollicité l'autre, est-ce Maïdou qui a demandé l'aide de la France ou l'inverse ? Voici la réponse entre autre très courtoise de Monsieur Maïdou à l'égard de ses compatriotes : << *Les Centrafricains étaient sclérosés, vous dis-je ! Je vous donne par exemple : le 20 avril, il y a eu des massacres ; le 21, la vie avait repris à Bangui. Les Centrafricains en étaient réduits à attendre que Bokassa meurent de sa belle mort, d'une maladie ou d'un accident. Mais personne n'aurait eu le courage d'aller attenter à sa vie. C' est vous dire encore une fois la valeur de notre décision d'agir, en restant à ses côtés. Parce que, une fois le plan arrêté, nous échangions des messages avec les autorités françaises.* >>

A entendre Monsieur Maïdou, on peut croire que le seul Centrafricain courageux et épargné par la sclérose était bien lui. Et puis, << ce jeune démocrate >> n'était pas gêné de voir des individus attenter à la vie de celui qui l'a nommé plusieurs fois ministre puis premier ministre. Notons cependant que de nombreux Centrafricains, comme nous l'avons montrer plus haut n'ont pas attendu de pérorer derrière *barracuda* pour critiquer Bokassa et tenter de le renverser du pouvoir. Beaucoup sont morts et ces morts là ont certainement le respect de leurs compatriotes.

Malgré l'importance quelque peu démesurée que se donne Monsieur Maïdou dans l'éviction de l'empereur, son rôle se limite comme il le reconnaît lui-même à << *endormir Bokassa* >>. Paralysé par la peur, selon plusieurs sources, il ne réussira jamais à jouer les premiers rôles ni pendant ni après la chute de Bokassa. En voulant se présenter comme le chef d'orchestre de *l'opération barracuda*, lorsqu'il soutien que << *La France était le bras* >> exécutif, il essaye simplement de porter un chapeau plus grand que sa tête. Tout le travail a été préparé et réalisé par les services secrets français notamment le SDECE (Service de Documentation Extérieure et de Contre-espionnage)

A la veille du sommet franco-africain de Kigali, le gouvernement français, qui envisage déjà de se débarrasser de l'empereur, tente de le dissuader de se rendre à cette rencontre. Imperturbable et déterminé, Bokassa se rend au sommet de Kigali le 21 mai. Le président français Valéry Giscard d'Estaing évitera de s'afficher avec lui devant les journalistes. Il va néanmoins demander au chef de l'Etat zaïrois Mobutu Sese Seko de transmettre à l'empereur l'idée d'accepter une commission d'enquête composée de magistrats africains pour constater ce qui s'est réellement passé à Bangui au mois d'avril. Le président Mobutu propose alors cette idée à l'empereur dans la nuit du 21 mai dans un hôtel de la capitale rwandaise. Bokassa va accepter le principe d'une commission d'enquête sans savoir qu'il s'agit-là d'un piège qui le perdra à jamais.

L'acceptation de cette mission dite de << *constatation* >> signifie tout simplement que le gouvernement français trouvera la meilleure caution pour l'évincer dans l'hypothèse où sa responsabilité sera établie dans << *le massacre des enfants* >>. Une caution qui sera d'autant plus significative qu'elle sera donnée par des Africains. Voici d'ailleurs, sur ce sujet, l'explication qu'apporte Monsieur Valéry Giscard d'Estaing dans son livre *L'affrontement* : << *J'assiste le 21 mai à l'ouverture de la conférence franco-africaine. Bokassa est présent, avec son épouse. Sa présence embarrasse visiblement ses collègues, et notamment les présidents Houphouët-Boigny et Senghor. J'évite toute rencontre avec lui, mais j'estime que nous ne devons pas feindre d'ignorer les événements qui ont eu lieu dans son pays. Aussi, une séance que je préside est-elle appelée à examiner la suite à donner aux troubles qui se sont produits en Centrafrique, et à la répression qui a suivi. La discussion est difficile, car les Africains répugnent à s'attaquer à l'un d'entre eux, et plusieurs, parmi les chefs d'Etat, attachent peu d'importance à cette affaire, qu'ils estiment très grossie par les journalistes. De mon côté, je juge indispensable que la réalité des faits soit établie par les Africains eux-mêmes, puisque Bokassa les conteste, et qu'il les attribue à l'affabulation de la presse française et internationale.*

Les présidents Houphouët-Boigny, Senghor et Eyadema m'aident à aboutir à une conclusion. Nous décidons qu'une commission d'enquête sera créée. Elle sera strictement africaine, sans participation de la France et composée, à ma demande formelle, exclusivement de magistrats. Le président Senghor accepte que ce soit un haut magistrat sénégalais, le président du tribunal de première instance de Dakar, qui la préside. On lui fixe un délai de trois mois pour conduire ses travaux. Elle devra remettre ses conclusions, destinées uniquement aux chefs d'Etat, au mois d'août. Les autorités centrafricaines devront donner toutes les facilités nécessaires à sa complète information. Bokassa sentant son isolement, ne s'oppose pas à cette proposition. Il donne son accord pour que la commission puisse recueillir des témoignages sur place, et ajoute qu'il attend avec confiance ses conclusions.

Au cours de la conférence de presse qui suit, dans une petite salle rectangulaire où sont entassés les journalistes et les caméras, le jeune journaliste qui << couvre >> la conférence pour le journal Le Monde me pose la question, ou plutôt affirme : << Mais si cette commission conclut à la culpabilité de Bokassa, alors vous ne ferez rien ! >> Je lui réponds : << La France tirera toutes les conclusions que ce rapport appellera ! >>

En disant cette phrase, je détaille intentionnellement sa prononciation. Elle me paraît suffisamment claire. Dans mon esprit, en effet, comme dans celui des présidents africains, la conviction existe désormais que si la culpabilité de Bokassa est prouvée, il ne pourra pas rester au pouvoir.>>

D'après ces explications, il semble que le sort de Bokassa est déjà bel et bien sellé. Sa sérénité quelque peu naïve l'amènera à croire qu'il allait être mis hors de cause. La commission sera composée de : Youssoupha Ndiaye, président du tribunal de première instance de Dakar et président de la Commission, Tia Koné, substitut du procureur de la République de Côte-d'Ivoire, Angie Brooks Rudolph, juge à la Cour suprême du Libéria, Fulgence Semineca, conseiller juridique au Rwanda et Atsu Koffi Amega, président de la Cour suprême au Togo. Entre temps, en plein sommet, l'ambassadeur centrafricain en France, Monsieur Sylvestre Bangui annonce à Paris sa démission de façon spectaculaire à l'occasion d'une conférence de presse le 22 mai. Il crée aussitôt un mouvement politique, le Front de Libération Oubanguien. Cette déclaration tonitruante

dévoilera l'ouverture d'une véritable succession au trône dans l'Empire Centafricain. Malgré les accusations que Monsieur Bangui porte à l'encontre de Bokassa, il faudra encore accumuler des preuves à charge. Cette mise en scène un peu trop voyante lui sera préjudiciable. Il sera définitivement rayé de la liste des probables successeurs de Bokassa qui se prépare en secret dans l'entourage du président français. De plus, Monsieur Bangui fréquente des membres du parti gaulliste dont certains sont très proche de Jacques Chirac et cela agace Valéry Giscard d'Estaing. Cette annonce de démission de l'ambassadeur centrafricain appuyée par des accusations de << *participation personnelle de Bokassa aux massacres d'enfants* >> va alimenter les commentaires des médias pendant plusieurs semaines.

Les jours suivants, les accusations directes contre Bokassa fusent. On aurait dit une << *une espèce de rage collective* >>, pour reprendre l'expression du journaliste Jean Bothorel à propos de Valéry Giscard d'Estaing sur << *l'affaire des diamants* >>. Tout se passe comme si l'opinion devait se préparer à accepter la culpabilité d'un homme qui a le défaut de montrer trop souvent en public ses excès de colère et ses gestes de violence. La pression des médias occidentaux prendra les allures d'un véritable rouleau compresseur au point que les maigres et pauvres déclarations de l'empereur ne suffiront pas à regarder de près ce qui s'est réellement passé.

Cette mécanique que le journaliste Roger Delpey qualifie de << *désinformation* >> ou << *d'intoxication*>>, dans son ouvrage intitulé *La manipulation*, montre bien que peu de voix se sont élevées en Afrique et en France pour attirer l'attention des journalistes, qui allaient trop vite en besogne, qu'aucune preuve n'existait jusque-là encore à l'encontre de Bokassa. Et qu'il était, à ce moment-là, présumé innocent. A vrai dire, aucun chef d'Etat africain ne voulait se mouiller en adoptant une attitude critique à l'égard de cette affaire, pas plus d'ailleurs que le gouvernement français dont le mutisme était frappant.

Seul Roger Holeindre, membre du Front National va émettre quelques réserves sur la culpabilité de l'empereur centrafricain devant les médias. Il est difficile d'affirmer qu'il s'agissait d'un complot politico-médiatique contre Bokassa, car en France, comme dans beaucoup de pays occidentaux, les médias et les journalistes ne sont pas à la solde du pouvoir politique, loin de là. Mais on peut tout de même se demander pourquoi régnait, à cette période, une atmosphère quasi consensuelle sur la culpabilité certaine de Bokassa ? Alors que si on en croit Delpey : << *L'examen attentif des collections de journaux, revues, magazines, quotidiens et hebdomadaires révèle que pas un seul de ces organes n'a justifié sur les événements de Bangui une enquête complète et sérieuse, c'est-à-dire une relation des événements et des faits appuyés par un exposé de preuves et de témoignages indiscutables.*>>

Ajoutons que les charniers de ces massacres n'ont jamais été montrés, même après la chute de Bokassa, ce qui n'était pas difficile à prouver s'ils avaient existé (surtout dans les proportions annoncées à cette époque). La mission de constatation se rendra en Centrafrique le 11 juin et repartira dix jours plus tard le 21 juin pour compléter son enquête. Une sous-commission va séjourner à Londres et à Paris entre le 25 et le 30 juin. Malgré la volonté des magistrats qui souhaitaient, pour certains, réaliser une enquête rigoureuse et indépendante, ils ne seront jamais à l'abri des pressions politiques et précisément celles du gouvernement français et du président sénégalais Léopold Sédar Senghor qui aurait jouer un rôle ambigu dans cette affaire. C'est, du moins, l'avis de certains experts. Selon plusieurs témoignages, Il aurait déjà pesé sur le choix du président de la mission de constatation en demandant la désignation du magistrat sénégalais Youssoupha Ndiaye.

Les travaux de synthèse et la rédaction du rapport vont s'effectuer du 1er au 10 juillet à Abidjan, la capitale ivoirienne. Quelque temps après, le rapport des cinq magistrats était remis à Senghor qui l'a, à son tour, communiqué à ses homologues africains du Togo, du Rwanda, du Libéria et de Côte-d'Ivoire. Ce document qui écarte Bokassa d'une participation directe aux << *massacres* >> n'est pourtant pas rendu public. Certains journaux réussiront cependant à rapporter quelques éléments d'information en prenant le soin de citer des sources non- officielles. C'est le cas des quotidiens français *France-Soir* et *Le Figaro.* Ce dernier note dans son édition du 12 juillet que : << *Le rapport conclut que si l'empereur Bokassa se trouvait bien dans la prison où ont eu lieu ces meurtres, rien ne prouve qu'il y ait lui-même participé.*>> Le quotidien *France- soir* du 16 juillet va, pour sa part, aller plus loin. Selon lui, la Commission << *serait parvenue à deux conclusions essentielles, au terme de quatorze jours d'investigation* :

. *Une quinzaine d'étudiants et lycéens au moins ont été tués par balles, à coup de couteau ou par strangulation.*

. *Aucun témoignage n'établit formellement et matériellement la participation personnelle de Bokassa au massacre* >>. Le journal observe que << *si l'on en juge par ces indications, le rapport est ambigu : il ne condamne ni n'accuse, mais il n'innocente pas non plus l'empereur* >>. *France–Soir* précise aussi qu'il << *ne s'agit plus d'enfants* >>, mais de lycéens et d 'étudiants.

Au sommet de l'OUA, réunit le 17 juillet à Monrovia où la publication du rapport était très attendue, rien n'a filtré. Une polémique naîtra même autour de cette attente quelque peu mystérieuse: ou bien Bokassa est réellement innocent et la publication immédiate du dit rapport le laverait de tout soupçon, ou bien il est coupable et une publication rapide et dans les délais prévus coupera court aux rumeurs pour lui permettre de s'expliquer publiquement.

Au mois d'août 1979, le président Valéry Giscard d'Estaing envoie, dans le plus grand secret, son conseiller technique chargé des Affaires africaines, René Journiac, à Franceville ,au Gabon ,pour rencontrer Bokassa et lui demander de renoncer au trône. Ce départ en douceur que lui demande son << *cher parent* >> est plutôt perçu par l'empereur comme un affront, un lâchage intolérable. Il va s'écrier en tremblant de colère et le visage ruisselant de sueur : << *Non! Jamais mon père de Gaulle ne m'aurait fait un pareil affront. Jamais Pompidou ne m'aurait fait ça. Même Foccart n'aurait jamais osé réagir de la sorte.* >> Bokassa, déchaîné, a failli prendre son interlocuteur Journiac à partie. Mais le président Bongo, supposé tempérer les ardeurs de son ami, s'interposera pour apaiser la tension. Profitant d'un moment de répit, Journiac revient à la charge : << *Ce qu'on vous demande, c'est que vous abdiquiez au profit de votre premier ministre Henri Maïdou. Vous pourrez alors vous retirez en France où votre sécurité et vos biens seront pleinement garantis.*>> Ces phrases vont sonner dans les oreilles de Bokassa comme une farce du gouvernement français. Le lendemain, lorsque le président Valéry Giscard d'Estaing en personne lui confirme ces propos par téléphone, l'empereur comprend que << le lien de parenté >> avec le chef de l'Etat français est brisé. Mais il s'entête à ne pas l'accepter. Bokassa, pantois, va brutalement interrompre la conversation en raccrochant le combiné au nez du chef de l'Etat français. Un geste qui ne lui sera jamais pardonné.

Il faut attendre le 16 août 1979 pour voir publier le rapport de la Commission à Dakar par son président Youssoupha Ndiaye. Il conclut << *à la participation quasi certaine de Bokassa*>>. Le doute introduit par le terme << *quasi* >> a pourtant été pris pour une certitude. Un point du rapport est cependant important à relever : c'est lorsqu'il affirme dans sa conclusion que : << *La mission de constatation est parvenue à la conclusion que deux cent cinquante personnes environ dont une majorité d'enfants ont été arrêtés et détenues à la prison de Ngaragba. Elle peut également conclure qu'il y a eu entre cinquante et deux cent morts à la prison de Ngaragba, le chiffre de cent morts lui paraissant plus proche de la réalité.*>> Le moins qu'on puisse dire est que ce passage un peu brumeux du rapport est bien loin du langage de précision qu'emploi souvent les magistrats.

Le problème dans cette affaire est qu'il y a plusieurs zones d'ombre. D'abord le choix d'une commission d'enquête africaine ou plus exactement une mission de constatation au lieu d'une commission d'enquête internationale indépendante que Bokassa réclamera en vain jusqu'à sa mort. En outre, les constatations établies par cette mission n'apportent pas suffisamment de preuves irréfutables sur le nombre des victimes, pas plus qu'elle ne donne des indications précises sur les lieux d'enterrement des morts.

Ensuite, il y a l'impossibilité de faire contrôler le travail de cette mission par des observateurs indépendants. le brouillard qui entoure les dates de publication de ce rapport n'aide pas non plus à comprendre les dessous du << *massacre d'enfants* >>.

Il y a enfin la conclusion sans conviction de ce même document qui donne à cette affaire une odeur de manipulation et de mensonge du fait qu'elle souligne la participation quasi certaine et non sûre et certaine de Bokassa.
Toutes ces interrogations laissent planer plus qu'un doute sur la fiabilité et l'impartialité du travail des magistrats. Au fond, on n'était pas loin, dans cette histoire, d'une manipulation du type *Timisoara* (où des milliers de journalistes se sont fait piéger par le pseudo-charnier de quatre mille morts roumains alors qu'il n'y en avait que quarante deux). Les massacres de la révolution roumaine ont été contestés. Ceux de Bokassa n'ont pas été montrés. Plusieurs témoignages concordants ont établi trente cinq morts (treize en janvier et douze en avril) et près de cent cinquante blessés et plusieurs arrestations de janvier à avril 1979 à Bangui.
Il est vrai que l'indocilité de l'empereur agaçait beaucoup ses alliés français. De même, son caractère versatile devenait difficile à gérer. Bokassa n'était pas du genre à se laisser marcher sur les pieds. Il n'était surtout pas malléable à souhait comme beaucoup de ses amis le croyaient. Il était, certes, un homme très influençable mais il était aussi difficilement contrôlable.
En septembre 1979, son épouse Catherine Denguiade, qui se trouve déjà en France, sait que son mari est en mauvaise posture. Voyant que son éviction ne va pas tarder, elle va s'abstenir de le mettre au courant. Au fait, sa présence à Paris est–elle fortuite ? Il est difficile d'imaginer qu'elle manquait totalement d'informations sur les coulisses de la chute de son mari. Elle sera prise, quelque temps après, par de nombreux malaises et une forte dépression nerveuse. C'est ce qui est signalé dans une lettre codée que son médecin français de circonstance, Monsieur Levasseur, envoie secrètement au président ivoirien Félix Houphouët-Boigny. Dans ce document troublant que nous publions ici pour la première fois, le docteur Levasseur explique au président Boigny : << *Madame B. que vous m'avez fait l'honneur de me confier, était dans un état vraiment déplorable lorsque vous avez permis son hospitalisation : état déplorable nerveusement et psychologiquement et état déplorable physiquement (amaigrissement de treize*

kilos en trois mois, tension artérielle écroulée à 8, pouls à 42 à la minute, tests biologiques tous considérablement perturbés).
Je l'ai faite hospitaliser et ai demandé aux autorités françaises de protéger en permanence sa chambre par la police (pour éviter toute intrusion éventuelle des photographes ou des journalistes).
Cette mesure a eu un gros effet de détente sur le système nerveux de notre patiente.>> (voir annexe 12)
Le fait le plus intéressant est que cette femme qui semble bénéficier d'un traitement de faveur sur le territoire français serait même au courant de certains secrets d'état dont la mort mystérieuse de Monsieur Boulin, ancien ministre de Giscard d'Estaing. C'est en tous cas ce qu'atteste Bokassa dans une lettre amer qu'il adresse à plusieurs chefs d'Etats africains dont le président Camerounais Monsieur Amhadou Ahidjo le 10 février 1980 de son exil ivoirien. Il dit précisément ceci : << *Ma femme qui a fait plusieurs séjours à Abidjan, m'a tout rapporté par le détail : y compris ce qui relève du secret d'Etat. Elle a reçu des confidences sur la mort du ministre BOULIN, sur la politique africaine à venir etc... En bref, j'ai une fois de plus constaté la légèreté du Président français qui ne respecte rien ni personne, pas même son engagement solennel et qui nous concernait : << l'Afrique aux Africains* >>.>> Cette lettre est un véritable réquisitoire contre Giscard.
Abandonné à son triste sort, il ne sait plus à quel saint se vouer. En plus des critiques qui s'abattent sur son régime, son pays n'a plus de ressources financières, comme la plupart du temps d'ailleurs. Après de longues hésitations, il décide de se rendre en Libye chez le colonel Kadhafi pour obtenir quelques subsides.
Entre temps, le Secrétaire général du ministère centrafricain des Affaires étrangères Monsieur Christophe Maïdou, le frère jumeau d'Henri Maïdou, premier ministre de l'Empire, est en visite à Paris depuis le 14 septembre. Il est au courant du prochain voyage de l'empereur en Libye et vient informer les autorités françaises de ce déplacement. Ses bons offices servent à préparer minutieusement l'éviction de Bokassa et à assurer peut-être l'accession de son frère Henri à la magistrature suprême. Il reprendra, une fois la mission terminée, le premier avion DC-10 d'Air Afrique à destination de Bangui via

Ndjamena et Brazzaville le 19 septembre 1979 à 8h30. Dès son retour à Bangui, il informera également son frère de toutes les dispositions prises à Paris pour l'éviction de l'empereur.
Bokassa qui se trouve à Tripoli, ignore que tout est prêt pour sa chute. En fait, il sait qu'il se trame quelque chose pour le renverser mais il ne veut pas l'accepter. Il ne veut pas croire qu'il sera bel et bien déposé par ceux-là mêmes avec qui il était hier << *ami-ami* >>, voire << *très parent* >>. Lorsque le journaliste Roger Delpey le rencontre pendant son enquête en août 1979, il a du mal à convaincre Bokassa de sa probable éviction du pouvoir. Aveuglé par son autorité et englué dans ses << relations parentales >> avec la famille Giscard, il reste sourd aux interpellations du journaliste et s'obstine même à lui expliquer qu'une telle opération est pratiquement irréalisable. Le vrai problème est que Bokassa a certainement un peu vite oublié qu'en politique, la parenté, fût-elle authentique, n'est pas un atout pour conserver le pouvoir. Une naïveté et une confiance aveugle que Bokassa a gardé jusqu'à la fin de ses jours.
Dans toutes ces étapes qui vont conduire à son éviction, nous nous sommes posé une question simple: quelles sont les vrais raisons qui ont poussé les autorités françaises de l'époque à évincer Bokassa du trône? Durant toute notre enquête, ces mobiles sont restés obscurs du fait qu'ils se trouvent probablement à la frontière du secret et de la raison d'Etat. Les raisons avancées par les autorités françaises de l'époque sur les dérives du régime Bokassa étant insuffisantes et peu convaincantes. Tous les rapports sur la gestion du Centrafrique étaient connus. Le fonctionnement du régime de l'empereur n'était pas un mystère pour les hommes politiques et les services secrets français. Plusieurs Français étaient d'ailleurs ses collaborateurs directs.
Impossible d'avoir des preuves tangibles ni sur les déclarations de Bokassa ni sur celles du gouvernement français sur cette chute qui n'a finalement apporté ni progrès économique ni démocratie aux Centrafricains. Le droit à l'information du public trouve ici ses limites (aussi bien pour les Français que pour les Centrafricains). Le journaliste Pierre Péan, l'un des

meilleurs spécialistes des dossiers secrets sur les relations entre la France et l'Afrique -que la <<famille franco-africaine>> voulait faire assassiner pour ses révélations sur << le domaine réservé >> - éclaire la position de la France sur Bokassa à cette période. Dans son ouvrage intitulé *Bokassa 1er* et publié chez Alain Moreau en 1977, il explique : << *Fin 1969, début 1970, les stratèges de Foccart n'envisageaient plus de solution de rechange. Bokassa tenait bien les rênes du pouvoir et avait éliminé les éventuels prétendants. Il n'était plus question de faire revenir le << progressiste >> Abel Goumba d'exil (en France d'abord, puis au Rwanda). De toute façon, il était toujours soupçonné de nourrir des idées trop avancées. Les penseurs gaullistes de la politique africaine voulaient à tout prix maintenir la stabilité en Centrafrique, considérée comme un pion déterminant de la politique française dans cette région du monde.*>> Pierre Péan précise que : << *L'ensemble de l'analyse gaulliste sur l'Afrique –et notamment sur la Centrafrique- a été reprise par Giscard d'Estaing. Ce n'est pas par hasard s'il a pris Réné Journiac comme conseiller à l'Elysée. Journiac était membre du cabinet de Foccart et a conservé les meilleurs rapport avec son ancien patron. Les relations avec les pays africains restent, comme par le passé, du domaine réservé de l'Elysée. Il n'y a pas dans ce secteur le souffle du << libéralisme avancé >>. Mais les raisons politiques n'expliquent pas complètement cet immobilisme de l'exécutif français.*>> A la lumière de cette analyse du journaliste et écrivain français, il est clair que les vrais raisons de l'éviction du << massacreur d'enfants >> se trouvent ailleurs mais où ? Secret d'Etat.

Pour ne pas frustrer le lecteur, nous avons décidé de donner la parole à un témoins français qui a suivi de près la chute de Bokassa. Il s'agit de Monsieur Michel Roussin, ancien directeur de cabinet du patron des services secrets français Alexandre de Marenches dont les hommes ont préparé et exécuté le renversement de l'empereur. Nous lui avons adressé une lettre le 7 janvier 1998 et sur notre insistance, il nous a fait savoir, par l'intermédiaire de son assistante, qu'il ne souhaitait pas s'exprimer sur ce sujet et encore moins nous rencontrer. Même son ancien patron Monsieur Alexandre de Marenches, aujourd'hui décédé, ne dira pas un traître mot sur

les archives de Bokassa qui, semble–t-il, recelaient la vérité de sa chute. Le journaliste Pascal Krop, spécialiste des services secrets français, affirme, dans son ouvrage intitulé *Les secrets de l'espionnage français*, que : << *Interrogé à plusieurs reprises, Alexandre de Marenches, à l'époque patron du SDECE, refusera toujours de divulguer le moindre détail sur le sort réservé à cette incroyable manne.* >> Le mystère restera donc entier.
Au deuxième jour de la visite libyenne de l'empereur, on lui apprend qu'il est renversé et que le nouveau président n'est autre que David Dacko qu'il avait, lui-même, renversé en 1965. Perturbé, il se demande ce qui a bien pu se passer. Il se trouve simplement que depuis le mois de juin 1979 où son conseiller David Dacko s'est rendu en France pour soigner sa crise d'asthme à l'hôpital Saint Joseph, il a pris un appartement au Flatotel dans le XVème arrondissement de Paris situé au bord de la Seine. Il y rencontre plusieurs personnalités dont René Journiac. Celui-ci, ayant analysé le profil de tous les successeurs potentiels de Bokassa, y compris celui du premier ministre Maïdou, jugera que seul Dacko correspond au << poste à pourvoir >>. Il est vrai que ce dernier avait une expérience à cette fonction qu'il a exercé de 1960 à 1965. Sans oublier qu'il avait été élu, à cette époque, à plus de 99% des voix. D'abord réticent sur cette offre, car Dacko se souvenait que la France ne l'avait pas aidé lors du putsch de 1965 exécuté par Bokassa, il finit quand même par l'accepter malgré lui. Les autorités françaises vont l'installer dans un luxueux appartement de la rue Berri dans le VIIIème arrondissement à Paris. C'est de-là qu'une voiture viendra le chercher le 20 septembre à 9h30 pour le conduire à l'aéroport militaire de Villacoubley près de Paris. Au même moment, à l'aéroport de Tarbes, dans le Sud-Ouest de la France, où sont stationnés d'immenses cargos C 160 transall de la force française d'intervention, deux bimoteurs attendent avec 130 hommes à bord et une compagnie d'élite de parachutistes du 1er régiment d'infanterie de la marine (1er RPIMA). Ces hommes dérivent de l'ex- << onzième choc>> de la guerre d'Algérie spécialisé dans les missions clandestines et le sabotage.
Parmi les parachutistes, se trouve environ une dizaine de barbouzes du centre d'entraînement ultra-secret de Cercottes.

BOKASSA

Ce sont les hommes du SDECE (service de documentation extérieure et de contre espionnage), très actif en Afrique. Le patron du SDECE, Monsieur Alexandre de Marenches, qui a dirigé << *l'opération barracuda* >> du renversement de Bokassa dévoile le mode de préparation qu'ils ont adopté de la manière suivante: << *On décide qu'un certain nombre de gens vont partir et atterrir sur l'aéroport de Bangui. Nos spécialistes connaissent bien la région. Nous avons tous les détails sur le fonctionnement de l'aéroport de Bangui : à quelle heure il ouvre, à quelle heure il ferme, où sont les lumières, qui est dans la tour de contrôle, etc.*

Il y a pour protéger le terrain deux autos- mitrailleuses et une compagnie de gardes dont on connaît la tribu. Nous comptons même parmi les nos cadre des gens qui parlent la langue. Nous savons d'autre part- ce qui est capital- que les gardes n'ont pas été réglés depuis plusieurs mois. C'est important parce que dans ces pays – là on est très mal payé. On survit à peine. Souvent , les forces locales commettent des exactions un peu comme chez nous le pratiquait les grandes compagnies du moyen –Age. Il faut bien vivre et, pour vivre on rançonne souvent la population locale.

Quelqu'un a eu l'idée excellente de dire à la centrale : << Attention, la monnaie locale centrafricaine ne vaut rien à cause d'une inflation galopante. Personne n'en veut. Si on apporte des fonds à pour payer les cadres et les hommes de la compagnie de garde, il ne faut pas de l'argent. >>

Nous nous sommes donc munis de francs CFA. Et de dévises des autres pays africains. Le soir de l'opération, on a fait un << atterrissage d'assaut >>, c'est-à – dire que les avions se sont posés très fort et assez dur sur le terrain de Bangui. La veille on avait envoyé deux personnes choisies parmi nos aviateurs qui, avec des lampes de poche et sur la piste, ont permis aux avions lourds d'atterrir.

Nous étions probablement les seuls avec Israël, à disposer de ce genre d'équipe complète, avec des gens de formation et de compétences différentes. >> Il précise surtout qu' << *Il faut avoir des gens qui se connaissent et qui travaillent ensemble à longueur d'année. Pourquoi ? Parce que si l'on débarque avec un avion lourd à des milliers de kilomètres sur un terrain étranger, où l'on ignore ce qui va se passer au sol, avoir une aide électronique et les derniers perfectionnements de l'atterrissage, c'est bien ; mais lorsque deux hommes au sol, les camarades des pilotes qui vivent avec eux, qui se retrouvent au même mess à longueur d'année, s'exercent avec eux, il intervient alors une électronique humaine, qui opère et qui s'appelle la confiance. Elle vaut pour toutes les techniques du monde.*

Cela n'empêche pas les pépins de dernière minute. Voilà qu'on apprend que l'aérodrome allait être à nouveau ouvert pour un avion égyptien qui avait eu des problèmes et qui devait se poser en retard. Patatras ! Tout notre plan était à remanier. Cet avion Egyptien se trouvait encore dans un pays africain plus au sud. Par une série de hasards et d'adresse et de chance, nous avons réussi en quelques heures à le faire mettre en panne...

J'étais dans mon centre opérationnel, au sous- sol, à Paris, avec toutes les cartes et l'état-major. Nous disposions d'excellents moyens de communication.

Contrairement à certaines opérations menées par des étrangers, j'avais dit à l'officier qui commandait l'opération et qui se trouvait dans le premier avion avec le chef du Service Action le colonel M. , brillant officier, et qui joua un grand rôle dans la préparation et l'exécution de cette opération impeccable : << Je n'interviendrai jamais, parce que c'est vous le patron de l'opération. Si vous avez des questions à poser, vous m'interrogez , mais nous, nous n'allons pas vous troubler. << Il a pris ses responsabilités avec beaucoup de compétences. Nos avions débarquent finalement.>> **Les deux transall décollent donc dans la matinée du 20 septembre 1979 à destination de Bangui. Ils feront deux escales de ravitaillement respectivement à Ouakam, la base militaire de Dakar puis à Ndjaména au Tchad où stationne 1200 soldats français du dixième bataillon d'infanterie de la marine conformément aux accords de défense franco-tchadien. Dans un des appareils, David Dacko, silencieux et tendu, attend le dénouement avec une certaine anxiété. A 23h15, les deux transall se posent à l'aéroport de Bangui Mpoko après avoir éjecté le flot de parachutistes. La plupart d'entre eux ne se sont jamais rendus à Bangui mais ils connaissent parfaitement la capitale centrafricaine. Depuis le mois d'août, ils ont reçu un plan détaillé et des indications** précises de l'attaché militaire de l'ambassade de France à Bangui, le lieutenant colonel Mazza, l'une des pièces maîtresses du dispositif. Ils vont occuper tous les points stratégiques de la capitale centrafricaine et à 23h55, le nouveau président David Dacko annonce à la radio nationale, la chute de l'empereur Bokassa. << *L'opération barracuda* >> ou << *caban* >> pour les initiés, menée par les soldats du général de brigade Jacques Guichard, venait de s'accomplir en moins de 45 minutes et sans effusion de sang. << Du travail propre >>, comme on dit dans le jargon militaire. Monsieur de Marenches reconnaît même que : << *C'était une opération comme on devrait l'enseigner dans les écoles de guerre spéciale* >>. Dans ce << joli >> coup de force, on n'oublie pas de faire un peu de manipulation de l'information. Dès 23 heures, avant que l'opération ne soit achevée, une mystérieuse agence de presse << A.T.P >> adresse à l'Agence France Presse et à l'Agence Reuter à Paris un << *Flash spécial urgent et exclusif* >> sur la chute de Bokassa et son remplacement par Dacko. Le communiqué, venant plus des barbouzes que d'un reporter, précise que Dacko << *demande immédiatement l'aide et la protection de la France* >>. Avec une annonce de ce type, toutes curiosités devenaient inutiles pour la presse. C'est du moins ce que croyaient les auteurs de ce texte.

Le 21 septembre, les paras retournent en France mais les barbouzes restent sur place pour un volet moins militaire mais plus rocambolesque. Ils vont se livrer à un travail très particulier dans la résidence de Bokassa à Berengo: la récupération des documents <<trop bavards>>, notamment les archives impériales ainsi que d'autres objets de valeur. Ce << nettoyage >> sera contesté par les autorités françaises, malgré les témoignages des journalistes présents sur les lieux. Celui de l'envoyé spécial du quotidien *Le Monde,* Pierre Georges, est pourtant saisissant : << *A Bangui, le 27 septembre dernier, vers 16 heures, un hélicoptère français puma s'est posé sur un terrain vague situé à 50 mètres à peine de l'ambassade de France. Outre l'équipage, des militaires de l'ALAT (aviation légère de l'armée de terre), deux civils se trouvaient à bord de l'appareil, dont l'un, un porte- document à la main, a regagné à pied l'ambassade de France. Un petit camion, genre tout terrain, blanc crème, à l'immatriculation civile, est venu se ranger à l'arrière de l'hélicoptère. Ce véhicule débâché était conduit par un jeune homme en civil et gardé par deux ou trois parachutistes français armés. Une dizaine de caisses de taille moyenne ont été transportées de l'hélicoptère sur le camion* >>. L'entêtement de quelques journalistes, voulant savoir la vérité sur ces archives personnelles de l'empereur, va donner lieu à deux voix dissonantes dans le gouvernement. Monsieur Jean François Poncet, ministre des Affaires étrangères, va d'abord affirmer, le 12 octobre 1979, qu'il n'y a pas eu de visite des militaires français dans la résidence de Bokassa et qu'aucune archive n'a été transférée à l'ambassade de France. Quelques jours plus tard, il est involontairement contredit par son collègue Alain Peyrefitte, garde des Seaux. Celui-ci reconnaîtra que des caisses contenant, selon lui, des armes ont été découvertes chez l'empereur et à d'autres endroits puis transportées à l'ambassade de France. Si les militaires avaient donc découvert des armes, n'ont-ils rien découvert d'autre ? Le brouillard qui plane sur ces archives montre bien que la brousse africaine cache parfois des secrets qui laisseraient beaucoup de Français sans voix s'ils arrivaient à savoir ce qui s'y passe réellement. La plupart des témoignages, sur ce que *Le Canard enchaîné* avait appelé avec son humour caustique << Le hold-up du siècle >>, ont été confirmés par le capitaine Paul Barril qui écrit dans son livre *Missions très spéciales* : << *Les couronnes impériales du sacre par exemple ont disparu, emportées par le SDECE. Les Français et surtout les Centrafricains peuvent toujours demander des comptes au SDECE aujourd'hui DGSE, mais,* conclut-il, *je doute qu'ils obtiennent des réponses satisfaisantes.*>> Ayant participé à des expéditions de ce type, il sait de quoi il parle.

Jacques Foccart, l'éminence grise du général de Gaulle sur les Affaires africaines et ancien responsable des services secrets français, livre, dans ses entretiens posthumes avec le journaliste Philippe Gaillard, son sentiment sur cette affaire : << *Barracuda est d'autant plus scandaleux que des agents du SDECE qui y ont participé avaient pour mission de récupérer des*

documents concernant les relations personnelles entre Giscard et Bokassa, d'une part, et qu'ils sont tombés d'autre part, sur des stocks de diamants que Bokassa avait empilé dans des vases. Or les documents ont disparu les diamants aussi. Des membres de l'expédition sont venus me voir pour me dire leur indignation. Ils étaient convaincus que les diamants étaient allés enrichir la cassette de Giscard, indépendamment de ceux qui lui avaient été offerts par Bokassa. A cela je ne crois pas du tout, mais il y a eu des pillages dans la résidence de Bokassa à Berengo, dont les auteurs n'étaient pas des Centrafricains. >>
Dans cette dernière phrase Monsieur Foccart constate avec amertume que les barbouzes françaises du SDECE ont été les artisans de ce pillage dans la résidence de Bokassa. Il va néanmoins enfoncer le clou en soulignant que : << *L'Afrique a été indulgente à l'égard de la France à cause de l'image qui était celle de Bokassa et des horreurs que l'on mettait sur son compte. Pourtant,* dit-il, *tous les ingrédients de ce qu'il fallait pour nous faire condamner par la communauté internationale étaient réunis : une expédition militaire dans un pays étranger avec dans l'avion l'homme que nous voulions imposer !* >> **Sa conclusion sera sans appel :** << *On m'a reproché mon néo-colonialisme, mais Barracuda c'est pas du néo-colonialisme, c'est du colonialisme, la dernière expédition coloniale !* >>

Ces déclarations de Foccart montrent bien que la solidarité proclamée des chefs d'Etat africains tombe parfois en panne. Collés à leurs strapontins aux cotés du gouvernement français de l'époque, ils éprouvaient toutes les souffrances à exercer leur esprit critique sur l'expédition *barracuda.* **Ils resteront muets comme des carpes en envoyant au diable le droit international public. Résultat : les autorités françaises n'auront donc ni explications à donner à la Communauté internationale ni comptes à rendre au palais Bourbon et aux citoyens français. Sans parler des Centrafricains qui n'avaient qu'à remercier les parachutistes de leur avoir débarrassé d'un dictateur pour leur offrir en cadeau la** << *vache qui rit* >> **(sobriquet que les Centrafricains avaient donné à leur président, David Dacko, successeur de Bokassa).**

Dans cette opération militaire, le seul détail majeur qui a été négligé, c'est la réaction de Bokassa. Le stratège de cette

mission d'éviction, René Journiac, semble avoir minimisé l'attitude éventuelle de l'empereur centrafricain qui n'avait pas encore dit son dernier mot. Lorsque les diplomates libyens lui apprennent qu'il est renversé par l'armée française, Bokassa n'en croit pas ses oreilles, il est déstabilisé comme un boxeur qui a reçu par surprise un uppercut au menton. Un moment pensif, il décide dans un premier temps de retourner à Bangui récupérer son trône. Mais il renonce très vite à cette option qui risque de lui faire perdre la vie. Il choisit donc d'aller en France.

Arrivé à l'aéroport d'Orly, sa caravelle n'est pas autorisée à se poser. Il essaye d'atterrir sur un autre aéroport (Roissy Charles de Gaulle), nouvel échec. Mais l'appareil, qui va être à court de carburant, reçoit l'autorisation d'atterrir à l'aéroport d'Evreux à 19h50. Son fils Georges et son épouse arrivent sur la base militaire 105 où l'appareil a été placé à l'abri des regards indiscrets. Mais les instructions radio interdisent à toutes personnes de monter ou de descendre de la caravelle. Georges et son épouse ne pourront pas voir l'empereur. Le colonel Cazau, qui est le commandant de la base, assure le relais entre Bokassa et les autorités françaises. Celles-ci seront très embarrassées par cette arrivée imprévue de l'empereur en France. Le Quai d'Orsay lui demandera par l'intermédiaire de Monsieur Cazau, de retourner à Tripoli. Mais il va préparer, avec sa secrétaire, un texte pour affirmer sa volonté de rester en France.

Bokassa comprenant qu'il gêne le gouvernement français surprend à nouveau ses interlocuteurs en recourant au droit de séjourner en France du fait de sa nationalité française. Bokassa et les membres de l'équipage ne pourront bénéficier des conditions d'hygiène minimales. Leurs bagages étant dans la soute, ils seront contraints de rester sur place et d'attendre, pendant quatre jours, la décision du gouvernement français. L'empereur sera fouillé par quatre personnes appartenant au service de sécurité de l'aéroport d'Evreux. Certains d'entre eux se livreront même à des attouchements impudiques sur le président centrafricain.

Entre temps, le Quai d'Orsay et l'Elysée s'emploient à trouver un lieu d'exil à l'empereur déchu. Bokassa, de son côté, reste serein et déterminé à retourner dans son pays. Son épouse Catherine, qui séjournait déjà à Paris depuis quelques semaines, négociera le départ de son mari vers Abidjan. Il sera alors envoyé en exil en Côte-d'Ivoire, grâce à l'intervention pressante de l'impératrice Catherine et de son fils Georges. Le président ivoirien Félix Houphouët-Boigny enlèvera ainsi une grosse épine du pied aux autorités françaises.

IV

Le crépuscule d'une vie

Dans son exil en Côte-d'Ivoire, Bokassa va digérer sa chute en lançant de grands pavés dans la marre pour éclabousser le chef de l'Etat français Valéry Giscard d'Estaing. Il y parviendra avec la célèbre << *affaire des diamants* >>. Il passera ensuite un exil tumultueux en France dans son château d'Hardricourt et sera jugé deux fois par le Tribunal de Bangui.
Sa fortune et ses << affaires >> vont s'effondrer comme un château de cartes avec quelques péripéties dont la plus tapageuse restera l'octroi de ses biens immobiliers à l'homme d'affaires français Bernard Tapie. De retour à Bangui, quatre années après son exil français, Bokassa sera marginalisé et emprisonné dans son pays. Gracié par le président André Kolingba, il se tournera vers la religion. A la fin de sa vie, il est ruiné, abandonné et surveillé de près par les services secrets. Mais pourquoi surveillait-on tant cet individu qu'on a longtemps qualifié de << bouffon >>, de << roi nègre >> et de << mégalo >> ?

BOKASSA

1- L'exil et <<l'affaire des diamants>>

Réfugié en Côte-d'Ivoire grâce aux bons offices du président Houphouët-Boigny, qui n'apprécie pas beaucoup cette effervescence autour de Bokassa, l'empereur n'entend pas avaler sans broncher la couleuvre de son éviction que vient de lui servir le gouvernement français. Il va alimenter la presse française en <<scoops>> sur ses relations avec Giscard. Mais, ce qui va devenir <<l'affaire des diamants>> et qui mettra Valéry Giscard d'Estaing en difficulté connaîtra deux épisodes distincts, jusqu'à présent, jamais expliqués. Le premier épisode commence par la rencontre du journaliste Pierre Péan avec Monsieur Maurice Espinasse, l'ancien conseillé de Bokassa. Pierre Péan apprend <<l'affaire des diamants>> en 1977, lorsqu'il écrit son livre sur Bokassa Ier, grâce à une conversation qu'il a avec Madame Espinasse. Surpris par cette affaire, le journaliste insiste pour obtenir des preuves auprès de Monsieur Espinasse. Mais, ce dernier, encore conseiller de Bokassa et en plus représentant du gouvernement français dans l'Empire Centrafricain, refuse de céder le moindre document à Pierre Péan qui écrira finalement son livre sans y inclure <<l'affaire des diamants>>. Le journaliste informera donc le rédacteur en chef du *Canard Enchaîné,* Claude Angeli de l'existence de documents susceptibles de mettre en cause Valéry Giscard d'Estaing et sa famille. Les deux journalistes vont essayer, pendant deux ans, de 1977 à 1979, de convaincre Maurice Espinasse de livrer ses informations à la presse. Le déclic viendra finalement lorsque des journalistes du quotidien français *Le Matin* vont affirmer avoir eu à Bangui, après la chute de l'empereur, des informations sur des <<affaires>> de diamants entre le Centrafrique et la France. Dès cet instant, Pierre Péan et Claude Angeli vont sauter sur l'occasion pour inciter Monsieur Espinasse à sortir de sa réserve. Le rédacteur en chef du *Canard Enchaîné* entrera finalement en possession des dits documents dans le restaurant parisien La Vézière. C'est ainsi que va éclater au grand jour ce qui deviendra dans la presse internationale <<l'affaire des diamants>>. Nous avons obtenu un document de la fille

d'Espinasse qui confirme bien le rôle joué par Pierre Péan au début de cette affaire. Elle atteste que : << *En tant qu'ancien conseiller personnel et juridique du président Bokassa, mon père m'avait informée détenir des documents compromettant Valéry Giscard d'Estaing. C'est à Pierre Péan qu'il m'a dit avoir remis ces documents qui prouvaient que Bokassa avait offert à Valéry Giscard d'Estaing une plaquette de diamants.*>>
Le premier pavé qui sera jeté dans la marre franco-africaine par *Le Canard Enchaîné* est le fac-similé d'un bon de commande adressé en avril 1973 au Comptoir national du diamant centrafricain. Le 10 octobre 1979, soit vingt et un jour après la chute de Bokassa, le journal satirique publie ce document à la une. On peut y lire : << *Veuillez remettre à Madame Dimitri, secrétaire à la Présidence de la République, une plaquette de trente (30) carats environ destinée à M. Giscard d'Estaing, Ministre des Finances de la République Française.*>> Cette révélation surprend l'Elysée au point que dans l'entourage du chef de l'Etat, on préfère afficher un calme condescendant à l'égard de cette affaire. Mais elle fait tellement de bruit qu'un communiqué publié par l'Elysée dans la soirée précise que : << *Les échanges de cadeaux de caractère traditionnel, notamment lors de visites de membres du gouvernement dans les Etats étrangers, n'ont en aucun cas ni le caractère ni la valeur qui ont été mentionnés par certains organes de presse à propos du Centrafrique.*>> Le problème est que ce rappel évoque bien entendu les voyages officiels alors que les révélations du *Canard enchaîné* portent sur des visites privées du chef de l'Etat français et des membres de sa famille. Le journal satirique, sentant une certaine fébrilité dans l'attitude de l'entourage du président Valéry Giscard d'Estaing, allait réitérer ses informations en publiant d'autres documents quelques jours plus tard.
Dans les rangs de l'opposition socialiste, des voix s'élèvent pour demander des explications sur les diamants de Bokassa. Du côté de l'Elysée, le mur de silence s'épaissit jusqu'à l'entretien télévisée du 27 novembre 1979 où Valéry Giscard d'Estaing décide de s'expliquer sur cette affaire. Il dira : << *A la question(...) sur la valeur de ce que j'aurais reçu comme ministre des Finances, j'oppose un démenti catégorique et j'ajoute*

méprisant.>> Il lancera : << *Il faut laisser les choses basses mourir de leur propre poison.*>>
Pour bien comprendre les proportions grandioses que prendra cette affaire entre Valéry Giscard d'Estaing et Bokassa, il est nécessaire de considérer deux éléments clés : la vision des deux hommes sur la politique de la France au Centrafrique et la défense de leurs intérêts vitaux (le maintien au pouvoir de chacun et leur image dans les médias)
Sur le premier point, il n'était pas tolérable pour le chef de l'Etat français de voir rabaisser la politique africaine de la France en la présentant comme un dispositif de complaisance à l'égard de certains gouvernements du continent noir, en l'occurrence celui de l'Empire Centrafricain très critiqué dans la presse internationale. Du côté de Bokassa, il n'était pas acceptable d'accuser continuellement et unilatéralement le Centrafrique de tous les maux en laissant croire que la France était totalement étrangère à tout ce qui s'y passait. Sur le second point concernant les intérêts des deux hommes, la volonté de diriger leurs pays respectifs leur est si chère qu'ils ne troqueraient rien pour perdre le pouvoir. Pour Valéry Giscard d'Estaing, l'élection présidentielle de 1981 était cruciale pour décrocher un second mandat à l'Elysée. Il fallait donc éviter de la compromettre dans une histoire de brousse centrafricaine avec un << *parent* >> aussi bouillant que Bokassa. Celui-ci, pour sa part, croyait ses << liens parentaux >> si forts avec Valéry Giscard d'Estaing qu'ils lui éviteraient de perdre son trône, malgré les allégations d'Amnesty international. Erreur! les deux hommes se sont trompés chacun sur la personnalité de l'autre. Valéry Giscard d'Estaing croyait s'être définitivement débarrassé de Bokasssa alors que celui-ci n'avait pas encore dit son dernier mot à son ami d'hier.
Une vision politique divergente et le combat pour garder le pouvoir amèneront les deux hommes à se livrer une lutte sans merci. Un affrontement viril qui sera bien orchestré par les médias. Lorsque *Le Canard enchaîné,* poursuivi en diffamation par la famille Giscard, publie de nouveaux documents sur la dite famille, on s'aperçoit que le bourbier centrafricain est moins banal qu'on l'imaginait. Cette fois, l'hebdomadaire met

le paquet avec cinq documents accusant la famille du chef de l'Etat français.

Dans le premier, il est écrit que le cousin du président français, François Giscard d'Estaing, président de la Banque française du commerce extérieur, a reçu en cadeau : << *Six plaquettes de diamants taillés de premier choix ainsi qu'une paire de pointes, (défenses d'éléphants).*>> Selon ce document, Bokassa avait offert ce cadeau à Monsieur François Giscard d'Estaing lors d'une visite que ce dernier avait rendu à l'empereur dans sa propriété de Sologne en France.

Le second document, mentionne plutôt que Jacques Giscard d'Estaing, autre cousin du chef de l'Etat, directeur financier du Commissariat de l'énergie atomique, a reçu : << *Une plaquette de diamant, peu de temps après l'élection présidentielle française de 1974*>>, au cours d'une visite effectuée en République Centrafricaine. Le troisième document est surtout un fac-similé d'une partie du décret impérial 78-307, établit à Bangui le 15 juin 1978, qui octroie la nationalité centrafricaine à François Giscard d'Estaing.

Ces trois documents avaient été présentés par *Le Canard enchaîné* le 5 mars 1980 à la première chambre civile du tribunal de Paris saisi par les cousins du chef de l'Etat français. Ils obtiendront gain de cause, car l'hebdomadaire sera condamné à verser des dommages-intérêts d'un franc symbolique à François et à Jacques Giscard d'Estaing.

Quant aux deux autres documents publiés par le *Canard enchaîné*, l'un est un télégramme officiel, de mars 1973, du Quay d'Orsay qui souligne que Bokassa << *doit être considéré comme ayant conservé la nationalité française* >>. Alors que, selon le journal, le ministre français de la Justice, Monsieur Alain Peyrefitte, avait déclaré, après la chute de l'empereur centrafricain, en 1979, que Bokassa n'était pas Français.

L'autre document est plutôt un télex du premier ministre de l'Empire, Ange Félix Patassé, visant à rassurer les entreprises françaises qui avaient travaillé en 1977 pour le sacre de Bokassa. Celles-ci s'interrogeaient sur le règlement de leur facture.

Au fond, s'agit-il d'une affaire de << *République bananière* >> ou << *d'une affaire de famille* >> comme le soutenaient de nombreux journaux de l'époque? Difficile de savoir mais la collusion des intérêts publics et privés entre << *les chers parents* >> d'hier devenus ennemis jurés, créera un profond malaise dans l'opinion publique.

Le deuxième épisode des révélations sur les relations entre Giscard et Bokassa n'est pas lié à celui qui précède, mais il s'appuie incontestablement sur la brèche ouverte par Pierre Péan et Claude Angeli. Il tient à la rencontre de Delpey et de Bokassa.

Dans son exil ivoirien, Bokassa est entouré d'un impressionnant dispositif de sécurité dans lequel on retrouve aussi bien les éléments de l'armée et de la police ivoirienne que des agents français du SDECE. Il sait surtout que l'élection présidentielle française approche, que la campagne des candidats va commencer et que son ex- << *cher parent* >> Giscard va postuler pour un second mandat. Il affûte donc ses armes pour régler ses comptes avec son tombeur. Il demande alors au journaliste Roger Delpey, un proche de Foccart, devenu son confident, de le rejoindre à Abidjan, la capitale ivoirienne. Le but de cette rencontre vise la publication d'un livre blanc sur la << *crise* >> entre Bokassa et Valéry Giscard d'Estaing. Après trois jours d'entretiens avec l'empereur, Delpey retourne en France pour rédiger le livre. Seulement, cet ancien correspondant de guerre est soupçonné de détenir des informations confidentielles concernant Valéry Giscard d'Estaing et sa famille et, de plus, proche des gaullistes qui ne sont pas en parfaite entente avec le chef de l'Etat français. Surveillé par les agents de la DST et par quelques barbouzes qui le suivent dans ses déplacements, Delpey sera appréhendé par quatre policiers le 10 mai 1980 à sa sortie de l'ambassade de Libye à Paris. On lui reproche d'être << *d'intelligence avec une puissance étrangère* >>, en l'occurrence la Libye. Ce qui, à cette époque, est très grave car le colonel Kadhafi est mis à l'index par certains pays occidentaux qui l'accusent de soutenir le terrorisme international. L'accusation lancée contre Delpey signifie dans le jargon de l'espionnage que le journaliste est un comploteur qui menace les intérêts de la France en Afrique francophone.

Au fond, le problème de Delpey est ailleurs. Bokassa lui

aurait remis 187 documents parmi lesquels certains classés top secret. Il s'agit donc d'éviter, à quelques mois de l'élection présidentielle française, l'explosion d'une << bombe franco-africaine >> susceptible d'éclabousser le président français. L'extrême tension qui règne autour de Delpey tient aussi au fait que, malgré la récupération des archives de Bokassa par les services secrets français, au moment de sa chute, on craint que quelques documents ultra-sensibles n'aient échappé à la prise. C'est surtout *Le Canard enchaîné* qui va créer un climat d'angoisse à l'Elysée avec le titre de son édition du 12 mars 1980 : << *D'autres documents de Berengo qui ont échappé aux barbouzes françaises.* >> A cette même période, un commissaire et ancien ministre centrafricain, Monsieur Lamine, qui se trouve en France, est chargé d'acheminer des documents de l'empereur auprès de certains de ses amis. La panique s'empare de l'Elysée et tout s'accélère. La police ira aussitôt perquisitionner chez Delpey pour tenter de retrouver les 187 documents qui, par précaution, ont été placés, selon Delpey, en Suisse chez un avocat genevois. Le 16 mai 1980, le journaliste est déféré à la cour de sûreté de l'Etat. Quelque temps après, il est inculpé puis incarcéré à la prison de << la Santé>>. Pendant qu'il purge sa peine dans un labyrinthe d'accusations, le 9 septembre 1980 à 16h 30, une surprise se produit à la rédaction du *Canard enchaîné.* Bokassa, ayant appris la mise en détention de son ami Roger Delpey, décide d'appeler l'hebdomadaire satirique. Dans un entretien d'une heure avec le rédacteur en chef Claude Angeli, enregistré avec l'accord de Bokassa, il va donner des détails sur l'affaire des diamants avec des éclairages précis sur Delpey. Il affirmera, entre autre, avoir confié des lettres à Delpey pour ses correspondants se trouvant à l'ambassade de Libye. En fait, le principal diplomate que rencontre Delpey est le chargé d'affaires libyen Muftah Madi. Cet entretien lèvera finalement l'hypothèque sur les accusations graves formulées à l'encontre du journaliste. Il sortira de prison dans la soirée du 28 novembre 1980 en déclarant : << *Je ne sors pas pour me taire.* >>

Cette affaire des diamants a beaucoup déstabilisé l'entourage du chef de l'Etat français au point qu'un télégramme secret a été adressé à l'ambassadeur de France au Centrafrique pour lui demander de veiller sur les archives de la taillerie centrafricaine de diamants apparemment très prolixes sur << l' amitié franco-centrafricaine >>.

S'il est vrai que l'intrusion des médias dans la vie privée de Valéry Giscard d'Estaing a affecté son image d'homme politique et sa participation à l'élection présidentielle de 1981, il est aussi vrai qu'en 1979, les mêmes médias ont véhiculé sur Bokassa des affirmations assez invraisemblables sur ses appétits culinaires. Ces deux personnalités ont-elles été victimes ou partenaires inconscients, à des moments cruciaux de leur vie politique, de la curiosité excessive des journalistes ? Constatons simplement que malgré leur amitié d'autrefois, ils ont, tous les deux, laissé à la presse la possibilité de frapper l'ennemi à l'endroit qui fait mal, très mal. On peut aussi constater que les 187 documents classés top secrets et supposés accuser Valéry Giscard d'Estaing n'ont jamais été publiés. Il semblerait que de graves menaces auraient été proférées à l'encontre de Madame Delpey si ces documents étaient publiés. On peut également constater que la preuve sur les charniers d'enfants, dont on a accusé Bokassa en 1979 et qui lui ont coûté son trône, n'a jamais été apportée.

Au-delà de la très grande médiatisation de cette affaire des diamants, qui n'était en réalité que la partie émergée de l'iceberg franco-centrafricain, il se cachait, comme nous le verrons plus loin (l'empereur, les biens et l'argent), l'épais brouillard d'un morceau des relations franco-africaines où des Français et de Africains baignaient dans l'univers trouble des intérêts privés et publics. Les uns profitant d'un contrôle limité des parlementaires du palais Bourbon, les autres jubilant d'une absence totale d'un système de contrôle en Afrique. L'exploitation politique des rapports entre Bokassa et Valéry Giscard d'Estaing, par la gauche, a beaucoup aidé le candidat socialiste, François Mitterrand, dans sa course à l'Elysée. Il évoquera lors d'un meeting à Dijon en avril 1981 << *les affaires africaines* >>. Parlant de son adversaire Valéry Giscard d'Estaing, il dira :

<< *Ce qui me choque, c'est que le président de la République ait pu si longtemps garder des relations d'affection et de cousinage*

avec un empereur de carton qu'on avait célébré dans des festivités inimaginables et grotesques, payées par le Trésor français, c'est- à- dire par le contribuable.>>Il rappellera : << *Dès 1972, j'étais monté à la tribune de l'Assemblée nationale pour informer le gouvernement de l'époque que l'échéance était fatale et que la France devait, pour sauver son honneur, s'écarter de ces lieux.* >> Mitterrand ajoutera : << *Quatorze parlementaires de gauche et de droite ont répété la même chose. On savait à Paris mais on a maintenu les relations avec le Centrafrique pour le plaisir de quelques beaux voyages et de quelques trophées.*>> Cette flèche du candidat socialiste fera mouche plus tard. La rancœur de Bokassa à l'égard de Valéry Giscard d'Estaing masquait aussi les ténébreuses affaires de financement occulte des partis politiques. Certains partis politiques français avaient creusé en République Centrafricaine comme dans d'autres pays africains leurs puits financiers. Ils pouvaient régulièrement venir s'y abreuver. Comment fonctionnaient-ils ? L'aide au développement a longtemps été un excellent créneau pour grappiller l'argent public. L'argent du contribuable français, initialement destiné à soulager la misère humaine en Afrique, a été très souvent attribué, via le ministère de la Coopération et le Quai d'Orsay, aux chefs d'Etat et aux ministres des Finances de la zone franc. Cet argent sera en partie rétrocédé, pour service rendu, au parti politique français dont les membres ont pesé sur l'octroi de << *l'aide* >>. Ainsi Xavier de la Fournière, par exemple, un franc-maçon spécialiste du financement politique, a joué au Centrafrique un rôle très actif dans la récolte des fonds concernant les campagnes giscardiennes. Ses relations très privilégiées avec les chefs d'Etat africains ont beaucoup servi à ses amis politiques. Un autre exemple illustre bien l'aisance avec laquelle certains hommes politiques africains pouvaient s'emparer de l'argent public à travers le Fonds d'aide à la coopération. Il s'agit de ce qu'on a appelé l'affaire Ayando et Koyamba, deux ministres centrafricains. Alors que Bokassa, rejeté, cherchait désespérément de l'argent partout, son successeur David Dacko va, lui, bénéficier d'une aide substantielle de la France. Une partie de cet argent sera détournée, comme à l'accoutumée, par ces deux anciens

Le 1er janvier 1966 à 3 h 20, le colonel Jean Bedel Bokassa lit dans le studio de la radio centrafricaine le texte de sa prise de pouvoir.

Bokassa dans sa jeunesse.

Le président Bokassa en compagnie du président Houphouët-Boigny (au centre).

Bokassa et le président zambien Kenneth Kaunda.

Le jour de son couronnement
(4 décembre 1977),
l'empereur Bokassa Ier descend de son
carrosse inspiré de celui de Napoléon Ier.

Le jour du couronnement,
Bokassa Ier et son épouse l'impératrice Catherine (au centre).

Dans son exil en Côte-d'ivoire, Bokassa s'informe par la presse et la radio.

Pendant son second exil en France (1983-1986),
Bokassa fête Noël avec ses enfants dans son château d'Hardricourt.

collaborateurs de l'empereur recyclés au nouveau régime de Dacko (pompeusement qualifié par Paris de << *démocratique* >>). Le 22 août 1980, Monsieur Koyamba, ancien ministre des finances, quitte le gouvernement avec un détournement de près de cent cinquante millions de francs attribués par la coopération française pour la reconstruction d'un réseau routier. Ce détournement a été réalisé et acheminé dans une banque suisse grâce à un blanc-seing du premier ministre Ayando. Les fonds auraient transité par un intermédiaire dénommé Warner Walser, docteur en droit et directeur de plusieurs sociétés au Liechtenstein. Ce dernier, très connu des hommes politiques africains, a été, selon nos informations, un intermédiaire privilégié entre des chefs d'Etat africains et des banques suisses.

Il est à remarquer que, dans ce grand feuilleton concussionnaire, les vrais dindons sont restés les populations africaines, destinataires présumés des fonds, et le contribuable français qui ne saura jamais qu'il finance, contre son gré, une véritable machine de malversations. Bokassa n'a donc jamais digéré d'avoir été jeté comme une vieille serviette après les nombreux services qu'il aurait rendu au parti de Valéry Giscard d'Estaing et vraisemblablement aussi à ses proches. On peut aisément comprendre la peur qu'on avait, en France, de le voir dévoiler ce qu'il savait des relations franco-africaines en quatorze années de règne.

Ce qui est apparu très important dans la rancœur de l'empereur vis-à -vis du président français et qui n'a suffisamment pas été expliqué, c'est qu'il a vécu sa chute comme une brutale répétition de l'histoire coloniale dans sa famille. Ce coup de force politico–militaire a été une révélation soudaine que ses rapports avec Giscard n'étaient pas sincères ou plus exactement, qu'ils avaient, de son point de vue, quelque chose de colonial. Il n'avait pas oublié que son père avait été tué par les miliciens de la société Sanga–Oubangui dans laquelle la SOFFO, dirigée par le père de Valéry Giscard d'Estaing, avait des participations.

Dans son amitié avec le président français, il croyait que ce passé douloureux était définitivement oublié. Mais lorsqu'il perd le pouvoir en 1979 dans *l'opération Barracuda* commanditée par Valéry Giscard d'Etaing, le film de la mort de son père revient avec plus de force et de résonance dans son esprit. Pour Bokassa, dont l'appétit du pouvoir était illimité, se voir chasser du trône de la sorte ressemblait à une seconde <<exécution >> à bout portant, un véritable <<assassinat politique>> mené par les << mêmes colons >> cinquante deux après l'exécution publique de son père.

Durant toute notre enquête, les témoignages sur la haine de Bokassa à l'égard de Valéry Giscard d'Estaing revenaient dans la bouche de tous nos interlocuteurs (amis et ennemis confondus). Jusqu'à ce que nous écrivions ces lignes, beaucoup d'entre eux ont avoué n'avoir jamais compris pourquoi Bokassa était si amer et si haineux à l'encontre de Giscard.

A vrai dire, pour l'empereur, tout le monde pouvait le << trahir >> sauf la France et sauf Giscard. Il avait donné sa vie et son cœur à la première puis sa confiance et son amitié au second. S'il est resté jusqu'à la fin de ses jours insaisissable, c'est qu'il a aussi tenu à brouiller les pistes sur l'une des choses qu'il avait de très cher et de très douloureux : ses liens avec la France. Voilà peut-être ce que ses amis et ses ennemis n'avaient jamais pu déceler.

2 - Bokassa sous Mitterrand

Après la chute de Bokassa, le président Dacko, arrivé au pouvoir avec l'aide des militaires français, a du mal à rassembler les Centrafricains autour d'un nouveau projet de société. Il veut, en même temps, se détacher du régime de son prédécesseur, qu'il a gracieusement servi en essayant d'apparaître comme un homme nouveau et intègre, et se débarrasser, autant que possible, de l'image du << *putschiste parrainé* >> qui lui colle à la peau depuis l'éviction de l'empereur. Ce double malaise l'amènera à se séparer de son vice-président Henri Maïdou et de son premier ministre Christian Ayando puis à lancer, le 18 février 1980, un procès marathon contre Bokassa et certains de ses collaborateurs. Le chef de l'Etat espère, dans cette grande manœuvre politique, gagner le soutien des Centrafricains et amplifier l'isolement de ses adversaires.

Aux termes d'un procès de cinq jours, la cour criminelle de Bangui prononce le 23 décembre 1980 la condamnation de Bokassa à la peine de mort par contumace et exige la confiscation de ses biens. La cour lancera également un mandat d'arrêt international contre l'empereur déchu.

Malgré les réserves émises par la Cour suprême centrafricaine sur ce procès, six condamnations à mort seront prononcées à l'encontre des collaborateurs de Bokassa dont son gendre Dedeavode, le général Mayo Mokola, redoutable personnage de la troisième compagnie de la garde impériale, puis Joseph Mokoa, l'homme de l'ombre et des coups tordus utilisé par Bokassa.

Ces personnes seront exécutées le 24 janvier 1981 deux mois avant l'élection présidentielle centrafricaine. Une véritable course contre la montre engagée par Dacko pour se refaire une virginité politique. Il va accélérer le calendrier électoral en fixant les élections au mois de janvier et en mettant en place une nouvelle constitution. Le 15 mars 1981 Dacko est élu président à 50,23 % des suffrages dans un climat de tension et de fraude remarquables. Les lendemains de l'élection n'apporteront pas le calme dans le pays. Au contraire, les

rivalités intercommunautaires vont doubler d'intensité. La colère grandira et la peur s'installera à nouveau dans la capitale centrafricaine.
Le gouvernement décide alors de proclamer l'état de siège. Il suspend d'abord puis dissout ensuite les partis politiques. En République Centrafricaine, on se demande si la France n'a pas commis une erreur en chassant Bokassa du pouvoir, car le chaos envahit le pays et Dacko est incapable de contenir la montée du mécontentement et des angoisses chez les Centrafricains.
Entre temps, le président Valéry Giscard d'Estaing, tombeur de Bokassa, est aussi tombé aux élections présidentielles françaises. En mai 1981, le socialiste François Mitterrand est élu pour la première fois à 52,07 % des voix contre 47,93 % pour Valéry Giscard d'Estaing. Bokassa savoure dans son exil ivoirien l'échec de son << *cher parent* >> de jadis. Il dira même avec beaucoup d'ironie : << *Maintenant, nous sommes tous les deux au chômage.*>>
Les nouvelles autorités françaises, circonspectes sur la conduite à tenir à l'égard de la République Centrafricaine, vont s'abstenir de tout commentaire et de toute action dans ce pays.
Le 1er septembre 1981, un autre coup d'état survient à Bangui. Il est cette fois l'œuvre d'un officier de l'armée centrafricaine, le général André Kolingba. Dacko, comme en 1965, quitte le pouvoir en douceur. Après son départ, le pays retrouve une certaine tranquillité moins inhérente au travail du nouveau chef de l'Etat qu'au souvenir qu'ont les Centrafricains du régime militaire. Ce dernier bénéficie de l'image d'une autorité fondée sur l'ordre, la discipline et le travail. Un legs de l'empereur qui profitera beaucoup au général Kolingba.
Depuis l'arrivée au pouvoir de François Mitterrand en France, Bokassa n'a pas véritablement d'amis dans le camp socialiste. Devenu infréquentable après sa chute, ses proches sont surtout des gaullistes mais aussi des personnalités du Front National comme Roger Holeindre et accessoirement Jean-Marie Le Pen (tous anciens combattants de la guerre d'Indochine).

Sans grande illusion, il sait que les socialistes ne chercheront pas à s'apitoyer sur son sort, mais il espère qu'un geste du nouveau gouvernement peut calmer sa rancœur. Il attendra en vain.

Le 25 novembre 1981, il décide d'envoyer une lettre à l'Elysée pour demander à être lavé de ce qu'il considère comme des accusations << *mensongères et injurieuses* >> à son égard. Il s'agit évidemment des propos l'accusant du << *massacre d'enfants* >> et << *d'anthropophagie* >>. L'empereur demande surtout, dans cette lettre, la constitution d'une Commission d'enquête internationale sur les événements d'avril 1979 à Bangui (voir annexe 13). Il n'est pas convaincu que toute la lumière a été faite sur ces événements. Il sait aussi que cette affaire a sali son honneur et sa dignité. Sa demande vise néanmoins à prouver sa bonne foi et à susciter le réveil des Africains et de la Communauté internationale sur les mobiles de son éviction. Il adresse le 3 décembre une lettre dans le même sens au chef de l'Etat centrafricain, André Kolingba, dans laquelle il demande qu'on lui rende justice : << *Depuis plus de deux ans, je demande justice et que soient garantis les droits de ma défense. Cette justice ne peut qu'être internationalement garantie puisque les accusations portées contre ma personne sont venues de l'étranger, que c'est sur la scène internationale que j'ai été accusé et que c'est sur une intervention de l'étranger que j'ai été, par la force, écarté du pouvoir. Je m'adresse donc à vous afin que les autorités qui ont en charge la responsabilité du destin du Centrafrique donne leur acquiescement et toutes facilités à la création et la mise en œuvre de cette commission d'enquête que je demande.* >> (voir annexe 14)

Le silence entretenu sur ces demandes répétées de Bokassa est un peu curieux tant du côté des Africains que du côté français. Personne n'a voulu remuer << *le massacre des enfants* >> et << *l'opération barracuda* >> pour voir si tous les deux tenaient vraiment debout. Pourtant, ces deux affaires ne résistent pas au doute cartésien. Apparemment, l'exercer a été un tabou voir un danger de mort pour quelques citoyens français soucieux de savoir la vérité. Certains témoins qui ont vécu ces événements de près disent avoir reçu des menaces de mort s'ils osaient se montrer trop bavards avec des journalistes. En exigeant de nous l'anonymat plusieurs années après, nous avons compris que le cas Bokassa est en réalité l'insolent bouton sur le nez que <<l' amitié franco–africaine>> aimerait bien cacher au public. C'est vraiment le dossier sur lequel personne n'est à l'aise tant en France qu'en Afrique. En voulant absolument faire passer l'empereur pour un débile, on croyait enterrer toutes les recherches éventuelles sur la réalité des relations franco-centrafricaines. C'était aussi une façon agréable de tuer dans l'oeuf toute réflexion possible. Une démarche qui arrangeait certaines personnalités en France et au Centrafrique.

Lorsque le président François Mitterrand s'installe au pouvoir, il ne souhaite pas du tout ouvrir l'encombrant dossier de l'empereur. Celui-ci essaiera de rencontrer le chef de l'Etat français, lors d'une visite officielle à Abidjan, du 21 au 24 Mai 1983, pour réitérer sa demande et parler à la presse. Le président ivoirien, Félix Houphouët-Boigny, informé des intentions de Bokassa, évitera d'organiser une telle rencontre pour ne point gêner le président Mitterrand. Pour l'occasion, Bokassa quittera sa résidence d'Abidjan pour séjourner à Akouédo, une localité située à dix kilomètres de la capitale ivoirienne, près d'un camp militaire (une façon de l'isoler un peu pendant cette visite officielle).

Frustré par le geste du président ivoirien, Bokassa rédige une fiche dans laquelle il dénonce les pratiques des autorités ivoiriennes et s'en prend violemment à Giscard :

<< *1) Je dénonce la déclaration mensongère du gouvernement ivoirien faite dans le journal Fraternité matin No 4472 du mardi 25 septembre 1979 annonçant l'asile politique pour Bokassa et, rapportant notamment en première page que l'asile politique est accordée à sa Majesté Bokassa 1er (...);*

13) je considère comme illégale l'interdiction qui m'est faite de parler aux journalistes ni de recevoir les journalistes(...) ;

15) je dénonce avec force le ramassage de la totalité de mes biens personnels et privés par Valéry Giscard d'Estaing ancien président de la République Française (...). Lequel ne pourra jamais redevenir président de la République Française parce que le jour où j'aurai la parole devant une juridiction internationale, sa présence sera effective à cette même juridiction

internationale pour expliquer tous les crimes commis contre ma personne.>> (voir annexe 15)
Mitterrand ne réussira pas longtemps à éviter l'ancien chef de l'Etat centrafricain. Il verra arriver, au début de son premier septennat ,une nouvelle << affaire Bokassa >>. Ce sera la tentative de retour au pouvoir de l'empereur au Centrafrique. Son confident, Roger Delpey a commencé au début du mois de novembre 1983 à préparer des tracts avec quelques amis de l'empereur. Il souhaite mobiliser les partisans de Bokassa pour l'aider à reprendre le trône. Cette tentative est fondée sur une réalité de terrain car, le général André Kolingba, très effacé, éprouve, comme Dacko, quelques difficultés à remettre le pays sur les rails. Une situation dans laquelle le patron des services secrets français au Centrafrique, le colonel Jean-Claude Mansion, deviendra, de fait, le vrai chef du pays. On verra donc les problèmes économiques s'accumuler et les trafics se multiplier. Les nostalgiques de l'Empire vont alors manifester leur désir de reprendre du service.
Delpey va rassembler des fonds grâce à l'aide de certains amis. Il va préparer le voyage avec un ancien colonel en retraite, Bernard de Ducla, un avocat international, défenseur de Bokassa, Raymond de Geouffre de la Pradelle et un chorégraphe d'origine russe, Vladimir Arapoff. D'importants moyens financiers seront mobilisés pour lancer l'opération << *caravelle* >> du retour de Bokassa en République Centrafricaine. Au total près de 3 millions francs seront réunis à cet effet.
Entre temps, l'empereur est effondré à Abidjan. Déprimé et fatigué des soucis que lui cause sa perte du pouvoir, il est comme un lion en cage et ne sait plus exactement quel sera son avenir. De plus, un jugement de la cour d'appel de Paris lui a annoncé le 10 novembre 1983 la perte de sa nationalité française. Une décision qui confirme le jugement du 11 décembre 1981, rendu par le tribunal de grande instance de Paris et, selon lequel Bokassa ne pouvait plus se réclamer de la citoyenneté française. Cette nouvelle annonce des magistrats est un choc pour l'empereur qui se croit, une fois encore, trahi par ce pays qu'il a longtemps servi.
Il faudrait à nouveau Delpey pour revigorer l'empereur déçu et

très éprouvé. Son retour en République Centrafricaine sera minutieusement préparé. Selon les déclarations de Delpey au *Quotidien de Paris* du 6 décembre 1983 : << *Il n'y avait pas seulement une caravelle, mais quatre avions. La caravelle qui effectuait le vol Paris-Abidjan, un appareil de même type en cas d'incident technique, un troisième avion à Libreville chargé de lancer des tracts annonçant le retour de Bokassa au dessus de Bangui et un quatrième avion d'appoint, lui aussi basé au Gabon.*>> Il ajoutera : << *Une fois le gros travail de préparation achevé, c'est-à-dire la recherche des avions et des équipages* <<*sûrs*>>, *j'ai pris contact avec les personnes que je souhaitais voir participer à l'expédition. Tous réunis au sein d'une association de tourisme à travers l'Afrique dont le point de départ était Paris- le Bourget et le point de chute Bangui, capitale du Centrafrique. Officiellement,* dit-il, *le plan de vol annonçait Paris-Abidjan-Libreville-Khartoum. Si l'opération s'était déroulée sans problèmes, la caravelle devait simuler l'incident au-dessus de Bangui et demander l'autorisation de s'y poser. Au sol, des éléments favorables à Bokassa devaient attendre le groupe de* <<*touristes* >>. >>

Delpey informera son avocat Maître Roland Dumas, un proche de François Mitterrand, du déroulement de l'opération. La Direction de Surveillance du Territoire (DST), principal service de contre-espionnage français, mise au parfum, n'hésitera pas à se mettre au travail pour suivre de près la tournure que prendront les événements. L'indiscrétion de certaines personnes, proches de l'opération, va aussi favoriser des << fuites >> concernant cette mission. Finalement, elle ne sera plus un secret pour les journalistes et autres observateurs des relations franco-africaines.

Dans la matinée du 26 novembre 1983, l'opération << retour>> est en marche. La caravelle quitte l'aéroport du Bourget avec vingt et une personnes à bord. Ce qui semble bizarre ce jour-là, c'est que l'équipage quitte la France sous le regard de la police et personne ne dit rien. Y a-t-il un feu vert de l'Elysée ? Mystère. On sait pourtant que cet appareil est muni d'un faux plan de vol et que ses passagers ne sont pas de jeunes hommes d'affaires qui se rendent à un salon international en Afrique.

Un peu plus tard, Guy Penne, le conseiller pour les Affaires africaines de François Mitterrand, téléphone aux présidents ivoirien, Félix Houphouët-Boigny, et centrafricain, André Kolingba, pour les informer de la situation. Les informations de Guy Penne plongent cependant Houphouët-Boigny dans la panique. Inquiet, le président ivoirien demande à ses unités d'élite de boucler l'aéroport. Et, au même moment, quatre-vingts policiers et militaires investissent la résidence de Bokassa où séjourne aussi son ami Delpey. Quelque temps après, vers treize heures, l'avion parti de Paris se pose sur la piste de Tamanrasset en Algérie, pour une escale de ravitaillement. Le chef de l'Etat ivoirien convoque Bokassa et Delpey pour avoir quelques explications sur cette affaire dont les tenants et les aboutissants lui échappent. Apparemment, les informations qui lui ont été transmises par le conseiller de l'Elysée, sur l'opération menée par Delpey, posent quelques problèmes. Pour en avoir le cœur net, il téléphone à Guy Penneet passe la communication à Delpey. Un échange vigoureux a lieu entre les deux hommes.
A 16h30, la caravelle atterrit à Abidjan. Les passagers sont escortés jusqu'au salon d'honneur, le temps, pour la police d'effectuer un contrôle minutieux de l'appareil. La caravelle n'abrite aucune arme à bord, c'est pourtant ce qui, quelques heures auparavant, avait constitué le point d'achoppement entre Guy Penne et Delpey. Ce dernier était un peu surpris d'apprendre du chef de l'Etat ivoirien qu'il avait affrété un avion de mercenaires armés jusqu'aux dents.
Pourquoi les choses avaient-elles été présentées de cette manière à Houphouët-Boigny ? A en croire Delpey, lors de sa rencontre avec François Mitterrand, le 6 mars 1983, au palais de l'Elysée, celui-ci ne s'opposait pas au retour de Bokassa au pouvoir. Il aurait dit à Delpey :
<< *Je n'ai aucun contentieux avec Bokassa et je ne vois aucun inconvénient au retour de l'ex-empereur au pouvoir, si la population et l'armée centrafricaine le demandent.* >>
Seulement, l'initiative de Delpey était essentiellement privée. Elle n'engageait donc pas le gouvernement français. Mais comment comprendre la position quelque peu ambiguë qu'adopteront les autorités françaises de l'époque? Bien

qu'informées, elles s'abstiendront de réagir publiquement avant l'opération, mais elles interviendront discrètement pour empêcher sa réalisation après avoir << prêté >> deux gendarmes du GIGN à l'expédition. Le porte-parole du ministère des Relations extérieures confirmera que : << *Les autorités françaises ont permis l'échec de l'opération.* >> Delpey exprimera, pour sa part, son amertume dans une interview accordée au *Quotidien de Paris*, en ces termes : << *Pourquoi Guy Penne nous a désigné comme des mercenaires et dans quel but, sachant pertinemment la nature de l'opération depuis des semaines ?*>> Il accusera le ministre socialiste << *d'être à l'origine de l'échec de l'expédition devenue une énorme farce.*>>
Si Delpey prend en main toute cette opération, c'est bien en accord avec Bokassa qui est privé de tout déplacement en Côte-d'Ivoire. Il y a cependant un personnage, aux contours insaisissables, qui n'apparaît pas dans cette << opération retour >> que dirige Delpey, mais qui va jouer un rôle non négligeable dans l'ombre. Cet homme s'appelle Ali Hijazi. Bokassa, qui veut aller reprendre le pouvoir en République Centrafricaine lui adresse -sans informer son ami Delpey- une lettre le 3 août 1983 pour lui demander un soutien financier. Ce document codé ne fait aucun doute sur le désir qui anime l'empereur de retrouver le trône (voir annexe 16). Selon nos informations, Hijazi roule tantôt pour la Libye, tantôt pour la France. C'est en fait une sorte d'agent double qu'utiliserait les services de renseignements libyens mais aussi les services secrets français, en particulier la DGSE. Il aurait même eu, selon certains témoignages, quelques accointances avec le MOSSAD (services secrets israéliens) et la CIA (services secrets américains). En fait, ce personnage aurait surtout joué un rôle capital dans l'éviction de Bokassa en 1979 en organisant secrètement le voyage de ce dernier en Libye. Très proche de l'impératrice Catherine, il aurait, selon plusieurs sources, facilité la tâche au gouvernement français de l'époque pour le renversement de Bokassa. Il aurait fortement conseillé à ce dernier de partir en Libye pour solliciter des fonds auprès du président Kadhafi. Il semble qu'en rendant ce service aux Français, il voulait simplement faire oublier qu'il avait été le principal instigateur du voyage du chef de l'Etat libyen au

Centrafrique au moment où l'empereur s'était converti à l'islam en adoptant le nom de Salah Edine Ahmed. Ce voyage avait beaucoup intrigué les autorités françaises qui s'inquiétaient des appétits géopolitiques du colonel Kadhafi en Afrique Centrale et en particulier au Tchad et au Centrafrique.
A cette époque, Hijazi était impliqué dans plusieurs affaires douteuses sur le commerce des diamants. Placé dans l'œil du cyclone des services spéciaux français, il sera contraint, pour sauver sa tête et éviter l'ouverture de son dossier très chargé, de pousser l'empereur dans un voyage obscur à Tripoli.
L'empereur a quand même gardé des relations privilégiées avec cet homme pendant plusieurs années. Il semblerait que leurs liens étaient largement fondés sur les contacts que Hijazi entretenait avec les milieux diamantaires d'Anvers et de Suisse. Bokassa aurait gardé quelques << relations d'affaires >> à ces endroits et Hijazi était chargé d'en assurer le relais. Certains amis de Bokassa n'ont jamais compris pourquoi il n'a pas pris ses distances avec cet homme. Plusieurs témoignages nous ont fait part des services qu'il a rendu à l'empereur sur le plan financier. La réalité est qu'il a gardé, jusqu'à la fin, le secret de cette relation pour le moins troublante.
Pour revenir à François Mitterrand, il est difficile d'affirmer que le gouvernement socialiste était indifférent à la politique intérieure du Centrafrique. Au contraire ce pays était d'un très grand intérêt géostratégique pour la France en Afrique Centrale. Mais cette opération << retour raté >> est certainement un des grands moments de dextérité et d'opacité de la politique mitterrandienne en Afrique. En vérité, on ne saura jamais les raisons profondes de l'intervention des membres du gouvernement socialiste dans cette opération privée.
Quant au président Houphouët-Boigny, excédé par le coup d'éclat de Bokassa, il empêchera l'empereur de voyager avec la caravelle et l'opération échouera. Au fond, l'attitude du président Houphouët-Boigny était d'une grande loyauté. Ayant accueilli Bokassa au moment où personne ne voulait de lui, il n'a pas voulu que son pays serve de base arrière à un retour de l'empereur au pouvoir. Autant il avait soulagé les autorités françaises en 1979, en accordant l'hospitalité à Bokassa après

sa chute, autant, en 1983, ulcéré par cette affaire, il l'a renvoyé en France pour que Paris s'occupe finalement de son hôte. L'empereur dira : << *Je suis comme une balle de ping-pong* >> qui est renvoyée tantôt en Afrique, tantôt en France.
<< *Un retour à l'envoyeur* >> ou << *un retour à la case de départ* >> comme l'ont titré beaucoup de journaux en 1983. L'arrivée inopinée de l'empereur à l'aéroport de Paris dans l'après-midi du 4 décembre 1983 sera un nouvel événement qui va, cette fois, embarrasser le gouvernement socialiste. Le soir même, le ministère français des Relations extérieures annonçait, dans un communiqué, que : << *Le gouvernement français a commencé les démarches diplomatiques nécessaires pour rendre possible le départ de M. Bokassa vers un autre pays.* >> Le lendemain, Monsieur Claude Cheysson, le ministre des Relations extérieures, invité à Radio Monte Carlo, excluait tout rapprochement de cette présence de l'empereur sur le sol français avec celle de l'aéroport d'Evreux en 1979 qui a rappelé, selon lui, << *un passé bien vilain* >>.
Cette mise au point n'éclipsera pas la gêne des socialistes sur cette nouvelle venue très médiatique de l'empereur. Bokassa, pour sa part, n'éprouvera aucun malaise devant ce retour au bercail. Il n'aura surtout pas l'intention d'aller ailleurs. Interrogé par la presse, il dira : << *Je décline toute offre d'asile à l'étranger* >> avant d'ajouter : << *La France a toujours été ma seconde patrie et je l'ai servie en temps de paix comme en temps de guerre, avec honneur, dévouement, fidélité et abnégation.* >>
Imperturbable et malgré l'effervescence politico-médiatique, Bokassa se retranche dans son château d'Hardricourt.
Finalement, il n'obtiendra ni un refuge à l'étranger ni un asile politique en France. Mais un séjour sans statut précis pendant trois années en région parisienne. L'ex-militaire français, devenu un *sans-papier* dans son pays d'accueil, restera néanmoins une grenade incendiaire entre les mains des autorités françaises.
L'installation de l'empereur en France, après son départ d'Abidjan, n'a pas été de tout repos. La vie de château, l'éducation de ses enfants (quinze garçons et filles), la perte substantielle de ses revenus, les procès, tout cela a pesé lourd dans la vie de Bokassa pendant son séjour en France. En

1984, il ne cessait de répéter aux journalistes friands de ses troubles familiaux qu'il voulait retourner dans son pays, la République Centrafricaine. Dans une lettre adressée à l'Agence France Presse, en début septembre, il exprimait son refus de rester plus longtemps en France et demandait ardemment au ministre de l'Intérieur de lui accorder une autorisation de quitter le territoire. En fait, il n'arrivait pas à faire face aux multiples frais d'entretien de son château. Son téléphone sera menacé d'interruption pour des arriérés de près de 12 000 F, sans compter que ses quittances d'eau et d'électricité s'accumulant allaient entraîner, quelque temps après, une coupure des services d'EDF (Electricité de France) et de GDF (Gaz de France). Un rythme de vie angoissant pour l'empereur qui ne comprendra pas les motifs de ce maintien dans la précarité. Excédé de ne même plus toucher sa pension militaire d'officier français, l'empereur n'hésitera pas à envoyer une lettre au ministre de la Défense, Charles Hernu, pour lui demander son retour au Centrafrique (voir annexe 17). Embarrassé par cette lettre, Monsieur Hernu invitera gentiment Bokassa a prendre rapidement contact avec le ministère de la Défense pour obtenir le paiement de sa pension militaire (voir annexe 18).

Devant le silence assourdissant des autorités françaises à sa situation, il fait déposer au mois d'août 1984 une demande de passeport par un de ses proches à la mairie de Menucourt, une petite commune du Val d'Oise, dans la région parisienne. Une employée municipale, ayant ressenti un doute sur cette demande, dont les photos d'identité trahissaient bien la physionomie de l'empereur, s'est empressée d'alerter la préfecture de police. Cette nouvelle sera d'abord démentie par les policiers et par Bokassa lui-même puis admise par la suite. Il s'est révélé que Bokassa n'était pas l'auteur de cette démarche administrative, mais qu'un de ses proches, Jean Pierre Peteaux, un boucher désireux d'épouser une jeune fille métis d'origine polonaise qui aurait été la fille de Bokassa, a voulu tenter l'impossible en aidant son futur << beau-père >> à obtenir ses papiers. Cette tentative tournera court et l'empereur n'obtiendra aucun document justifiant son séjour en France.

La privation de documents d'identité à Bokassa tout comme le refus de le laisser retourner dans son pays, sous François Mitterrand, sont apparus comme une véritable nébuleuse pendant toute notre enquête. Bokassa lui-même semblait ne pas comprendre cette situation. Il va confier à un de ses amis belges, Monsieur Pierre Pasleau, ce qu'il pense du comportement des autorités françaises : << *A cause des mesures de surveillance strictes que le gouvernement français ne cesse d'exercer sur moi ; voire mon isolement complet, avec interdiction tant de recevoir que d'écrire.*
Cela va jusqu'au domaine de l'oppression et de la séquestration. Le but visé par le gouvernement français est de me porter un grand coup moral avec si possible mon suicide ou ma disparition pour mettre fin à une gène combien embarrassante. En résumé le gouvernement français m'ayant retiré le passeport centrafricain, la carte d'identité Centrafricaine, le permis de conduire et tous autres documents susceptibles d'attester mon identité et mon origine, a donc décidé cette mesure pour me priver de toute possibilité d'agir et de vivre .>> (voir annexe 19)
Au Quay d'Orsay, la gestion des tracasseries administratives et financières de Bokassa était assurée par Monsieur Guillet, un proche de l'ancien ministre de l'Intérieur Charles Pasqua. L'empereur ne manquera pas de lui adresser une lettre d'exaspération dans laquelle il lui rappelle ceci :
<<*Le 4 décembre 1983 vers 19 heures 30, Bokassa débarque à l'aéroport de Roissy avec une suite de 15 enfants. Accueilli par M. Guillet, Bokassa est invité à monter dans un taxi qui le conduira, escorté par la police, à son domicile d'Hardricourt. Il y sera gardé et surveillé jusqu'à ce jour par la police qui siège 24 heures sur 24 dans le salon de Bokassa.*
Entendu que les Agents de police en question écoutent tout, voient tout et transmettent chaque jour dès 06 heures du matin un rapport sur les activités quotidiennes de Bokassa. En clair Bokassa est prisonnier.
Un autre point, depuis ce retour forcé sur la terre de France, Bokassa vit avec ses 15 enfants sans ressources, déjà, pour ce qui concerne la pension militaire, deux trimestres sont écoulés sans qu'aucune suite lui soit communiquée.
En conséquence, J'ai l'honneur de demander mon retour dans

mon pays d'origine qui est le Centrafrique avec mes 15 enfants car il n'est pas possible de vivre en France avec 15 enfants à charge sans ressource. >> (voir annexe 20)
Au-delà de la situation personnelle de Bokassa, ce sont les répercussions de ses difficultés sur sa famille et en particulier sur ses enfants qui le rendent furieux. Ces derniers subissent, sans vraiment comprendre, une énorme pression sociale et économique dans leur exil d'Hardricourt. C'est aussi pour eux que l'empereur se dresse contre les autorités françaises. En juillet 1984 il écrit à Matignon et demande au premier ministre d'appuyer sa lettre auprès du président de la République pour lui permettre de rentrer dans son pays. Il dira : << *Je suis sans ressource financière ni pièce d'identité, pas même le simple permis de conduire. J'ai actuellement à ma charge quinze enfants(15) dont le plus âgé a tout juste quatorze ans. Aucune autorisation n'a permis de les envoyer à l'école. Ils sont séquestrés à la maison comme moi-même et ils s'ennuient beaucoup, cette situation est anormale. Faute de pouvoir assurer leur nourriture par manque d'argent, ils mangent n'importe quoi ; de l'herbe et de fruits sauvages qui leurs occasionnent des vomissements et les rendent malades.*>> (voir annexe 21)
Cette lettre montre aussi qu'il a gardé beaucoup d'espoir auprès des socialistes. Après les avoir << aidés>> à battre la droite et Giscard en 1981, il attendait un retour d'ascenseur qui ne viendra jamais. Le jeu très ambigu des socialistes à l'égard de Bokassa est assez bien exprimé par Guy Penne, le << Monsieur Afrique de l'Elysée >>. Dans une lettre qu'il adresse à l'empereur le 1er juillet 1982, il dit ceci : << *Le président de la République m'a transmis votre lettre du 25 novembre 1981 et m'a chargé de suivre particulièrement les faits sur lesquels vous attirez son attention. Le président a pris en considération ce que vous lui écrivez au sujet de votre action militaire au service de la France et soyez sûr qu'il ne l'oublie pas. Vous signalez dans votre lettre que vous n'avez pas été en mesure de présenter votre défense contre les accusations dont vous avez été l'objet et vous nous pressez d'intervenir pour qu'<< une justice vraie et sereine soit rendue >>.*
Je comprends l'importance que vous attachez à l'expression de ce que vous estimez être la vérité dans une affaire d'une telle

gravité, mais il n'est pas de la compétence du président de la République de saisir le gouvernement français afin que soit constitué une commission franco-africaine qui aurait à juger des faits qui se sont déroulés sur un territoire étranger à la République Française. La constitution française n'accorde pas au président de la République de pouvoirs particuliers en cette matière et je pense qu'il relève de votre seule volonté de faire procéder à la désignation d'une commission ad hoc ou de saisir toute instance internationale que vous pourriez souhaiter. En toute état de cause, M. le président de la République s'informerait de leurs intentions auprès des chefs d'Etat de Côte-d'Ivoire, du Cameroun, du Togo et du Zaïre que vous indiquez avoir saisis de la même requête.
D'autre part, j'ai eu des entretiens avec votre avocat, Maître Boissier-Palun qui se préoccupe de la vente de vos biens en France et lui ai facilité des contacts avec différents services français. Je suis d'ailleurs toujours prêt à l'aider à ce propos.<< (voir annexe 22)
L'empereur avait bien compris , à travers ce petit cours de droit constitutionnel élyséen, qu'il était mené en bateau. Au moment où il tient à ce que la lumière soit faite sur les raisons de son éviction, on veut plutôt calmer ses ardeurs et l'aider à vendre ses châteaux en France. Dès octobre 1979, François Mitterrand, alors premier Secrétaire du parti socialiste, avait pourtant souhaité la création à l'Assemblée nationale d'une commission d'enquête sur *l'opération barracuda.* Une fois au pouvoir, ce dossier a été classé et <<oublié>>.
Pendant qu'il vit à Hardricourt, les policiers des renseignements généraux ne le lâchent pas d'une semelle. A cet effet, le Syndicat national autonome des policiers en civil (SNAPC) ne manquera pas de protester, dans un communiqué, contre le << *gaspillage de fonctionnaires* >>. Le SNAPC indiquera d'ailleurs que Bokassa << *ne fait l'objet d'aucune mesure d'assignation à résidence et n'a sollicité aucune protection* >>. Pour le pouvoir politique, ces plaintes du SNAPC n'étaient qu'un brave coup d'épée dans l'eau. La surveillance sera même renforcée en septembre 1986 par le préfet des Yvelines, Monsieur Jean-Pierre Delpont. A cette époque, il déclarait détenir << *des indices sérieux indiquant que la sécurité de*

Bokassa était menacée >>. Il justifiera aussi la nécessité de << *faire assurer sa protection par la gendarmerie* >> en évoquant le fait que les inspecteurs des renseignements généraux habituellement affectés à cette tâche étaient selon son expression << *pris par d'autres manifestations dans le département* >>. Il conclura ses propos en affirmant que : << *Monsieur Bokassa, citoyen français, vivant dans sa propriété d'Hardricourt, est tout à fait libre de ses mouvements.* >>
Ces précautions de langage du préfet Delpont suscitent néanmoins quelques interrogations. Il est vrai que la crainte d'une recrudescence des attentats pendant l'été 1986 avait mobilisé des effectifs importants de policiers sur l'ensemble du territoire français, mais qui pouvait tant chercher à attenter à la vie de l'empereur pour drainer autour de lui une telle protection? Et d'ailleurs pour quelle raison?
D'autre part, le préfet ignorait-il que Bokassa n'était plus reconnu comme citoyen français et qu'il vivait à Hardricourt sans statut juridique clair? De plus, la liberté de mouvement, qu'évoquera Monsieur Delpont, à propos de Bokassa, lui a pourtant été supprimée au profit de sa sécurité personnelle. C'est probablement ce qui explique pourquoi une dizaine de gendarmes affectés à sa garde l'empêcheront de sortir dans la matinée du 13 septembre 1986. Bokassa demandera à son avocat, maître Jean-Marie Viala de saisir le secrétaire d'Etat aux Droits de l'Homme, Monsieur Claude Malhuret, afin de lui demander les raisons pour lesquelles, sans être << *ni délinquant, ni prévenu de quoi que ce soit* >>, la gendarmerie avait pris position autour de sa propriété en lui interdisant de sortir, sous peine d'être tiré à vue.
Nous avons interrogé Maître Viala qui nous a déclaré n'avoir rien compris à cette histoire malgré l'intervention qu'il a menée en faveur de son client. C'est pourtant à ce moment que l'évasion de l'empereur se prépare. On retrouvera plus loin le même Viala en <<chef d'orchestre>>.
Cette surveillance permanente et impressionnante qui tourne régulièrement autour de Bokassa est l'un des grands mystères qui pèsent aussi sur sa vie. Ce mystère est effleuré par le commissaire Patrick Rougelet dans son ouvrage publié en 1997 chez Albin Michel et intitulé *R.G. La Machine à Scandale.*

Il y affirme que : << *L'empereur, même déchu, inquiétait l'Elysée du premier septennat de Mitterrand, puis Matignon, lors de la première cohabitation Chirac.*>> Selon lui, << *Les secrets de Bokassa, même froids, faisaient encore peur.* >>
Les secrets de Bokassa resteront pour la plupart inconnus. Dans son château d'Hardricourt, il avait un coffre fort dont les clés ne le quittaient jamais. Des inconnus ont essayé de dérober ce coffre dans un entrepôt de Rouen, alors que Bokassa l'attendait avec des meubles et des effets personnels. A la fin du mois de mars 1984, il a été victime d'une tentative de vol qui a échoué du fait d'un système de verrouillage de porte mis en place quelques mois auparavant à la suite d'un précédent cambriolage. Curieusement, les deux inspecteurs des renseignements généraux chargés de surveiller les lieux n'ont rien pu faire. N'ont-ils rien vu et rien entendu? Mystère!
Dans la même nuit, l'autre résidence de l'empereur située à Mézy était aussi mise à sac par des inconnus jamais identifiés. Une drôle de coïncidence lorsqu'on sait que dans les deux cas peu de choses ont été dérobées et que les deux propriétés n'étaient particulièrement pas remplies d'objets rares. De plus, ces visiteurs de la nuit, n'ignoraient certainement pas que Bokassa était gardé par la police et la gendarmerie. Alors, qu'est-ce qui attirait tant de convoitise et une telle prise de risques? Second mystère!
Selon l'ancien commissaire des renseignements généraux, Patrick Rougelet, qui était chargé de la protection de Bokassa, la cellule antiterroriste de l'Elysée dirigée par Christian Prouteau, sous François Mitterrand, s'intéressait beaucoup à Bokassa. Etait-il un terroriste? Certainement pas, mais l'empereur placé sous écoute téléphonique par le GIC à la demande du gouvernement socialiste, devait détenir, selon Monsieur Rougelet << *des informations compromettantes sur plusieurs personnalités* >>. Il semble surtout que des hommes politiques de droite et de gauche redoutaient le manque de retenue de Bokassa. Nul ne voulait le voir se lancer dans une diatribe pouvant tremper quelques personnalités dans les marigots infiniment troubles du Centrafrique. Les autorités françaises ont toujours eu la phobie de le voir livrer à la presse des documents compromettant des responsables français.

Nous avons pu constater que la présence de cet homme en France n'a jamais laissé personne tranquille.
Valéry Giscard d'Estaing a été avec sa famille, le seul, à cause peut-être de son rang de l'époque, à supporter les critiques de la presse. Mais combien d'amis français, connus ou non de l'empereur, se sont repliés dans leur <<coquille>> en feignant n'avoir jamais reçu de cadeaux en diamant ou en ivoire des mains de Bokassa ?
Ce dernier était pourtant d'une générosité spontanée qu'il serait difficile de nier avec beaucoup de facilité. En croyant pérenniser son amour pour la France et en espérant entretenir << l'amitié franco-africaine des affaires >>, l'empereur va donner sans compter : l'or, l' ivoire et les diamants. Les interrogations de l'ancien ambassadeur français à Bangui, Albert de Schoenen, ont donné bien du frisson lorsqu'il se demandait dans un article publié au journal *Le Monde* du 21 septembre 1979 : << *Combien ai-je vu de personnalités officielles quitter Bangui avec quelques pépites d'or et quelques diamants offerts par Bokassa.* >> Le diplomate en savait certainement assez sur les petites << combines franco-centrafriaines>>.
Patrick Rougelet nous rapporte une anecdote qui témoigne du cadeau facile chez Bokassa. Un jour, lors d'une visite à Versailles, Bokassa sort de sa voiture en pleine chaussée et se met à distribuer de l'argent à des militaires stationnés au bord de la route. Sans vraiment se soucier du bouchon qu'il crée, il lâche avec un sourire affectueux : << *C'est ça la solidarité des frères d'armes.* >>
En septembre 1984, il surprend le maire de la ville d'Hardricourt, Monsieur André Cassagne en lui offrant une ambulance pour la municipalité. L'empereur centrafricain affirmait à l'époque que son geste est : << *Un témoignage de reconnaissance à l'égard de M. le maire et de ses habitants qui ont bien voulu m'accepter avec ma petite famille.* >>
Malgré une grande agitation autour de sa personne, sa soif inextinguible de retourner au Centrafrique ne l'abandonnait pas. En octobre 1986, il quitte clandestinement la France sous le nom de Christian Solet pour se rendre en République Centrafricaine. Mais comment a-t-il pu échapper à la surveil-

lance des agents des renseignements généraux qui veillaient sur lui nuit et jour?
Des rumeurs ont circulé sur la complicité des services secrets français dans cette évasion dite << *mystérieuse* >>. Une vive polémique s'est emparée de plusieurs personnes proches de l'empereur. En particulier Monsieur Roger Holeindre du Front National et deux autres amis de l'empereur; il s'agit de Jean-Louis Guillermou et un certain Eric Lucas. Tous les deux ont été accusés publiquement par Roger Holeindre d'avoir organisé la sortie clandestine de l'empereur. Au même moment, un autre ami de Bokassa, Jean-Pierre Dupont déclarait à l'Agence France Presse que : << *L'empereur a été manipulé par des gens appartenant au Front National qui lui ont fait croire qu'il était attendu en sauveur par son peuple.* >> Son fils, Georges Bokassa fera une déclaration dans le même sens à la même agence en évitant, en revanche, de citer le parti de Jean-Marie Le Pen.
Bokassa lui-même mettra en cause un de ses multiples avocats, Maître Viala, qu'il accusera d'avoir organisé son retour en lui faisant croire qu'il était fondé sur un accord entre Paris et Bangui. Maître Viala démentira énergiquement cette accusation. Interrogé à ce sujet, l'ancien avocat de Bokassa, qui n'a pas souhaité nous recevoir, est resté évasif en nous soulignant que ces accusations n'étaient que << *des affabulations de journalistes* >>. Drôle d'affabulations cependant comme nous le verrons plus loin.
En fait, il s'agissait d'une opération complexe. L'évasion de l'empereur n'est vraiment pas mystérieuse. Seuls ses instigateurs resteront à jamais mystérieux car il faudra les chercher dans les calculs secrets de la cohabitation et surtout dans les grandes manœuvres préélectorales de 1988. En dépit des remous suscités par cette affaire, cette sortie clandestine a été préparée par Bokassa et certains de ses amis qui savaient qu'il tenterait tout pour sortir de l'impasse juridico-administrative dans laquelle il avait été laissé à Hardricourt.
Les tractations démarrent en 1984. Elles se déroulent d'abord entre Bokassa, Delpey , Lemeignen et Jean pierre Renoud alias << Caroll >>. Bokassa n'a pas renoncé à reprendre le pouvoir en République Centrafricaine. Delpey et son

ami Lemeignen le savent. Mais Bokassa décide de prendre ses distances avec Delpey car il a gardé un mauvais souvenir de l'échec de son retour au pouvoir mené à Abidjan par son ami. Sans totalement couper les ponts, il préfère garder le contact avec son ancien confident dans le cas où ce dernier lui propose une autre opportunité de retour. Il va surtout nouer plusieurs relations à l'insu de Delpey. Bokassa décide ainsi d'entrer en contact avec Jean Pierre Renoud qui se présente comme un kinésithérapeute mais qui est en réalité un homme d'affaires bien particulier. Il a participé à la tentative de retour au pouvoir organisée par Delpey en 1983, mais il s'est séparé du groupe Delpey pour entrer directement en contact avec l'empereur par l'intermédiaire d'Yvone Kouébi, une ancienne hôtesse de l'air de l'empereur. Son objectif est de négocier un retour au pouvoir par accord tacite entre Kolingba et Bokassa. Seulement, Renoud ne connaît pas Kolingba. Il imagine donc que la même Yvone Kouébi, qui a ses entrées au palais présidentiel, peut l'aider à rencontrer le chef de l'Etat centrafricain. Au fond, les appuis de Renoud ne sont pas si sûrs que cela. Bokassa, voyant les choses traîner, prend contact avec son ami libanais Ali Hijazi qu'il appelle affectueusement son << fils >>. Il rencontrera ce dernier à plusieurs reprises dans un grand hôtel parisien. En juin 1984, Ali Hijazi, qui a déjà rassemblé près de 700 000 F, tente de joindre à son tour des officiers centrafricains restés fidèles à Bokassa. Ce dernier décide au même moment d'entrer en relation avec l'ambassadeur de Libye en France pour lui demander une aide financière d'un million de dollars. Il compte beaucoup sur ce soutien et espère que le diplomate libyen va réussir à trouver la solution à son problème. Sa demande, sans équivoque, est la suivante : << *J'ai l'honneur de vous demander de bien vouloir intervenir auprès de mon Frère le président Mu'ammar EL KADHAFI, afin d'obtenir pour la première fois au moins, une aide financière d'un million de dollars $ pour me permettre de prendre toutes les dispositions matérielles nécessaires à mon départ de France. Faute d'obtenir cette aide, je ne pourrais jamais quitter la France, car je suis dans une situation grave et difficile.*>> (voir annexe 23)

Pour mettre ce plan de retour à exécution, Hijazi a quand

même des soucis. D'abord, il veut des << garanties >> ou plus exactement une protection du gouvernement français si l'opération échoue. Même si cette affaire avec son << *père* >> l'intéresse, il ne veut pas y laisser des plumes. En réalité, ces << garanties>> sont impossibles à obtenir puisqu'on est à l' approche des élections législatives françaises de 1986. Aucun homme politique ne peut donc se risquer à soutenir, du moins officiellement, ce genre d'initiative. Conscient que le projet n'est pas jouable de cette manière, il envisage une autre option. Cette seconde option consiste à ramener Bokassa au trône par le biais d'un coup de force militaire. Hijazi va alors prendre contact avec Paul Barril, l'ex-capitaine de la cellule antiterroriste de l'Elysée. Lâché par sa hiérarchie le 19 juillet 1983, l'ancien gendarme était devenu, comme il le dit lui-même dans son livre *Missions très spéciales,* un homme << *libre, très libre, de prendre contact avec qui*>> il veut et aller où il veut. Barril et Hijazi se rencontrent au début du mois d'août 1984 dans un hôtel de Nice. Barril lui aurait dit, selon des sources proches d'Hijazi, qu'il peut réaliser l'opération mais qu'il faudrait :

1) environ 1,5 millions de francs pour couvrir les frais d'achat de matériel et l'entraînement du personnel;
2) 7 à 8 millions de francs pour son salaire si l'opération réussissait ;
3) une base d'entraînement ;
4) une centaine de soldats africains pour exécuter le coup de force.

Ali Hijazi sera réservé sur les deux premiers points car, il n'est pas sûr de mettre des fonds d'un tel montant à la disposition de Barril. En revanche, sur les points 3) et 4) tout est presque réglé. Puisque Hijazi envisage de recruter des Tchadiens du Nord qui sont installés dans la zone frontalière avec la Libye. Ce sont les << enfants perdus >> de la guerre civile tchadienne prêts à offrir leur service pour pas grand chose, bref des << mercenaires en solde >>.

Barril se rendra alors en Libye avec Hijazi, qui est entre autre proche du président Khadafi, au mois d'avril 1986. Ils vont rencontrer Abdoulah Sanoussi, commandant en chef chargé de la sécurité et beau frère du chef de l'Etat libyen. Le but de cette rencontre est d'obtenir l'appui des Libyens pour ramener Bokassa au pouvoir. Mais les Libyens posent quelques conditions. La première est que Ange Félix Patassé, l'actuel chef de l'Etat centrafricain et Abel Goumba, l'ancien opposant à Bokassa, soient associés à l'opération. Ils ont tous les deux la réputation d'être des hommes de gauche. Cette exigence libyenne pose encore plus de problèmes qu'elle n'en résout. D'abord il n'est pas certain que Ange Félix Patassé et surtout Abel Goumba accepteraient de s'allier à Bokassa. Ensuite Bokassa lui-même n'est pas du tout prêt à s'associer avec ces deux personnalités dans une opération de ce genre. Enfin si une coalition aussi hétéroclite arrivait à se former, aurait–elle des chances d'aboutir ? Difficile à dire car le président centrafricain André Kolingba, soutenu par le colonel français Jean-Claude Mansion, n'allait pas se croiser les bras et assister en spectateur à son éviction.

Un fait est cependant important dans ces scénarios de reconquête du pouvoir, c'est que Bokassa brûle d'impatience. Il a hâte d'en finir avec ces pourparlers qui, de son point de vue, s'éternisent. Les jeux politiques les plus obscurs commencent donc ici. Le 21 juin 1984, Bokassa demande, dans une lettre, à Guy Penne la levée de la surveillance policière dans sa propriété d'Hardricourt. A en croire cette lettre de l'empereur, le conseiller de l'Elysée a donné son accord de principe. Voici précisément ce qu'affirme l'empereur à cet effet : << *Suite à l'entretien téléphonique que nous avons eu ce jour lors de ma présence au bureau de mon avocat Maître YVAN ASSOULINE 14, Rue Georges Bizet à Paris, j'ai l'honneur de vous confirmer ma demande tendant à obtenir le départ de la police française de ma propriété comme j'ai bien noté votre accord sur le délais de trois jours. Tout en vous remerciant pour les mesures qui vont être prise à cet effet, Je vous prie, Monsieur le Secrétaire général de bien vouloir accepter l'expression de ma très haute considération.* >> (Voir annexe 24)

Guy Penne a-t-il effectivement mis un terme à la surveillance policière autour de la résidence de Bokassa ? Mystère. La véritable énigme ne se trouve d'ailleurs pas dans l'accord ou le refus de Guy Penne en 1984, elle se trouve dans le renforcement spectaculaire de la sécurité de Bokassa par la préfecture

des Yvelines en 1986 et son relachement tout aussi spectaculaire en octobre de la même année. En moins d'un mois, deux attitudes si opposées autour du même homme sont curieuses. A cette période, un autre groupe, informé de ces tractations, va entrer en scène non pas pour le ramener au pouvoir mais pour le renvoyer dans son pays. Ce groupe est constitué de Maître Jean-Marie Viala, l'ancien avocat de l'empereur, Hervé Carlier dit << commandant Hervé >> et Olivier de Bouet Duportal. Ce dernier avait déjà participé à l'expédition de 1983 organisée par Delpey. Il avait été << recruté >> par le lieutenant-colonel Jean Bernard de Ducla. Celui-ci est un militaire à la retraite. Il a, lui aussi, participé à l'opération manquée d'Abijan et travaillait, selon Delpey, pour les services secrets français notamment la DGSE.
C'est donc Duportal et son ami Carlier qui se chargeront d'exécuter le plan retour de 1986 qui ramène Bokassa au Centrafrique. En novembre 1985, l'empereur confiait à un de ses amis béninois Honoré Da Silva-Hooper son état d'esprit à la veille de ce voyage. Il l'informera de ses démarches visant à obtenir un passeport sans réellement lui donner des détails. Nous pouvons aujourd'hui les donner au public.
Dans la soirée du 22 octobre 1986, la veille du départ, Messieurs Jean-Marie Viala, Hervé Carlier et Olivier Duportal se rendent chez Bokassa à Hardricourt. Viala prend la parole et affirme à l'empereur que le gouvernement français a dit que Bokassa est libre d'effectuer un voyage au Centrafrique pour son procès qui s'ouvre le 4 novembre 1986. Il précise que le président Kolingba ne s'opposera pas à sa présence à Bangui et encore moins au procès. Il remettra à l'empereur un vrai-faux Passeport répondant au nom de Christian Solet. Monsieur Viala semble informer de la tournure que prendra l'arrivée de l'empereur à Bangui. Il essaye surtout de négocier le droit de contrôler les biens de son client une fois ce voyage imprudent réalisé. La preuve de cette attitude très particulière de Monsieur Viala est donnée dans une lettre que l'intéressé adresse à l'empereur le 9 août 1986, deux mois et demi avant le voyage. Il écrit ceci : << *J'ai l'honneur de vous confirmer que j'accepte d'assumer la défense de vos intérêts, tant en France qu'à l'Etranger et cela de manière gracieuse, compte tenu de*

votre situation financière actuelle.>> Simple philanthropie ou tentative de manipulation ? Monsieur Viala laissera entendre à son client qu'il est attendu en sauveur dans son pays. Ce qui n'est pas tout à fait faux car des manifestations demandant le retour au pouvoir de l'empereur ont eu lieu à Bangui quelques semaines auparavant.
Animé par la volonté de rentrer chez lui, Bokassa acceptera naïvement ce retour supposé triomphal.
Ils vont emprunter un chemin tortueux à travers la forêt. L'empereur va franchir, avec sa compagne Augustine et ses enfants, la frontière franco-belge par un poste non-contrôlé. Arrivés à l'aéroport de Bruxelles, Duportal va s'occuper de l'enregistrement des bagages et la famille de Bokassa se fera plus discrète. Mais, les policiers belges, un peu pointilleux sur l'absence de visas à destination de Bangui sur les passeports de ces passagers à l'allure suspect, vont poser beaucoup de questions. Le commandant Carlier va user de son talent de négociateur et finira par convaincre les policiers belges. Bokassa et sa famille vont alors s'envoler pour l'Italie. C'est à l'escale de Rome qu'ils vont prendre un avion de la compagnie Air Afrique. Et là, seul Carlier est à bord. Duportal a déjà accompli sa mission et est resté à Rome. Quant à Viala, il est resté à Paris et à laisser aux << experts militaires >> le soin d'exécuter le plan retour. C'est donc dans la capitale italienne que Bokassa aura les premiers doutes sur ce qui sera pour lui, non pas un retour au pouvoir mais un véritable guet-apens. Il s'aperçoit que l'avion contient peu de passagers. Il se rend surtout compte de la forte présence de barbouzes françaises dans l'appareil. A son arrivée à Bangui, il est arrêté par le colonel Jean-Claude Mansion qui est aussi le chef des services spéciaux français en République Centrafricaine. La grande énigme de cette affaire est de savoir pour qui et dans quel intérêt Viala, Duportal et Carlier ont agi ? Plusieurs sources affirment qu'ils ont bénéficié d'un véritable réseau et d'une protection à l'intérieur de l'appareil d'Etat français. Le moins qu'on puisse dire est qu'il paraît difficile de savoir exactement l'origine de cette protection. Aujourd'hui, cette affaire figure probablement dans le registre du secret d'Etat. Entre l'Elysée et Matignon, la vérité se trouve quelque part.

Nous avons obtenu un document secret et anonyme qui donne un éclairage sur cette affaire. Ce document ne lève pas le voile sur tous les mystères. Il met simplement l'empereur en garde contre toute tentative de retour dans son pays natal. Il explique aussi les inquiétudes d'une partie de la classe politique française sur la présence persistante de Bokassa en France et sur ses relations avec le Front National. Ce document, qui rappelle les <<notes blanches>> des services de renseignements, était vraisemblablement rédigé par une personnalité du sérail. Une source bien informée, comme on dit dans le jargon des journalistes, qui a décidé de <<vendre la mèche>> pour aider Bokassa. Voici l'intégralité de cette lettre qu'on devrait détruire après lecture :

<< *La présence de SMB (entendez Sa Majesté Bokassa) en France gênant considérablement aussi bien les nouveaux dirigeants que les anciens de l'équipe Giscard et compte tenu de la toute nouvelle politique française à l'égard du Tchad, en réalité de la convergence entre la France et la Libye, il n'est pas impossible et il est même certain qu'une tentative soit faite en sous-main, pour convaincre SMB de demander l'asile politique à la Libye voir de l'aider indirectement à partir clandestinement pour ce pays.*

SMB doit savoir que se sera pour lui la fin de toute possibilité de retour en Centrafrique mais aussi une surveillance permanente et une liberté définitivement perdue, d'ou un silence et à terme un oubli des média.

Ainsi les équipes politiques actuelles et celles de VGE(entendez Valéry Giscard d'Estaing) seront débarrassées définitivement d'une personne bien gênante pour elles.

Que SMB n'oublie pas qu'au moment (le 20/9/79) ou VGE lui a porté le coup de force, c'était grâce à l'aide de la Libye. Qui avait attirée SMB à Tripoli pour mieux permettre aux troupes françaises de débarquer à Bangui. Qu'il n'oublie pas non plus que le principal intermédiaire de l'époque est toujours l'intermédiaire privilégié entre lui et le gouvernement français à savoir avec l'équipe VGE et qui lui sert généreusement dans les 50 000 F par mois. Que SMB sache bien que ce sont les Français qui demandent à l'intermédiaire de remettre cette somme. (Somme juste nécessaire au règlement de quelques frais calculés

par les Français pour qu'elle lui permette rien d'autre que de survivre).
En France, même si la situation de SMB n'est pas des meilleures, il a quand même la possibilité de se faire entendre et éventuellement même si cela est compliqué, d'avoir des contacts et aussi les amis qui même difficilement aident à un éventuel retour. Si comme nous le pensons, une tentative est faite par des voies détournées et inattendues de convaincre SMB de partir en Libye, qu'il sache bien que c'est pour le mettre loin de Paris et dans l'impossibilité de jouer le rôle qui se trouve être le sien, celui du numéro 1 de Centrafrique.
Nous avons la certitude que des personnes proches de son entourage, vont faire le maximum pour le convaincre de faire cette faute, car il devient trop populaire en France et puis aussi bien du côté de Mitterrand que du côté de Giscard, son amitié avec le groupe Le Pen n'est pas bien vue du tout. Car cette alliance risque d'être trop forte et incontrôlable par les politiciens français actuels.
C'est la raison essentielle qui fait que tout sera fait pour qu'il garde Assouline comme avocat, car ce dernier est avant toute chose, l'élément modérateur au moins sur le plan juridique.
Au gouvernement comme chez VGE, tout le monde redoute de le voir prendre l'avocat de Le Pen Maître Guibert. Monique Pelletier et Me Gay, pouvaient être acceptés car contrôlables mais il n'en est pas de même pour Guibert qui ces derniers temps n'a pas gagné moins de 25 procédures pour Le Pen. En bref Assouline, c'est le flatteur qui de temps à autre donne une bonne parole et gagne du temps vis- à – vis de SMB pour le gouvernement. Que SMB fasse le bilan de ce qui a été confié à Assouline et qu'il regarde les résultats = 0
En quelque sorte le gouvernement contrôle Assouline comme il contrôlait Jouffre de la Pradelle et cela fait 5 ans que cela dure sans le moindre résultat concret. C'est la meilleure façon de contrôler SMB. De promesse en promesse.
Guibert pour eux c'est de la ***Dynamite****, car trop indépendant du pouvoir et des autres groupes politiques Giscard et Chirac.*
Que SMB, après lecture de cette analyse rapide, fasse le point avec lui même. Nous souhaitons seulement l'aider ainsi à mieux apprécier le jeu qui se joue à son sujet. (Que cela soit détruit

après lecture) >>.
Les thèses que contient ce document ont été, pour la plupart, vérifiées. Et les informations qu'il révèle sont, pour l'essentiel, irréfutables. Qu'il s'agisse de l'hypothèse d'un voyage en Libye, comme nous le montrons plus haut, ou des liens de l'empereur avec des personnalités proches du Front National. D'ailleurs, nous pouvons attester que Maître André Guibert, dont il est question ici, était bien sur le point de s'emparer du dossier Bokassa. Le 5 septembre 1984, il jette la panique dans la classe politique en adressant une lettre à l'ancien avocat de Bokassa, Maître Assouline. Il lui dit : << *Mon cher confrère, SMI Bokassa m'a demandé d'assurer la défense de ses intérêts dans l'ensemble des contentieux dont vous vous êtes occupé pour son compte.*
Voulez-vous me faire connaître si je puis accepter de prendre votre suite dans l'ensemble de ces dossiers et je me tiens à votre disposition pour recevoir l'ensemble des pièces et avoir, si besoin était, un entretien avec vous.>> (voir annexe 25)
Il est probable que dès cet instant, à l'Elysée comme chez les amis de Valéry Giscard d'Estaing, on n'était plus tranquille. De plus, Maître Guibert a été pendant longtemps l'avocat de la belle sœur de Bokassa, Gilberte Van Erpe, qui dirigeait, à l'époque, la société *La Couronne* spécialisée dans le commerce d'ivoire et des diamants. L'enjeu politique du Front National sur Bokassa était indéniable. Sachant que le dossier de l'empereur était sulfureux, le parti de Jean-Marie Le Pen avait là une occasion extraordinaire de mettre la droite et la gauche en difficulté. Roger Holeindre, membre influent du Front National et ancien compagnon de Bokassa était bien au courant de << l'affaire Giscard >> et des manœuvres politiques qui s'exerçaient sur son ami à Hardricourt. C'est d'ailleurs lui qui prend contact avec Maître Guibert et le propose à l'empereur.
Le document anonyme ci-dessus fait aussi état d' un versement régulier de 50 000F en faveur de Bokassa. Nous avons vérifié cette information et il ressort que chaque mois, les autorités françaises, sous François Mitterrand, attribuaient cet argent à l'empereur pour <<acheter>> son silence. L'argent était remis à Ali Hidjazi, l'intermédiaire que ce document ne

nomme pas. C'est dans un grand hôtel parisien que Bokassa recevra souvent sa <<paie >>. Le choix d' Hidjazi comme <<guichet>> signifie simplement qu'en cas de <<fuite>>, rien ne prouvera que cet argent vient effectivement des hautes autorités françaises. Et puis, Hidjazi est déjà mouillé jusqu'au cou et ce rôle d' intermédiaire permet aux autorités françaises de mieux le contrôler et de l'utiliser sans aucun risque.

En outre, la référence à l'emprise du pouvoir politique sur Maître Assouline n'est pas improbable. Les initiatives de ce dernier n'étaient pas toujours du goût de son client. Voici ce qu'en dit Bokassa lui-même dans une lettre qu'il adresse à l'intéressé le 30 juillet 1984 et qui prélude de son choix en faveur de Guibert: << *Vous avez voulu me faire parvenir copie de votre lettre du 26 juillet 1984 adressée à Monsieur François Mitterrand président de la République Française.*

J'ai été choqué par les termes et le contenu de cette lettre. Alors que mon peuple et mon pays m'attendent il n'est pas question pour moi de demander l'asile politique à l'Etat français, ni de décider une quelconque mesure alléguée dans votre lettre.

Encore une fois, je refuse de rester en France et je refuse aussi l'aide financière du gouvernement français. En revanche, je lui demande instamment de me restituer mes effets personnels ainsi que deux mallettes contenant mes papiers d'identité et divers devises d'un montant de trois millions de francs français, confisqués à Evreux lors d'une action illégale perpétré contre ma personne par l'armée française le 20 septembre 1979(...). >> (voire annexe 26)

Monsieur *Gorge profonde* (ce nom est emprunté aux journalistes du quotidien américain, *Washington Post.* Ils appelaient ainsi leur informateur anonyme dans l'affaire du *Watergate*), le correspondant anonyme cité plus haut, croyait bien rendre un service à l'empereur centrafricain. Mais ce dernier est passé outre et s'est rendu, sans la moindre hésitation, dans son pays. Il arrivera finalement à Bangui et sera arrêté à sa descente d'avion puis mis en détention par l'armée centrafricaine. Pour l'empêcher de prendre trop de liberté avec les médias, il sera surveillé par Monsieur Jean-Claude Mansion.

En venant ainsi échouer dans la gueule du loup, il ne pouvait qu'attendre, non sans regret, l'ouverture de son procès.

3 - Le procès de Bokassa

A son arrivée le 23 octobre 1986 à Bangui, Bokassa a reçu un accueil mitigé auprès des Centrafricains. Ses partisans et ceux qui avaient gardé un bon souvenir de ses actions n'osaient pas ouvertement exprimer leur joie. Ceux qui, en revanche, avaient souffert des excès de son régime pouvaient, quant à eux, manifester leur mécontentement sans courir le risque de gêner le gouvernement de Kolingba. Il faut dire que celui-ci n'était pas contre les manifestations d' hostilité à l'égard de l'empereur. Au contraire, il ne pouvait que s'en féliciter parce que Bokassa débarquait quand même au moment où le redressement économique battait de l'aile. Le pays avait besoin d'un nouveau souffle et l'arrivée de l'empereur n'arrangeait pas les choses pour le président Kolingba. Ce retour imprévu va donc créer un dilemme au président centrafricain. D'une part, il souhaite que l'empereur s'astreigne à une grande discrétion sur tout ce qui touche à la vie politique centrafricaine car il sait que la popularité de ce dernier est encore forte dans l'ensemble du pays. D'autre part, il constate que la pression qu'exercent les médias internationaux sur le procès de l'empereur peut redorer son blason et améliorer son image. Kolingba se demande surtout comment, concrètement, ce procès peut permettre à son gouvernement de résoudre les difficultés quotidiennes des Centrafricains ? Une fois le jugement rendu, il va falloir répondre aux exigences salariales, aux besoins éducatifs et aux problèmes de santé de ses concitoyens. Et là, les avantages d'un procès semblent flous. Il sera donc quelque temps hostile à l'idée d'un << procès Bokassa>>. Mais les colonels Mansion à Bangui et Maurice Robert (envoyé par Jacques Foccart) vont le convaincre de la nécessité du procès et de l'intérêt de montrer ses velléités <<démocratiques>>.

Il décidera donc le 25 novembre 1986 d'ouvrir un grand procès pour que tout le monde puisse être, selon lui, << *témoin du respect des Droits de l'Homme et de la démocratie* >> qui règnent dans son pays. En dehors de ses intentions démocratiques, un problème se pose au sujet de la sécurité de

Bokassa. Le chef de l'Etat souhaitait que le procès se tienne au palais des sports de Bangui, là où l'empereur avait organisé les cérémonies de son couronnement. Une façon de consacrer sa chute à l'endroit même où il a célébré son apogée. Malgré l'ingéniosité du symbole, Kolingba se rétractera sur les conseils de Mansion et de Robert. Ne voulant endosser aucune responsabilité dans d'éventuels actes de vengeance ou de malveillance à l'égard de son prédécesseur, il va opter, sur les recommandations des mêmes colonels, pour un procès devant le tribunal du palais de justice de Bangui avec des débats contradictoires et une retransmission en direct à la radio nationale. Ce sera un succès pour la radio centrafricaine, qui battra tous les records d'audience, et une excellente opération de communication politique pour le général Kolingba. Ce fut aussi, de l'avis de nombreux juristes, un modèle de repectabilité des règes de droit, en matière judiciaire, dans le continent noir.

Dans toutes les tractations qui précèdent l'ouverture des audiences, il y aura une bataille secrète très agitée sur le risque d'une déviation du procès Bokassa vers un procès à grand déballage sur les relations franco-centrafricaines. On verra les esprits s'échauffer à Bangui et à Paris, car nul n'a intérêt à ce qu'on étale au grand jour les *Affaires centrafricaines*, titre d'un livre de Roger Delpey, dont l'interdiction avait été demandée par cinq ministres centrafricains. Rappelons qu'un livre de Bokassa, intitulé *Ma vérité* et écrit avec l'aide de son ami Roger Holeindre, a été jugé outrageant à l'égard du chef de l'Etat français Valéry Giscard d'Estaing. Il a été interdit par les tribunaux français.

Dans ce contexte de tension extrême, le rôle de deux agents de la DGSE, les colonels Mansion et Robert, sera déterminant. Pour apaiser les esprits et éviter une montée d'adrénaline pouvant tourner au règlement de comptes entre Bokassa et quelques hommes politiques français, en l'occurrence Valéry Giscard d'Estaing, le colonel Mansion prendra contact avec Maître François Gibault, sur indication de Monsieur Foccart. Maître Gibault arrivera à Bangui vingt-quatre heures seulement avant le début du procès. Son rôle est de modérer la défense de Bokassa qui risque d'enflammer les audiences à cause du tempérament << explosif >> de l'autre avocat français de Bokassa, Maître Francis Szpiner (à l'époque avocat de Christian Nucci dans l'affaire << Carrefour du développement >> (autre scandale). Ces précautions prises, le procès de l'empereur débutera le 26 novembre 1986 avec ses quatre avocats dont deux Français (Francis Szpiner et François Gibault) et deux Centrafricains (Zo Kwé Zo et Nicolas Tiangaye). On notera aussi la cohorte des journalistes venus des quatre coins du monde. On allait donc assister à ce qui a été qualifié au Centrafrique de << *procès du siècle* >> à cause de la fascination que Bokassa exerçait sur les médias et des << scoops >> que beaucoup de gens en attendaient. L'intérêt réel du procès étant un peu secondaire pour certains journalistes. A ce sujet, le politologue français Didier Bigo dira dans son ouvrage intitulé *Pouvoir et obéissance en Centrafrique* : << *Le premier jour, la presse internationale se bouscule, avec près de 800 journalistes et plusieurs chaînes de télévision, mais cette << invasion >> ne durera guère. Le renvoi du procès le 15 décembre pour complément d'instruction décourage les moins motivés, et beaucoup ne reviennent pas pour la véritable ouverture.*>>

Effectivement le procès a été renvoyé pour vice de procédure. Malgré la précipitation qui entoure l'ouverture des audiences, l'empereur n'est pas inculpé. Il n'a même pas été entendu, jusque-là, par un magistrat. La Cour criminelle sera presque contrainte de se référer aux seuls éléments qui ont permis sa condamnation à mort par contumace en décembre 1980. Les avocats de la défense demandent donc du temps alors que du côté du gouvernement, on veut aller vite, très vite. Le verdict est déjà prévu et annoncé pour le 27 décembre, soit environ quinze jours après le début des audiences. Dans cette atmosphère où l'on veut un procès juridiquement irréprochable mais politiquement orienté, le procureur général demandera et obtiendra tout de même un report de deux semaines.

A la reprise des audiences le 15 décembre 1986, l'empereur doit affronter quatorze chefs d'accusation. Ils relèvent : d'association et de complicité d'assassinats; d'empoisonnement et de complicité d'empoisonnement; de coups et blessures volontaires sur enfants ayant entraîné la mort sans intention de la donner; de recel de cadavres de prisonniers et d'enfants; d'anthropophagie; d'arrestations et de séquestrations arbitraires; de violence et voie de fait; de détournement de deniers publics au préjudice du trésor; d'entorse à la législation sur la commercialisation de l'or et des diamants bruts; enfin d'atteinte à la sûreté intérieure et extérieure de l'Etat puis d'intelligence avec une puissance étrangère.

En fait, cette série d'accusations est, pour l'essentiel une reprise du procès de 1980. Avec un dossier ficelé à la hâte et des accusations parfois fantaisistes, une partie de l'instruction s'est finalement déroulée à la barre. Au total, sept mois de procès, quatre vingt quatre audiences, une centaine de témoins et plus d'une dizaine d'inculpés en cours d'audience, Bokassa aura été tour à tour spectaculaire, pertinent, hésitant et parfois méprisant. Les Centrafricains ont vécu un procès passionné, fastidieux, mais digne d'intérêt. Il a surtout révélé que la gestion d'un Etat n'est pas uniquement le fait d'un seul individu si intelligent soit-il. Maître Tiangaye, un des avocats centrafricains de Bokassa a pratiquement résumé la problématique de ce procès dans sa dernière plaidoirie en ces termes : << *Comment un individu a–t-il pu se faire président à vie, maréchal, puis empereur? Etait-il un fou ? Rien de tout cela* >> affirme Maître Tiangaye. Il estime que le procès de Bokassa n'a pas eu lieu mais que si tel était le cas, ce serait, à son avis, le procès de la société centrafricaine, le procès de la conscience nationale. Il poursuivra en soutenant que : << *Le procureur général (...) a dit que le procès de Bokassa était le procès du siècle, le procès d'un régime de la honte. Mais il oublié de dire que c'est le procès de notre honte (...), car sous Bokassa, qui a fait quoi? Qui a fait preuve de courage et de dignité? Ce procès,* selon lui, *a mis à nu nos propres vices et nos propres faiblesses, notre forfaiture et la démission nationale (...). Certains témoins,* lance-t-il, *sont venus ici dire: <<si nous avions fait ça, il nous aurait tué>>. Un peu de courage aurait suffit* a-t-il souligné. Selon lui, *le procès de Bokassa est le procès de la délation. Les Centrafricains se nourrissaient de la délation pour obtenir les galons, se faire nommer à la Cour et au gouvernement. Ils avaient une peur viscérale. Pourtant,* regrette-t-il, *cette*

peur là était obscurantiste, parce qu'elle résultait de la lâcheté et de l'hypocrisie. >>
Malgré la virulence de l'avocat général et celle des parties civiles, Maître Tiangaye et les avocats français de Bokassa auront réussi à sortir ce procès d'une logique d'amnésie et du bouc émissaire. On cherchait un coupable choisi à priori et condamné d'avance. Ce qu'on appelle parfois le coupable désigné, Bokassa aura été responsable et coupable de certains faits mais pas de toutes les dérives et des soucis du Centrafrique. Le silence perturbateur que Maître Tiangaye avait provoqué pendant sa plaidoirie, en réanimant la mémoire des Centrafricains et en leur rappelant leur responsabilité dans les quatorze années de règne de Bokassa, a contribué à changer la physionomie du procès.
Ce procès qu'il avait qualifié de << *procès de la honte nationale* >> avait montré qu'il était trop facile à tout un peuple, dont les membres ont, soit subi, soit participé à un régime politique, de faire porter le chapeau au seul chef de l'Etat malgré les responsabilités réelles que celui-ci a nécessairement dans la gestion des affaires de son pays. En tout cas, le 12 juin 1987, le jugement est rendu et Bokassa est condamné à la peine capitale. Sur les quatorze chefs d'accusation, cinq sont retenus et les neuf autres rejetés pour absence de preuves. Sa condamnation porte davantage sur les cas d'atteintes aux personnes et aux biens (avec près de 3 milliards de francs de détournement de deniers publics au préjudice de l'Etat centrafricain). Un verdict que Bokassa accueille avec beaucoup de sérénité malgré la colère qu'il provoque chez ses partisans. Ses avocats ne tarderont pas à déposer un pourvoi en cassation pour relancer la bataille judiciaire en faveur de leur client. Une tentative qui échouera et le pourvoi sera rejeté le 14 novembre 1987, cinq mois seulement après le jugement.
L'empereur restera donc en prison. Abandonné et déçu, Bokassa vivra son incarcération dans la méditation et la souffrance mais non sans s'interroger sur ce que vaut un individu après le luxe, l'argent et les paillettes.

4 - L'empereur, les biens et l'argent

Pendant les premières années de son investiture, Bokassa reste sobre et essentiellement préoccupé par le développement économique et l'avenir de son pays. L'argent et le luxe sont loin de hanter son esprit. Un journaliste de l'hebdomadaire *Jeune Afrique* rapporte dans un article du N° 562 du 12 octobre 1971 que : << *Dans sa résidence du camp de Roux à Bangui, il a toujours préféré la caserne au palais présidentiel. Bokassa vit avec beaucoup de simplicité. Contrairement à certains collègues du continent,* poursuit le journaliste, *il n'a qu'un goût modéré pour le faste et les réceptions. Il leur préfère l'ambiance virile de la caserne où, au milieu de quelques compagnons, on vide des chopes de bière ou quelques bouteilles de rouge.*>>
L'empereur n'a jamais perdu ce côté humble et bon vivant. Mais, il a rapidement appris à se servir du pouvoir et des avantages qu'il procure. On observe des changements d'attitude chez Bokassa à partir de 1969, après la mort de Banza qui était en quelque sorte sa << conscience critique >>. La disparition de ce militaire, dont la rectitude morale et l'intégrité étaient à la fois appréciées et redoutées de Bokassa, ouvre la voie au règne de l'affairisme. Le président centrafricain commence à accorder une place importante à ses intérêts personnels. D'une certaine façon, il entreprend de << faire des affaires >>. Conscient du fait que sa fonction de chef de l'Etat est un privilège essentiel pour rencontrer des opérateurs économiques de tous les secteurs, il va entamer sa mue en prenant tout de même certaines précautions. Il utilisera des aventuriers prêts à prendre tous les risques pour négocier, gérer et surveiller en toute discrétion les intérêts du président. Théoriquement, son statut ne lui permet pas des écarts de comportement. Il est plutôt censé s'occuper des affaires publiques et surtout pas du commerce avec des personnes privées ou pire, de quelques trafics. Dans ce domaine, des individus sont toujours prêts à se mouiller jusqu'aux os pour sauvegarder l'intégrité du chef. Ce sont des personnes d'origines diverses, capables de prendre toutes les

initiatives susceptibles d'intéresser leur << patron >>. Il aura aussi de nombreux contacts avec plusieurs personnalités du monde des affaires. On verra surtout graviter autour de l'empereur certains hommes d'affaires comme Adrien Geddaï, un ancien directeur de casino au Liban, de même que le richissime homme d'affaires saoudien Adnan Kashoggi dit <<*A.K* >>, très actif dans le commerce des armes et dans la haute finance, puis Samir Traboulsi, l'homme d'affaires libanais qui a été condamné en juillet 1994 par la justice française dans une affaire de délit d'initié sous le gouvernement de Pierre Bérégovoy.

D'autres personnes, plus proches de l'empereur, ont été amenées à s'occuper de ses biens comme Mademoiselle Gilberte Van Erpe, la sœur de sa première femme, et son compagnon Dorado qui géraient, tous les deux, une société privée dénommée *La couronne* très prospère dans le commerce d'ivoire. Il y a eu aussi son << fils >> Ali Hijazi, ce Centrafricain d'origine libanaise, dont on a parlé plus haut et qui était détenteur à l'époque d'un passeport diplomatique libyen.

En dehors des personnes ci-dessus citées, d'autres individus plus ou moins connus ont joué, à des degrés divers, un ou plusieurs rôles dans le développement des << affaires >> personnelles de Bokassa. Mais que recouvrent réellement ces << affaires >> qu'on a longtemps considérées comme l'immense fortune de l'empereur ? C'est essentiellement les diamants, l'ivoire et l'immobilier.

Et d'abord les diamants, il est convenu qu'ils sont la principale richesse du Centrafrique, que son commerce est à la fois licite et illicite. C'est-à-dire qu'en dépit de l'exploitation et de la commercialisation réservées au groupement des entreprises agrées, il existe aussi un pan entier du commerce privé non réglementé qu'utilisent aussi bien l'entourage du chef de l'Etat que des Centrafricains ordinaires ou des étrangers. Les revenus que procurent ces pierres sont si élevés que la plupart des acteurs qui opèrent dans ce secteur rechignent à en parler publiquement. C'est aussi ce côté un peu secret qui a, pendant longtemps et très sournoisement, envenimé la polémique sur l'affaire des diamants entre Bokassa et Giscard. D'ailleurs, ce n'est pas sans raison qu'à cette époque, le débat

a pu porter sur les quantités, la valeur et le montant réel ou supposé de ces pierres. D'où l'expression assez significative du journaliste Pierre Péan qui qualifie ce domaine d'activités de << *secteur des combines* >>.
Un ministre de l'Economie du gouvernement Bokassa, le capitaine Malendoma, a été proprement remercié le 17 septembre 1969 par l'empereur après avoir tenté vainement de rétablir la transparence dans ce secteur. La même année, la Centradiam voyait le jour sous la présidence du ministre des Affaires étrangères Nestor Kombot-Nanguémon. Celui-ci s'occupait entre autre des intérêts du chef de l'Etat qui détenait des actions dans le capital de cette entreprise. Mais, la rentabilité de la Centradiam était hypothétique. Ses dirigeants opéraient à la périphérie des grands exploitants rassemblés autour du consortium. En plus, ils ne maîtrisaient pas suffisamment les circuits de vente sur le marché international. Or, c'est précisément sur ce marché que misaient les fondateurs de la Centradiam. Mesurant donc le fiasco de cette initiative, Bokassa décide de lancer une série de menaces sur le consortium. Il réussira à récupérer sur leurs recettes, quelques centaines de milliers de francs. Plusieurs entreprises comprendront à cette occasion, qu'elles n'étaient pas totalement à l'abri des coups de colère de l'empereur. En revanche, certaines personnes vont bénéficier d'une plus grande attention de la part du gouvernement. Ces privilégiés sont des collectionneurs haoussas, de confession musulmane, qui sillonnent les pays du golfe persique et certaines capitales européennes. Ils ont des liens étroits avec l'entourage du chef de l'Etat et avec les bureaux d'achats installés à Bangui. Considérés comme des <<polyvalents>> du commerce du diamant, ils achètent, négocient, vendent et sous-traitent auprès de petits exploitants, les services d'une multitude de clients. Ce sont des hommes de terrain qui réalisent de confortables marges bénéficiaires et ne payent pas de taxes. Une concession qui leur est accordée en contrepartie de leur partenariat ultra-secret avec les hommes de main de Bokassa. Selon certains hauts responsables de la Société centrafricaine de diamant et de la Taillerie nationale de diamants, une partie importante sinon l quasi totalité des revenus engrangés dans

le commerce illicite a alimenté les caisses noires de l'Empire Centrafricain.

D'après Bokassa, dans son entretien avec Delpey, plusieurs ministres de l'Industrie de son pays << *étaient dans le même temps, présidents de la taillerie* >>. Une société contrôlée pour moitié par la firme américaine *Diamands Distributors Incorporated et par l'Etat centrafricain*, une double casquette des ministres qui cachait bien des pratiques occultes dans ce secteur.

L'opacité qui entourait le commerce du diamant était organisée et entretenue par Bokassa lui-même. L'exemple du journaliste israélien Igal Laviv est significatif à ce propos. Ce spécialiste des enquêtes économiques à l'hebdomadaire israélien *Haolam-Hze*, va se heurter en 1979 à une farouche opposition des autorités centrafricaines alors qu'il enquête sur une entreprise d'extraction de diamants au Centrafrique. Une entreprise qui a été créée à Bangui par le général israélien Samuel Gonen. Ce général avait démissionné de l'armée israélienne en 1975 après avoir été mis en cause dans une série d'opérations militaires contre l'Egypte en octobre 1973. Il s'était lié d'amitié avec Bokassa dans les années 60. Après avoir participé à l'encadrement des militaires centrafricains, il a été sollicité, sous l'Empire, pour former la garde spéciale de l'empereur. Pour le remercier, Bokassa lui a donc attribué par la suite une concession sur une mine de diamants située à sept cents kilomètres de Bangui. Associé dans cette entreprise avec un homme d'affaires israélo-iranien, David Amrami (accusé à l'époque par la justice israélienne d'avoir utilisé des faux chèques dans une série de transactions au Gabon), le général Gonen est devenu l'objet de toutes les attentions d'une partie de la presse israélienne.

Lorsque le journaliste Igal Laviv arrive donc à l'aéroport de Bangui, le 5 Janvier 1979, suivant le général Gonen, il est refoulé vers Douala (Cameroun) sans autre explication. Il ne pourra poursuivre son enquête au Centrafrique sur cette concession de diamant.

Quand il était encore au pouvoir, Bokassa n'appréciait pas beaucoup la curiosité des journalistes sur << ses diamants >> et sur ceux qu'il donnait à ses amis.

Quant aux subsides venant de l'ivoire, il reconnaît lui-même dans le même entretien avec Delpey que l'ivoire constituait, pour lui, une activité à part entière. Il dira précisément : << *Je faisais le commerce de l'ivoire et les envieux existent.* Selon lui, *les militaires achetaient la plupart des défenses à des gens qui prétendaient les avoir prélevées sur des éléphants trouvés morts. Bien sûr, on ne peut pas être dupes, alors que le braconnage sévit partout.*>>Cet abattoir d'éléphants était devenu une source de revenus non négligeable pour l'empereur. Toutes les opérations commerciales licites et illicites passaient par la société *La Couronne.* L'ivoire était surtout le << *domaine réservé* >> de tous les trafics franco-africains où la loi du silence était scrupuleusement respectée. De nombreuses personnes bénéficiant de permis de chasse au Centrafrique chassaient plutôt des éléphants. Ce qui est étonnant, c'est l'ordonnance n° 80-011 que signe le président Dacko, le 25 janvier 1980, quatre mois après la chute de Bokassa et qui porte sur << *la protection intégrale de certains animaux sauvages* >>. Curieusement, parmi les mammifères protégés, l'éléphant est le grand absent. Il reste néanmoins soumis à la taxe d'abattage la plus élevée des animaux autorisés à la chasse au Centrafrique (soit 500 000 F CFA, c'est-à-dire 10 000 FF avant la dévaluation du franc CFA). Une affaire juteuse pour les touristes occidentaux et pour les braconniers centrafricains. D'ailleurs, l'hebdomadaire britannique, *Sunday Times,* affirmait en février 1981 que plus de douze mille éléphants avaient été tués au cours de l'année 1980 en République Centrafricaine. Le *Sunday Times* avait même mis en cause le gouvernement français de l'époque. D'après son enquête, << *Le gouvernement français -et en particulier le président Valéry Giscard d'Estaing- savait que les hordes d'éléphants étaient décimées (...). Or,* poursuit l'hebdomadaire, *la France a autorisé ses commerçants à importer l'ivoire et a cyniquement fermé les yeux sur l'utilisation de documents de complaisance.* >> Des précisions apportées par les journalistes anglais attestent, dans le même journal, qu'une femme d'affaires française s'est vue proposer d'acheter vingt tonnes d'ivoire par l'ancien premier ministre centrafricain et ami du président Dacko, Monsieur Christian Ayando. Selon le *Sunday*

Times : << L'autorisation exceptionnelle d'exportation concernant cette transaction a été signée par Dacko lui-même.>>
Dans ces conditions, les inquiétudes et les observations exprimées par l'ancien patron des services secrets français, Alexandre de Marenches ne peuvent que susciter des interrogations lorsqu'il souligne dans son entretien avec la journaliste Christine Ockrent (*Le secret des princes*) que : << *La vérité, c'est que la chasse aux grands animaux de ce pays peut y être pratiquée dans de bonnes conditions. Pourquoi,* s'interroge -t- il, *n'y aurait il pas au sommet de l'Etat des amateurs de grande chasse? Je ne suis pas contre l'intendance de menus plaisirs, à condition qu'elle ne se confonde pas avec la raison d'Etat.*>>
De nombreux témoignages précis et concordants nous ont également été rapportés sur des pratiques douteuses des personnalités politiques centrafricaines et sur certains Français en matière d'ivoire dans ce pays pendant et après le règne de Bokassa. En 1974, les services des Eaux et Forêts estimaient à quarante mille le nombre d'éléphants adultes en République Centrafricaine. En 1979, les mêmes sources évaluaient la réserve des éléphants à dix mille, soit trois-quarts de bêtes décimées en cinq ans. Une véritable hécatombe pour ce pachyderme dont la principale attraction est son ivoire. En fait, en dehors de l'empereur, peu de personnes ont pu reconnaître qu'elles étaient, à travers la chasse ou dans le cadre de leur activité professionnelle, impliquées dans le commerce illicite de l'ivoire en République Centrafricaine. Il semble d'ailleurs que l'ivoire centrafricain est devenu une véritable affaire d'Etat comme le laisse entendre Alexandre de Marenches ou plus exactement un des plus grands scandales franco-africains de ces dernières années. C'est du moins ce que suggère un document accablant, signé par l'ancien président André Kolingba, que nous avons obtenu et qui : << *Autorise les cadres Français de la Sécurité et intervention Présidentielle, à acheter chacun aux Domaines, une défense d'Ivoire brut, au prix artisanal de kg/cinq mille F. CFA, et à la transporter en France.* >> (voir annexe 27) Combien de cadres Français ont – ils transporté dans leur pays ces << *défenses* >> d'ivoire brut ? Secret défense ! Le colonel français Jean-Claude Mansion, qui était à cette époque le patron de la

sécurité présidentielle, avait-il connaissance de ce type de marché ? Qui aujourd'hui peut avouer avoir été de près ou de loin un acteur occulte du marché illicite d'ivoire entre le Centrafrique et la France? Le moins qu'on puisse dire est que le malaise que peut susciter un tel dossier en France ne permettra jamais d'avoir un débat public sur ce que le chercheur français François-Xavier Verschave appelle dans un néologisme la << *Françafrique* >> c'est-à-dire ce qui relève de << l'affairisme>> franco-africain. Il n'a jamais été facile de donner un vrai coup de pied dans la fourmilière franco-centrafricaine, de peur d'éclabousser les multiples acteurs de la << *Françafrique* >>. Si Monsieur Mansion a été critiqué à outrance en République Centrafricaine et en France, notamment dans le livre de Roger Delpey, *Affaires centrafricaines,* c'est parce qu'il n'a jamais été expliqué que son rôle d'agent de la DGSE auprès du président Kolingba répondait à des préoccupations politiques précises de Matignon et de l'Elysée. Pour s'en convaincre, il suffit de suivre les propos de son ancien patron Monsieur Claude Silberzahn dans son ouvrage avec Jean Guisnel, *Au cœur du secret* édité chez Fayard. Pour lui : << *Certains objecteront que le Service a apporté pendant de nombreuses années un appui remarqué au régime personnel du président André Kolingba en République centrafricaine. La DGSE avait, en effet, placé auprès de lui un de ses hommes (Mansion), devenu au bout de quelques temps l'un des pivots du pouvoir, tenant entre ses mains non seulement la sécurité personnelle du président, mais celle de l'Etat tout entier. Il faut sur ce point bien préciser les choses. D'abord noter que le régime centrafricain, s'il était peu démocratique et contribuait à l'enrichissement personnel du chef de l'Etat et des feudataires du régime, ne s'est jamais distingué durant ces années des mesures répressives, que ce soit l'assassinat ou même l'emprisonnement de ses opposants. Dans la petite geôle de Bangui, le prisonnier le plus considérable se trouvait être Jean Bedel Bokassa, qu'André Kolingba finit d'ailleurs par libérer...* >>. Monsieur Silberzahn va plus loin dans l'explication du rôle de Mansion et de la DGSE au Centrafrique : << *L'insertion du Service dans le système centrafricain était le produit de l'Histoire et son maintien avait*

plusieurs justifications.
La première était d'assurer la sécurité et la liberté d'action de la principale base militaire française en Afrique subsaharienne. Au fil de toutes ces années, elles vécut sous le << parapluie>> de la DGSE et put ainsi remplir ses missions sans problèmes. N'ai- je pas d'ailleurs moi- même convaincu André Kolingba en 1991 de ne pas monnayer à la France la présence de la base et les soucis politiques qu'elle lui occasionnait avec ses pairs africains lorsque ses forces étaient conduites à intervenir dans l'un ou l'autre de leurs pays ?
La deuxième justification du maintien de notre soutien au régime était qu'à cette époque il n'y avait aucune solution de rechange au système en place, qui, dans ces circonstances, se révélait un moindre mal. Le service était notamment plus que sceptique sur celle qui finit par s'imposer. Il le demeure probablement. Or, une présence forte de la DGSE en Centrafrique est impérative. La qualité de ses voisins, le Tchad et le Soudan, l'exige. C'est sans doute la raison pour laquelle, lorsqu'il suggérait qu'il pourrait changer son homme à Bangui, le Service s'entendait répondre, à tous les niveaux de pouvoir sans exception et pendant toutes ces années, qu'il était en effet urgent d'y réfléchir, mais en prenant tout son temps... >>. Cette citation de l'ancien préfet Silberzahn a l'avantage de montrer comment, en prenant toujours tout son temps à l'Elysée comme à Matignon, on pouvait laisser se propager la gangrène de l'affairisme et de la corruption au Centrafrique. On comprend aussi pourquoi des Français et des Centrafricains pouvaient se livrer, en toute impunité, à toutes sortes de trafics. Il fallait surtout prendre tout son temps pour ouvrir ce dossier c'est-à-dire jamais.
Dans le domaine immobilier l'empereur a, là aussi, réalisé de << *bonnes affaires* >> et a été parfois floué. L'exemple le plus médiatique et le plus spectaculaire reste celui qui l'a opposé à l'homme d'affaires français Bernard Tapie. Avant cette épisode, Bokassa avait acquis plusieurs propriétés en France et en Suisse. Dans le premier pays, il est devenu propriétaire en 1973 du château de Saint-Louis-Chavanon à Neuvy-sur-Barangeon dans le Cher, une vaste demeure de 96 pièces sur une soixantaine d'hectares, dont le prix d'achat a été de 1. 500. 000 FF. Il est aujourd'hui occupé par le Cercle national

des combattants, une association très proche du Front National. Bokassa a ensuite acquis le château de Villemorant, un bel édifice du XIXème siècle, près de Meuny-Sur-Beuvron. Il lui a coûté 2 millions de francs en 1974 et à peu près le même montant pour les travaux de restauration.Un autre château, plus connu sous l'appellation de château d'Hardricourt, a été acquis par l'empereur en 1978 dans les Yvelines, une résidence du XIXème siècle attribuée à l'impératrice Catherine, son épouse. Non loin de là se trouve une autre propriété, celle de Mezy (11 000m²).
Une quatrième propriété qui rejoint les précédentes est une luxueuse résidence de 2.382 m², située dans le quartier Saint Antoine à Nice. Il a également acheté un hôtel-restaurant près de Romorantin pour la modeste somme de 200.000 FF. Il avait aussi une ferme en Selles Saint- Denis, dans le Loire-et-Cher. C'était un domaine de chasse d'environ 60 hectares. Tout cet ensemble immobilier a été évalué à près de 50 millions de francs.Une partie a été vendue aux enchères, pour rembourser les dettes contractées auprès de certains créanciers, en juillet 1991. Cette vente a été réalisée à Blois à la demande de la First Couraçao International Bank NV. Un établissement financier dont le siège social est situé à Bredestraat Couraçao, dans les Antilles néerlandaises (Caraïbes). L'empereur a également acquis deux somptueuses propriétés en Suisse: l'une à Genève et l'autre à Berne. Il possède aussi une résidence située à la rue Lambermont en Belgique. Il la louait à l'ambassade centrafricaine à Bruxelles. L'empereur avait confié l'achat de cette résidence, en 1975, à un avocat français, Maître Marc Benmoha. Après avoir reçu le mandat de négocier un contrat aux conditions avantageuses pour l'empereur, Marc Benmoha a acquis cette résidence pour un montant total de 4,850 millions francs dont 2 millions payés sur un compte du Crédit Lyonnais. En achetant toutes ces propriétés, Bokassa oubliait parfois que lorsqu'on acquiert des résidences en Europe, il faut aussi s'acquitter des taxes foncières. Ce mauvais trou de mémoire lui sera brusquement comblé lorsque l'inspection générale des impôts de France le réveille avec fracas de son exil d'Abidjan. En recevant le 23 juillet 1983 une lettre de la paierie de France, en

Côte-d'ivoire, dans laquelle on lui rappelle qu'il doit au trésor français 65 082 francs de taxes pour trois de ses propriétés situées en France, Bokassa croit d'abord à un canular de l'administration. Mais lorsqu'il découvre, dans la même lettre, qu'un acompte de 3 755 francs, retenu sur sa pension, a été versé au service de recouvrement et qu'il reste redevable de 61 326, il comprend qu'il n'est pas toujours facile de se faire oublier par le fisc et de surcroît si on s'appelle Bokassa.
A la différence de certains chefs d'Etats africains qui entretiennent la rumeur et la supputation sur leurs revenus, Bokassa n'a jamais caché qu'il tirait une partie importante de ses ressources financières des activités commerciales et des placements immobiliers, bref des << affaires>>. Il a aussi rejeté toute allusion au détournement de fonds publics, une éventualité peu plausible lorsqu'on sait que les frontières étaient poreuses entre argent public et argent privé. Il faisait également transiter par les fonds spéciaux d'importantes sommes d'argent en provenance de son réseaux d'amis.
Pour revenir au litige qui va l'opposer à l'ex-président du club de football de Marseille, Bernard Tapie, tout a commencé en octobre 1979, un mois après l'éviction de l'empereur. L'homme d'affaires français découvre dans la presse que l'impopularité de Bokassa soulève l'indignation sur le nombre de propriétés qu'il détient en France. Il lui vient alors l'idée d'exploiter cette situation en << montant un coup>> sur les biens de l'empereur. Il décide de se rendre à Abidjan avec un conseiller financier Fabien Domergue, son associé dans une petite entreprise située au 24, avenue de Friedland dans le VIIIème arrondissement de Paris et dénommée *Tapie et Compagnie.* Il fait aussi appel à un conseiller juridique, Francis Lafon, un notaire de la ville d'Angoulême. Seulement, Tapie ne connaît pas Bokassa et l'Afrique. Il se fera donc aider par sa compagne Dominique Mialet Damianos, devenue l'amie de Thérèse Brou, l'épouse du chef de l'Etat ivoirien, Félix Houphouët-Boigny. Beau parleur, Tapie sait être au bon endroit, au bon moment. Découvrant Bokassa encore sous le choc de sa perte de pouvoir, il n'hésite pas à déclarer d'entrée de jeu à l'empereur qu'il vient le sauver d'une avalanche de décisions imminentes portant sur la nationalisation de tous ses biens en France. Il

affirme pêle-mêle avoir l'accord de l'Elysée et de l'argent nécessaire pour régler tout cela au plus vite. A la fois confus et fasciné par le discours chaleureux et verdoyant de Bernard (comme l'appellent ses intimes), l'empereur se jette dans les bras de son << messie >>. Le << *spécialiste des affaires en difficultés* >>, selon sa propre expression, est aux anges. En moins d'une journée, Bokassa signe le contrat de vente à Tapie. L'acte sera paraphé à l'étude de Maître Kouakou Konan Daniel, un notaire ivoirien.

Lorsque le Président Houphouët-Boigny découvre que cette affaire risque de prendre des proportions grandioses, car elle est déjà suivie de près par l'Elysée, il pique une grosse colère et décide, à la demande de Bokassa, de procéder à l'annulation de l'acte de vente. Le tribunal de première instance d'Abidjan est alors saisi. Il annulera la vente le 22 mai 1980 en précisant qu'elle a abouti grâce aux manœuvres dolosives utilisées par Tapie, avant d'ajouter qu'il << *s'agit de comportements malhonnêtes, déloyaux, pour extorquer le consentement de son interlocuteur* .>> Le tribunal condamnera également la Société *Tapie et Compagnie* qui s'est portée acquéreur à verser 100.000 F CFA de dommages-intérêts à Bokassa. Celui-ci découvrira peu de temps après que Tapie a tissé des relations d'amitié avec ses deux fils, Jean-Charles et Saint-Cyr. Un soutien familial que l'homme d'affaires entendait utiliser pour coincer << *Papa Bok* >>. Il ignorait simplement que le vieil empereur, même déchu, n'était pas du genre à se laisser berner même par ses propres enfants. Lorsque Bokassa s'en prend à son fils Saint-Cyr, ami de Tapie, et l'interroge sur la main basse qui est faite sur son parc automobile, celui-ci confie à son père qu'il n'a à sa disposition que deux véhicules et que le reste << *est en possession de M. Tapie* >>. Cette révélation est faite à Bokassa dans une lettre que son fils lui adresse le 27 février 1980 soit une semaine après l'anniversaire de l'empereur (voir annexe 28). Il lui donnera des précisions sur les véhicules que Tapie a récupérés dans une seconde lettre que Saint-Cyr envoie à son père le 18 mars 1980. Il dira :

<< *Cher père, voici la liste des véhicules en possession de Monsieur Bernard Tapie* :

- *1 Mercedes 600*
- *1 Mercedes 450 SEL*
- *1 Mercedes 280 SEL*
- *1 Cadillac Flet wood*
- *1 Cadillac Seville*
- *1 Cadillac Eldorado*
- *1 Jaguar XJS*
- *1 DS Familial*
- *1 DS 23 injection*
- *1 SM Citroën*

Vexé et amer, Bokassa dira au sujet de Tapie : << *Plutôt perdre tous mes biens et tous mes châteaux que de laisser ce margoulin me piétiner.* >> Dans ce sursaut d'orgueil, il finira par enjoindre à son avocat parisien Yvan Assouline et à ses deux fils de ne plus intervenir dans ses affaires. Pourtant, Maître Assouline avait engagé une action en justice pour demander l'annulation de la vente des propriétés de l'empereur. Devenu méfiant et suspicieux sur le sort qui lui était réservé en France, il chargera un autre avocat, Maître Boissier-Palun de se désister à son nom. Mais l'avocat de Tapie tentera de s'opposer à ce désistement pour que cette affaire se dénoue en France plutôt qu'en Afrique. Après plus d'une année de procédure, la première chambre du tribunal civil de Paris accepte le désistement de l'empereur en janvier 1981. A la fin de cette même année, le Tribunal de grande instance de Paris donne finalement l'exequatur du jugement ivoirien, c'est-à-dire l'effectivité et la confirmation de la condamnation de Bernard Tapie dans ce litige immobilier. Dix jours après, un huissier signifiera la décision des tribunaux à l'intéressé.
En ce qui concerne les biens immobiliers de l'empereur en République Centrafricaine, le gouvernement de << *Salut Public*>> instauré par le président David Dacko, devenu son successeur à la tête du pays, avait décidé de les faire occuper par différents services d'Etat et par des organismes parapublics. Il s'agissait d'une usine de conditionnement de légumes et d'une entreprise de traitement du café. Elles ont été attribuées à un Institut de formation professionnelle. Quant à l'usine de disques, elle a été placée sous l'autorité du ministère de l'Information. Alors que le palais de Kolongo est

devenu un musée et la villa Nasser transformée en maison d'accueil.
Certes Bokassa a eu beaucoup d'argent, mais il ne s'est pas véritablement enrichi comme cela a été écrit à de nombreuses occasions. Il a claqué une partie de ses revenues dans des achats excessifs de voitures haut de gamme et dans de nombreuses réceptions mondaines. De plus certains de ses comptes ont été bloqués lors de sa chute en 1979. D'autres, moins garnis sont, aujourd'hui encore, vidés par quelques individus peu scrupuleux. Ancré résolument dans la générosité de la cigale au détriment de la parcimonie de la fourmis, l'empereur a été dépouillé par ses nombreuses femmes, ses vrais et ses faux amis puis par tous les << prédateurs >> qui le savaient crédule. A de nombreuses occasions, il va distribuer de l'argent à ses proches comme à des inconnus.
Il est assez édifiant que parmi les collaborateurs centrafricains et français de Bokassa, un grand nombre d'entre eux ne lui aient trouvé que des défauts et parfois même des comportements pathologiques. Régulièrement présenté comme une personnalité aux délires perpétuels, il est un peu dommage qu'on lui ait toujours préféré la surveillance policière à celle des psychiatres chevronnés. Ceux qui se faisaient du soucis pour << l'empereur malade >> ont manqué une excellente occasion de lui rendre un service humanitaire.
Il est finalement resté seul pendant son incarcération à la prison de Bangui.

5- Le silence, la solitude et la mort

Pendant son incarcération dans la cellule étroite de cinq mètres carrés située à l'intérieur du camp de Roux, à quelques mètres de la résidence du chef de l'Etat centrafricain André Kolingba, l'empereur est tombé sous le charme des textes bibliques. Les Saintes Ecritures sont devenues sa raison d'être, une façon pour lui de replonger en autodidacte dans sa première vocation d'homme d'église abandonnée pendant sa jeunesse. Baignant avec sa soutane dans une religiosité obsessionnelle, Bokassa, qui se prenait pour un Apôtre du Christ, trouvait toujours le temps de citer quelques passages bibliques à ses visiteurs.
Dans cette solitude carcérale, il essayait de se redonner une paix intérieure à défaut de partager ses déceptions et probablement aussi ses remords. Dans cette dernière phase de sa vie, l'homme est resté le même : déroutant, fuyant et toujours << illisible >> à première vue. Dans tous ses comportements, la plaisanterie, le délire et le sérieux ne sont pas véritablement distincts. Il peut passer de la colère à la joie, du fantasme à la réalité, du mensonge à la vérité avec une aisance déconcertante. Il arrive, sans se forcer, à être amusant puis agressif, affectueux et terriblement effrayant, tout cela en très peu de temps. C'est le joueur parfait, l'homme de pouvoir qui ne paraît pas mais qui est constamment lui-même : un manipulateur hors pair et un éternel candide. C'est pourquoi il est toujours un << *fou* >> pour ceux qu'il déroute en permanence. Par exemple, lorsqu'il se met à dire la messe en se prenant pour un grand prêtre, nul ne sait vraiment s'il délire, s'il joue ou s'il prend au sérieux << sa nouvelle mission évangélique >>. Tous ceux qui l'ont vu dans ce rôle ont noté qu'il était parfois dans un état de délire, mais aussi dans celui d'un véritable curé soucieux de prêcher la bonne parole avec des arguments bibliques appropriés et pertinents. On le voyait aussi dans la démarche du comédien qui se met en scène et voulant à tout prix sermonner les << athées >> qui l'entourent.
Dans sa prison centrafricaine, seulement quelques proches et

ses avocats, Maître Tiangaye et Zo Kwé So, étaient autorisés à lui rendre visite. Il faut dire que la sécurité de Bokassa était devenue l'objet de toutes les attentions pour les autorités gouvernementales. Sa nourriture était contrôlée par le service de sécurité de la présidence de la République. Ses contacts avec l'extérieur étaient quasiment inexistants. Il faut souligner que le colonel français Jean-Claude Mansion a aussi contribué à adoucir ses conditions de détention. Une détention qui avait pourtant commencé durement. Au début de l'année 1990, Bokassa avait déjà des problèmes de santé dans sa cellule. Lorsqu'il recevait la visite de ses médecins, et que ceux-ci prescrivaient des médicaments pour son traitement, ses gardes s'arrangeaient régulièrement à faire disparaître ses ordonnances. En septembre 1991 par exemple, l'un de ses geôliers, le capitaine Koyamgbo, qui était aussi le régisseur de la terrifiante prison de Ngaragba, va emporter l'ordonnance de Bokassa sans lui demander son avis. Il attendra les médicaments en vain. Quelque temps après, ce même régisseur demandera le transfert de l'empereur à la prison de Ngaragba. Une demande qui sera freinée par le directeur de l'administration pénitentiaire. Ce dernier s'opposera vivement à l'envoi de Bokassa dans ce qui était plutôt considéré comme << le camp de la mort >>. Rappelons que c'est Bokassa lui-même qui a encouragé cette réputation dans ce centre de détention. Sous son règne, plusieurs personnes y ont disparu et d'autres y ont subi des tortures de toutes sortes. Ses geôliers voulaient certainement lui faire payer ses années de pouvoir autoritaire.

Toutefois, six années de bagne n'ont pas entièrement usé Bokassa. Son dynamisme était toujours époustouflant et sa rancœur intacte contre la France coloniale et contre Giscard d'Estaing. Il a cependant gardé quelques séquelles liées à la solitude et aux frustrations de l'univers carcéral. On voyait dans ses gestes et ses propos une soif d'obtenir justice sur son action et ses responsabilités politiques. Il exprimait constamment sa révolte contre le mensonge, l'hypocrisie et la lâcheté de ceux qui s'appliquaient à porter sur sa vie et son œuvre une vision tendancieuse et uniquement sensationnelle. Un jour, il demande à un de ses proches, le regard impuissant,

l'air désabusé, << *a ton avis, je ne mérite pas que les gens sachent la vérité sur ma vie avec toutes les bêtises qu'ils racontent sur mon compte?* >>
Un droit à la vérité qui est resté inaudible et très improbable. Il gardait malgré tout, une grande volonté et un besoin énorme de protéger ses enfants. Une tâche bien difficile pour une progéniture qui semble inlassablement payer le prix des rancœurs et des actes attribués à leur père. C'est en tout cas l'avis de son ancienne épouse, Marie-Joëlle Aziza Eboulia qui s'insurge dans une interview accordée au journal panafricain *Africa International* en juin 1997 : << *Qu'on ne nous brime pas parce que nous portons le nom de Bokassa.* >> Le cri de cette mère qui soutien aussi avoir été une << *épouse heureuse* >> de Jean Bedel Bokassa est resté longtemps discret et même secret. Il semble bien que le silence était le prix que Marie-Joëlle Aziza devait payer pour sa survie ainsi que celle de ses enfants. On ne souhaitait pas qu'elle dévoile ce qu'elle a vécu en 1979 au moment où les troupes françaises destituent Bokassa. Nous avons pu obtenir le récit de son aventure à partir d'une lettre qu'elle a écrite à son mari le 20 mai 1980, soit une année après la chute de l'empereur. Un témoignage inédit que nous publions ici :
<< *Jean,*
C'est avec l'espoir que tu recevras ma lettre que je la rédige car elle est la 4e *d'une série.*
Mon mari j'ai été rapatriée dans des conditions humiliantes et je suis de retour a Libreville depuis le 7 novembre 1979 a 12 h 45 mn. Je ne peux vraiment pas te décrire mes malheurs de Bangui ni ce que j'ai vécu avec les enfants. L'enfer je ne l'ai jamais vécu, mais je crois que je l'ai connu a Bangui. C'est le 21 septembre 1979 à 18 heures que je fus arrêtée avec les enfants. C'était Pierre Mammoubasio ton chauffeur et parent qui était venu et indiquer ma villa aux troupes françaises. Jean malgré tout tu as eu des Centrafricains qui ont sacrifiés leur vie pour toi pour le fanatisme qu'ils avaient pour toi. Le jour de mon arrestation, on voulait laisser Saint-Cyr mais j'étais obligée de leur supplier afin qu'il viennent avec moi car seul avec les villageois déchaînés ils l'auraient tué. Par mon entêtement quand j'ai dit que je ne bougerai pas de Boyali s'il ne venait pas avec nous et comme ils

tenaient a me faire rentrer chez moi, pour ne point avoir d'histoires ils nous ont laissés partir ensemble. Donc nous quittions Boyali a 18 h30 mn pour le palais de la renaissance ou on nous fit passer la nuit sur la cour avec les enfants et la grande pluie torrentielle qui mouillait le pays.
A 4 heures du matin avec mon ventre et a terme nous quittions le palais de la renaissance pour la villa Ocam et cela grâce a une vive protestation de Michel ton chauffeur et garde- corps, qui d'ailleurs a été arrêté un jour après nous, que nous fûmes mis en résidence surveillé. Le jour de notre arrestation, je fus pillée de tout avec tous les enfants. Je n'avais pas le droit de prendre quoique se soit ni même le linge du bébé que tu m'avais fais acheter la veille ni une seule photo souvenir des enfants et c'est ainsi que j'étais rentré a Libreville comme un objet avec mes enfants. Jean la vie m'a toujours été difficile et douloureuses et je sens que je la terminerai ainsi. Malgré tout ce que j'ai enduré : injures, humiliations, les Centrafricains crachaient sur moi, dans notre manger, oh ! Jean c'était terrible. Madame Ti- a- Hing qui était le numéro un pour t'injurier. Tous les matins elle venait se regrouper avec beaucoup d'autres femmes dans ma prison pour parler de toi, t'injurier avec moi. Les enfants pleuraient, on les giflait et les malmenait devant moi étourdie par tant d'événements. Mon seul soulagement était de te savoir vivant, sain et sauf et loin de ces fous. Après avoir passé deux jours a la villa Marie pouvais rien Béatrice a l'OCAM sans boire ni manger, je ne pouvais rien faire car les militaires faisaient la garde dans la chambre ou nous étions mis ou nous attendions aussi notre sort. Deux jours après on nous amenait encore pour le palais de la renaissance avec ma petite famille. Je pleurais, les enfants qui n'avaient plus de forces pour marcher par la faim et la soif, nos enfants qui demandaient un peu a manger avec pitié m'avaient moralement abattue. Mes peines ne s'arrêtaient pas la car j'avais aussi peur que Saint-Cyr ne commette des erreurs qui l'aurait nuit par la perte de sa vie. Au palais nous avions terriblement souffert, on nous avait mis dans une chambre sans lit ni climatiseur nous n'avions pas le droit de mettre le nez dehors pour savoir s'il fait jour ou nuit et avec mon état j'étais physiquement abattu avec des pieds enflés. Pendant le jour nous souffrions l'enfer avec la chaleur et la nuit l'insomnie

avec la chasse aux moustiques et la peur qu'il n'arrive rien aux enfants. Nous ne prenions des bains qu'a l'eau froide, le repas journalier : du manioc avec la viande de brousse boucané et cela pendant les deux mois de notre arrestation. Les enfants nos enfants pourrissaient vivants avec de gros boutons à la bouche et aux corps plus les pieds qui s'enflaient. Saint-Cyr lui était parti bien vite grâce à sa maîtresse qui avait plaidé sa cause au Consulat de France où il nous quittait le 28 septembre avec la promesse de nous faire délivrer au plus vite.(...). Quand a notre fille Titi on voulait la mettre en orphelinat en Roumanie car sa mère ne voulait plus d'elle. Le billet était déjà prêt et je crois que c'est la seule fois de ma vie ou j'ai eu peur après l'affaire D'EVREUX.

J'ai pleuré avec une douleur que j'avais juré faire la grève de faim si on me la mettait en orphelinat. Cela faisait déjà un mois que nous étions enfermés qu'une nuit, dans une tristesse infinie j'ai commencé à avoir des douleurs qui avaient durées 5 jours. Quand ils ont vu que l'enfant ne venait pas, que je palissais et que j'avais perdu la parole alors ils m'ont fait partir en clinique sur la demande du Dr Chouaib où j'avais encore souffert 48 heures malgré les stimulants qu'on m'avait fait. Puis notre fille vint au monde avec un poids de 2 kg 900g. Après la naissance et la délivrance, j'avais quitté seule la salle de travail pour aller dans la chambre ou je dormais sans force pour marcher j'ai failli m'évanouir mais les militaires français ont eu pitié de moi qu'ils sont venus a mon secours. Une fois au lit j'avais eu une forte hémorragie que le Dr Chouaib était obligé de me faire un curetage sans anesthésie puis me mettre sous perfusion mais entre temps j'avais perdu connaissance. Le lendemain je quittais la clinique avec notre bébé pour ma prison ou je devais continuer a souffrir dans la peur d'être empoisonnée avec les enfants.Jean tu ne peux savoir ce que j'ai vécu a Bangui mais la vie est ainsi faite et malgré tout tu seras toujours l'homme que j'ai aimé et le père de mes gosses. Nous avions quittés Bangui qu'après deux mois ½ de souffrances. Et chez moi je devrais me considérer comme une exilée d'ou l'asile me fut accordé dans mon pays le 30 novembre. J'avais quitté clandestinement le pays pour Libreville à bord d'un foker pour atterrir à la base militaire ou toute une meute m'attendais pour voir l'épouse sanguinaire avec sa famille. Je n'avais aucun coin pour me réfugier ni un parent pour venir à ma rencontre. Par le silence de ma famille, Mr Rouks m'accompagna chez maman. L'accueil fut des plus froids, la maison elle-même est le taudis du quartier, sans eau ni wc . La base militaire française est tout juste a côté et c'est le vrai Boscon et la musique le jour comme la nuit sans repos, la maison étant ensemble avec la boîte, le bar et le restaurant. (...) Ne sachant quoi faire je n'avais rien sur moi et avec trois gosses c'était pénible. Aucune idée de louer un studio vu ma situation. J'ai pas le droit de travailler seulement dans le restaurant de maman(...). J'étais parti en plein soleil voir le Premier conseiller de l'ambassade de Côte- d'Ivoire qui m'avait logé avec les enfants dans un hôtel pendant 5 jours que je devais quitter après sur ordre de l'ambassadeur lui-même. Je n'avais pas rouspété et j'étais parti la nuit même chez ma maman avant d'aller chercher le lendemain matin un endroit ou habiter. Je ne pouvais pas m'en sortir sans argent que mon frère me mit chez notre oncle à 15 km de Libreville. Nous dormions par terre avec les enfants et le bébé puis nous ne vivions pas bien surtout les enfants qui souffraient de faim pendant deux à 3 jours que j'étais contraint pour nos gosses seulement de repartir chez maman où je devais travailler au restaurant comme caissière pour faire manger les enfants. Ailleurs on ne peut m'embaucher je suis la femme d'un sanguinaire. Jean je ne reste que cachée avec les enfants tellement j'ai honte. Mais maintenant je n'en peux plus, et ne sais plus comment te parler de mes souffrances. Même si tu as le cœur dur comme une pierre je souhaite que cette lettre te fasse comprendre et ma vie et mon calvaire(...). Ma vie est devenue une obsession pour moi, je suis l'objet de rire de tout le monde. Non mon mari je ne peux continuer ainsi car je suis une personne comme tout le monde et je ne demande pas mieux que de faire vivre nos enfants comme tout enfant heureux. Maintenant je ne suis qu'une clocharde de maison en maison, de parent en parent je mendie une chambre, un lit, a manger avec mes enfants, toujours aux aguets et la terreur d'être chassé. Le jour où ça arrive je suis résignée et la plage devient ma demeure. Sans argent je ne marche qu'a pied sous les regards apitoyés mais moqueurs, souvent à la recherche d'un boulot(...). Je n'ai point d'aide et je ne peux me vendre car j'ai malgré tout ma dignité. Personne ne peut m'accepter à un boulot, je suis toi... << Cette longue lettre intime montre bien que la chute de l'empereur a aussi durement touché sa famille. L'ex-belle fille de l'empereur, Evelyne Durieux, observe dans son livre *Le Bonheur était ailleurs* édité chez Michel Lafon que : << *Le nom de Bokassa suscite des réactions diverses de peur, trouble et intransigeance.* >> Notons que l'impératrice Catherine, l'ex-épouse de Bokassa réfugiée en Suisse a dû reprendre son nom de jeune fille et changer les noms de ses enfants. Comment permettre à ces nombreux enfants (cinquante trois) de vivre leur vie sans avoir à s'excuser de porter le nom de leur père? Il n'est pas impossible qu'en se livrant à la surenchère d'anecdotes, vraies et fausses, en maquillant quelques vérités sous une peinture repoussante, ses anciens collaborateurs et certains de ses amis aient tenté de le livrer à la vindicte populaire. Cherchaient-ils à faire de lui ce que l'académicien français Jean Dutour a appelé dans son oraison funèbre, au quotidien *France-Soir,* du 9 novembre 1996, sur Bokassa << *Le bouc émissaire ?* >>. Selon Monsieur Dutour: <<*Le charme des boucs émissaires, au moins quand il s'agit d'individus, c'est qu'on peut continuer à les injurier après qu'on les a enterrés. Ils deviennent des sortes d'épouvantails historiques avec lesquels on fait peur aux petits et aux grands enfants. Le bouc émissaire mort a un avantage supplémentaire qui est que l'on peut, à tout instant, évoquer son exécrable mémoire afin de détourner l'attention du public des canailles vivantes.*>> L'académicien affirme dans le même journal:<<*J'ai écrit cette chronique en guise d'oraison funèbre pour le pauvre Bokassa, qui n'était sûrement pas un enfant de choeur, mais qui avait au moins deux qualités qui, en dépit de ses gamineries impériales, auraient dû lui valoir notre soutien: il avait gagné le ruban de la Légion d'honneur sur le champ de bataille. En second lieu, il parlait français et, avec lui, la République centrafricaine parlait français.*>> Et Dutour de conclure: << *En 1900, époque où l'on n'était pas aussi moral qu'aujourd'hui, il serait mort sur le trône et le président de la République française aurait envoyé des télégrammes de condoléances à sa ou à ses veuves.*>>

Bokassa a simplement été un homme avec ses qualités et ses défauts, un militaire qui a aimé la France et la République Centrafricaine. On se demanderait même s'il n'a pas plus aimé la France que le Centrafrique ? Ce que beaucoup de gens ignorent c'est qu'il a reçu, en 1969, la Légion d'Honneur et en 1975, l'Ordre national du mérite. Des distinctions que la République Française accorde à ses citoyens les plus méritants (voir annexe 29). Bokassa est aussi, hélas, un homme d'Etat qui s'est perdu dans l'ivresse du pouvoir sous la pression d'un entourage affamé de privilèges et avide d'argent.

Lorsqu'il est gracié par le président Kolingba et quitte la prison le 1er septembre 1993, il est âgé de soixante douze ans. Cette libération a été très mal ressentie par ses détracteurs alors que ses partisans ont salué l'acte de << *générosité du chef de l'Etat centrafricain.* >> L'annonce de sa libération a été donnée par la radio nationale le jour du douzième anniversaire de l'arrivée au pouvoir des militaires. Kolingba avait déjà commué la peine de l'empereur à plusieurs occasions. D'abord en 1988, où elle est passée de la condamnation à mort en 1987 aux travaux forcés à perpétuité. Elle a été ramenée ensuite à vingt ans de travaux forcés en septembre 1991 avant d'être réduite à dix ans en 1992.

Cette grâce était apparue inopportune puisqu'elle intervenait en pleine élection présidentielle où Kolingba était en situation de défaite. Arrivé quatrième avec 12% des voix au premier tour du scrutin, Kolingba n'a pas eu d'autres moyens pour exprimer son amertume. La classe politique va donc considérer la libération de Bokassa comme une tentative de perturbation du processus électoral, ou plus exactement comme une manoeuvre politique visant à créer un climat de tension dans le pays. Le diplomate français Michel Lunven avait déclaré, à cette occasion, que le moment était << *mal choisi* >>. Selon lui : << *Rien de tel pour perturber le climat en période électorale.* >> Agacé, il lâchera : << *Après tout, ils font ce qu'ils veulent, c'est un pays indépendant.* >>

Ce représentant spécial de la France à Bangui exprimera encore son malaise lors d'une brève rencontre avec le président Kolingba. Celui-ci se défendra en soulignant qu'il << *ne s'agit pas d'une manœuvre politique* >>. Il précisera que

<< *Bokassa restera jusqu'à la fin des élections, un homme libre mais sous la bonne garde de la sécurité présidentielle.* >>

Quant à l'empereur, sa joie de recouvrer la liberté était manifeste. Il exprimera son soulagement et sa reconnaissance au président sortant. L'arrivée au pouvoir d'Ange Félix Patassé, son ancien premier ministre, du temps de l'Empire, ne lui apportera aucun privilège. Il sera réduit au silence et davantage surveillé. Ses entrevues avec les journalistes se dérouleront, la plupart du temps à proximité de quelques agents de la DGSE ou des << grandes oreilles >> de la sécurité centrafricaine. Une surveillance bien curieuse pour celui qu'on a longtemps considéré comme un << *fou mégalo* >>. De tous les témoignages que nous avons pu recueillir, il est apparu que l'empereur surprenait ses interlocuteurs par sa mémoire d'éléphant. Ses contacts avec les journalistes mettaient souvent certains hommes politiques centrafricains et français sur le qui-vive. Redoutait-on que l'incontrôlable empereur dévoile, dans un élan de colère, les parties obscures de son règne où certains de ses amis et ou de ses ennemis avaient pris part? Là est probablement la grande énigme sur la surveillance sans relâche exercée sur Bokassa jusque dans son propre pays.

Après sa libération, la vie de l'empereur sera une fois encore agitée. Le 5 avril 1994, il est appelé à comparaître devant le tribunal de grande instance de Bangui. Il doit répondre aux accusations portées contre lui sur l'utilisation des fonds d'un montant de 3 milliards de francs CFA visant la construction de l'hôtel continental de Bangui. Une affaire dont les faits remontent à 1972 et qui a été brutalement réveillée sous le gouvernement de son ancien ministre Ange Félix Patassé devenu, à son tour, président de la République Centrafricaine.

Eprouvé par de nombreuses années de tribulations et de tension nerveuse, Bokassa se fragilise. Le petit corps robuste du militaire de la << coloniale >> ne voulait plus subir d'autres chocs. Laminé par de graves troubles rénaux et par une cataracte aiguë, il sera frappé d'une congestion cérébrale le 9 octobre 1995. Hospitalisé en urgence, Bokassa aura beaucoup de mal à se remettre de cette attaque.

Sa vie bascule réellement le 7 juillet 1996, lorsqu'on lui

annonce la mort de son fils Saint-Cyr, un armateur de trente sept ans. le jeune homme avait acquis un savoir-faire dans la pêche maritime et dans le commerce. Installé en Côte-d'Ivoire avec son épouse française, Marianne Portalier, et un bébé de huit mois, il dirigeait ses activités à partir de la capitale ivoirienne. Il menait une vie apparemment tranquille. Mais qu'est ce qui a donc pu tuer ce garçon? Peu d'éléments ont jusqu'ici été fournis. Même son épouse n'a pas permis de comprendre ce qui semble encore une énigme. L'autopsie avait néanmoins révélé qu'il avait ingurgité une quintuple dose de chloroquine, un médicament utilisé dans la lutte contre le paludisme. Ce décès brutal et énigmatique a lourdement affecté Jean Bedel Bokassa. Affaibli et choqué, il sera une nouvelle fois pris de violents maux de tête et d'importants troubles rénaux. A cette occasion, il sollicite une évacuation sanitaire en France. Mais elle restera sans suite. Il sera alos envoyé en Côte-d'Ivoire où il est placé sous surveillance médicale, en septembre 1996, dans une clinique privée (la polyclinique Sainte-Anne).

Malgré son accueil à cet hôpital, l'état de l'empereur s'aggrave et nécessite un dispositif de soins plus adapté à ses multiples infections. Après avoir évoqué l'Afrique du sud, sa famille souhaitait l'emmener au Japon pour lui offrir un traitement adéquat. Mais, l'enthousiasme pondéré des médecins a poussé ses enfants à le ramener en République centrafricaine. Dans la soirée du 3 novembre 1996, il est victime d'une attaque cardiaque et de nouveau transporté en urgence à la clinique Chouaib de Bangui, il y décédera le même jour à 21h30.

Bokassa a achevé ainsi sa vie dans la douleur comme il l'avait commencée aux premières années de son enfance. Un destin particulier et une trajectoire exceptionnelle que peu de chefs d'Etats africains ont connu. Son itinéraire est à cet égard riche d'enseignements et surtout peu banal. C'est même le substrat de la vie franco-africaine de ces trente dernières années.

ANNEXE 1

MODÈLE N° 1

OFFICE NATIONAL
DES
ANCIENS COMBATTANTS
ET
VICTIMES DE GUERRE

Office ~~départemental~~

d e Brazzaville

RÉPUBLIQUE FRANÇAISE

526947

CARTE DE COMBATTANT
VOLONTAIRE DE LA RÉSISTANCE

délivrée à

M. MBOKASSA

Prénoms Jean mle 1820

Domicile . BRAZZAVILLE

Né le 22-2-1921 Bongombé

AB/ville le 28 AVR 1959

Le titulaire:

Pour le Président
Le Préfet
Président de l'office départemental
Le Secrétaire Général de l'Office

1702574

ANNEXE 2

REPUBLIQUE CENTRAFRICAINE

Unité - Dignité - Travail

PRESIDENCE DU GOUVERNEMENT

BA

Cat Rouge

Cl 54.433

D E C R E T

N° 62/014 du 18 janvier 1962.

Portant promotion d'officiers de l'Armée nationale

LE PRESIDENT DE LA REPUBLIQUE
PRESIDENT DU GOUVERNEMENT,

DIFFUSION RESTREINTE

VU la Constitution du 16 février 1959 de la République Centrafricaine, modifiée par la Loi N° 60/163 du 12 décembre 1960,

VU la LOI N° 60/195 du 17 janvier 1961 portant organisation générale de la Défense Nationale,

VU le décret N° 60/152 du 17 Août 1960 portant composition du Gouvernement et ses modificatifs,

VU le décret N° 61/042 du 8 mars 1961 portant organisation de l'Armée nationale,

LE CONSEIL DES MINISTRES ENTENDU,

DECRETE :

Article 1er : sont promus, à titre exceptionnel, pour prendre rang du 1er janvier 1962, dans le cadre actif,

au grade de chef de bataillon

- le capitaine BOKASSA (Jean, Bedel)

Au grade de capitaine

- les sous-lieutenants : SANA (François)
BANGUI (Georges)

Au grade de lieutenant

- l'aspirant NANGNATA (Luc)

Article 2 : le présent décret sera enregistré, publié au journal officiel et communiqué partout où besoin sera.

(é) D. DACKO

ANNEXE 3

SECRET

2/- STRUCTURES

21)- Organisation

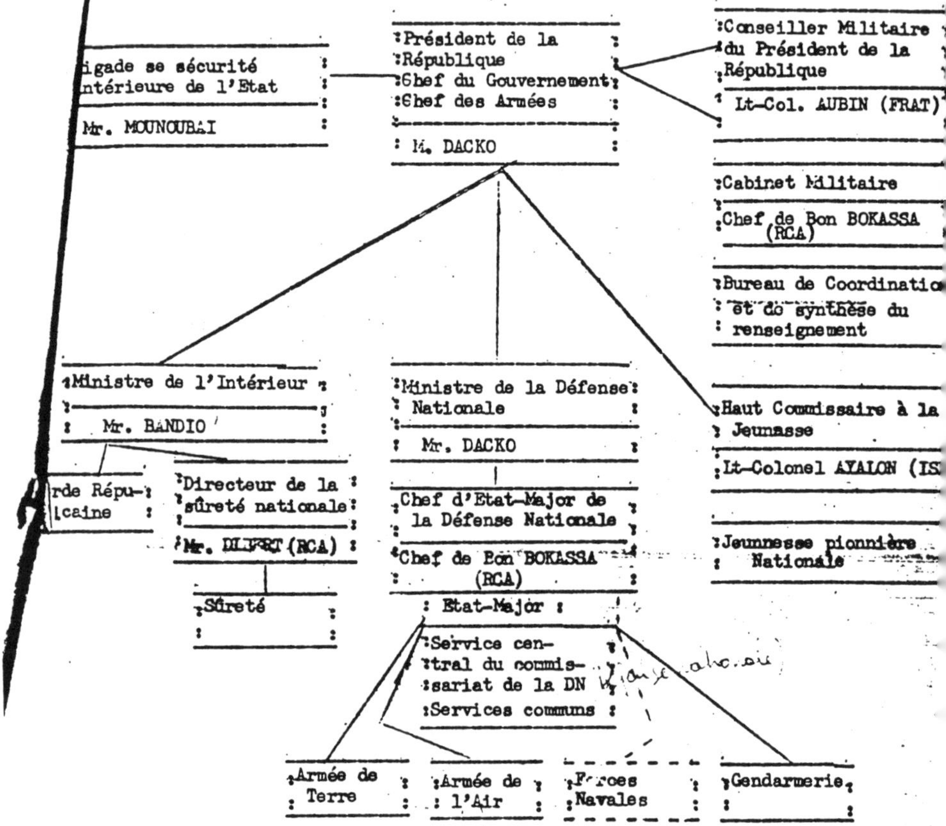

(en pointillé les formations restent à créer)

SECRET

ANNEXE 4

Ce jour 1er janvier 1966 à 03h20, Nous [illegible] DACKO, Président de la République Centrafricaine, ésident du Gouvernement, Ministre de la Défense Nationale emettons nos pouvoirs au Chef d'Etat Major — le Colonel an-Bedel BOKASSA

Fait à Bangui le 1-1-66

David DACKO

ANNEXE 5

PRÉSIDENCE
DE LA RÉPULIQUE

REPUBLIQUE CENTRAFRICAINE
Unité - Dignité - Travail

N° 1 5 7 /DSS.PR.-

Bangui, le 27 JUILLET 1973

SOIT-TRANSMIS

à SON EXCELLENCE MONSIEUR LE PRESIDENT A VIE DE LA REPUBLIQUE CENTRAFRICAINE.-

Objet Au sujet vols perpétrés à la ferme présidentielle de Bobangui.-

" Pour information "

J'AI L'HONNEUR DE TRANSMETTRE A VOTRE HAUTE ATTENTION LE DOSSIER CONSTITUANT LES ENQUETES DILIGENTEES PAR LE COMMISSARIAT SPECIAL DE PISSA, AU SUJET DE DIFFERENTS VOLS PERPETRÉS A LA FERME PRESIDENTIELLE DE BOBANGUI DU 16 AU 26 JUILLET 1973./.-

LE COMMISSAIRE DIVISIONNAIRE,

[illegible])A G N A.-

RÉPUBLIQUE CENTRAFRICAINE – Commissaire Divisionnaire – PRÉSIDENCE

ANNEXE 6

5

Le Président à Vie,
Maréchal
de la République Centrafricaine

République Centrafricaine
Unité - Dignité - Travail

Bangui, le 4 novembre 1975

222/CS/PR

+++

Monsieur le Ministre,

J'ai l'honneur d'accuser réception de votre lettre du 29 octobre 1975 par laquelle vous avez bien voulu porter à ma connaissance le compte-rendu que vous a fait Madame CHASSAGNE à son retour de la mission effectuée à Bangui et faisant suite à ma demande faite auprès de Monsieur le Président de la République Française et de vous-même, en votre qualité de Chef du Département de la Coopération.

Cette demande tendait au renforcement de l'assistance technique qui pourrait être fournie à la République Centrafricaine pour le besoin de ses services financiers.

Monsieur le Ministre, c'est vraiment de tout coeur que je vous transmets mes sincères remerciements pour toutes les démarches que vous avez entreprises auprès de votre collègue, Monsieur le Ministre de l'Economie et des Finances, afin que l'aide que j'ai demandée pour mon pays, la République Centrafricaine, me soit fournie dans les moindres délais.

Monsieur le Ministre, je suis heureux d'apprendre que vos démarches ont obtenu un résultat concret et positif et que trois fonctionnaires spécialisés sont mis à la disposition de la République Centrafricaine pour servir en qualité de Conseillers Techniques du Ministre d'Etat, chargé de l'Organisation du Trésor Public et qu'ils arriveraient à Bangui dans les jours qui viennent.

onsieur Pierre ABELIN
inistre de la Coopération
la République Française
, rue Monsieur

700 PARIS

../...

En outre, j'ai noté avec une très grande satisfaction qu'un renfort spécial serait nécessaire aux services financiers centrafricains pour étudier et mettre en oeuvre les réformes que mon Gouvernement et moi-même jugerons indispensables pour le bon fonctionnement de nos services financiers.

Monsieur le Ministre, pour les réponses ainsi données à ma demande et à celle de Madame le Ministre des Finances, je ne puis que vous transmettre, au nom de Madame le Ministre des Finances et au mien propre, notre accord ainsi que nos sincères remerciements, tout en attendant l'arrivée de cette mission qui séjournera à Bangui deux à trois mois, et qui comprendra quatre fonctionnaires supplémentaires dont l'expérience dans les domaines de nos préoccupations est également très grande.

En conséquence, je vous donne mon agrément pour la venue de cette mission qui est attendue avant la fin de cette année.

En effet, comme vous l'avez si bien rappelé, j'avais essayé de vous sensibiliser sur la nécessité d'études rapides relatives au désenclavement de la République Centrafricaine et je suis heureux d'apprendre que le rapport que j'attends à ce sujet va m'être remis dans les tout prochains jours, et vraisemblablement par votre nouveau Chef de mission, Monsieur MERAND, à l'occasion de sa prise de fonctions.

Aussi, je constate avec beaucoup de satisfaction que les conclusions de cette étude, réalisée dans des délais malheureusement trop courts pour l'importance qu'elle revêt, laissent entrevoir un avenir très favorable pour ce projet auquel vous êtes les uns et les autres très attachés, comme le sont les autorités de la République Centrafricaine et plus particulièrement moi-même.

Nous notons également que ces conclusions méritent cependant d'être complétées par une étude économique portant sur la partie du chemin de fer qui sera située en République-Unie du Cameroun en englobant tous les aspects du projet, notamment les conditions de l'équilibre financier de l'opération Bangui-Océan.

../...

Nous sommes tous d'accord pour conclure que la réalisation d'une telle étude est nécessaire pour présenter le dossier aux organismes financiers susceptibles de participer à la mise en oeuvre de cette opération.

Veuillez agréer, Monsieur le Ministre, les assurances renouvelées de mon indéfectible, amicale et fraternelle considération.

Avec les meilleurs souvenirs
d'un parent qui ne vous oublie
pas

Jean-Bedel BOKASSA
Maréchal de la République Centrafricaine

ANNEXE 7

Rapport de fin de mission des experts
auprès du Trésor Centrafricain

CONFIDENTIEL

Ce rapport confidentiel, établi à la fin de la mission effectuée au Commissariat Général au Trésor Public de la RCA du 09.12.75 au 02.03.75, est destiné à préciser les faits spéciaux relevés au cours de nos investigations.

Tout d'abord il n'a été constaté aucune amélioration dans la marche des Services depuis le rapport de vérification établi en mai 1975 par la Cour Suprême de la RCA, dont ci-joint résumé, le manque d'autorité et de discipline, la négligence et la paresse du personnel d'exécution, l'absence de coordination avec les autres Services Administratifs, en particulier avec l'Office National d'Informatique, semblent même s'être accentués. Ce dernier service, où travaillent quelques coopérants, n'a pas rempli jusqu'ici les tâches qui lui étaient demandées, notamment au point de vue Recettes, les erreurs et le retard de production de divers documents au Trésor ne facilitent pas le travail de celui-ci. La mise en place de nouveaux programmes aurait, paraît-il, une efficacité à compter de 1976.

De plus, les anomalies ci-dessous ont pu être observées :

- Des recettes de cotes d'impôts importantes sont effectuées par le contrôle d'Etat avec délivrance d'un reçu spécial. Pas de comptabilisation au Trésor, donc pas d'émargement des rôles, les poursuites engagées pour le recouvrement se heurtent à la présentation des reçus remis aux contribuables. Le total des recouvrements ainsi effectués s'élèverait, d'après les dires du Percepteur de Bangui, à environ 1.000.000.000 de F. CFA.

- Ce Contrôle d'Etat paie également des dépenses pour le compte du Trésor, sans intégration dans les écritures de celui-ci.

- Il a été trouvé une écriture du 30.10.75 pour un prélèvement sur le compte bancaire du Trésor de 55.000.000 F. pour "Alimentation du c/ du Gouvernement Centrafricain". Cette opération faisait suite à l'encaissement au c/ bancaire d'un bon de virement de 100.000.000 F. de la CCCE établi pour aide financière au paiement des soldes, dont il n'a pas été trouvé trace en comptabilité.

.../...

- Des paiements sont effectués par la Caisse du CGT contre remise d'un reçu sur papier libre pour des sommes très importantes (parfois plusieurs millions) (exemple : reçu signé du CGT le 16.10.75 p/1.000.000). Ces "justifications" figurent soit dans les Valeurs de Caisse (103.000.000 environ le 26 Janvier 1976), soit dans les comptes de dépenses à régulariser. L'apurement de ceux-ci n'est pas suivi et ils présentent des soldes anormalement importants. Les Valeurs de Caisse sont également représentées par des acomptes sur des Ordres de paiement, dont mention est faite au verso par l'indication d'une somme et d'une date, sans acquit. Un ordre de paiement de 320.000 F. a été ainsi réglé en 17 acomptes.

- Le Budget est établi en fonction des prévisions de dépenses, la répartition des recettes correspondantes ne visant qu'à contrebalancer ces dépenses. Il n'est tenu aucun compte des recettes pouvant réellement être réalisées. Ce budget est exécuté en totalité en dépense, par utilisation des crédits prévus, mais les réglements restent en instance au Trésor à cause du manque de disponibilités. Le rôle des Assistants Techniques au niveau de la Direction des Finances devrait être de démontrer les difficultés rencontrées pour l'exécution d'un Budget établi de cett façon anormale.

- Il est procédé au mandatement de dépenses sur production de factures pro-forma ou établies avant "Service fait". Le paiement retardé par le manque de disponibilités, n'étant pas notifié au Service émetteur, le contrôle de la réalisation des prestations ne peut, par conséquent, être effectué.

- De plus, il semble que le système de mandatement appliqué par le Service Mécanographique présente pour son exécution de nombreuses difficultés, compliquant la tâche de tous les Services concernés par l'ordonnancement. Une procédure de simplification pourrait peut-être être envisagée.

- Malgré le manque d'instructions précises lors de notre départ en RCA, nous nous sommes efforcés de trouver des solutions nécessaires pour l'apurement des gestions 1975 et antèrieures. Cependant les plannings établis par Monsieur DORLE lors de son passage du 20 au 29.01.76 n'ont pu être respectés, aucune date n'ayant été fixée pour l'arrêté des écritures au 31.12.75, notre lettre du 9.02.76 au CGT n'ayant été suivie d'aucun effet. Nous avons également procédé à la mise en route de la comptabilisation des opérations de 1976 (dépouillement journalier des écritures, ouverture de carnets auxiliaires, tenue rationnelle de ces carnets). La succession en est laissée aux deux Assistants Techniques arrivés le 10.01.76. L'un, affecté au Service de la Comptabilité, s'occupe depuis cette date de la centralisation

.../...

des écritures, le second, chargé de remettre en ordre le Service de la Recette, s'attache, plus spécialement, à l'élaboration de projets de réorganisation du service. Dans l'état actuel de la situation, il serait opportun que ces deux Assistants Techniques apportent leur concours matériel dans les diverses tâches dévolues au Commissariat Général pour que les travaux entrepris par la Mission ne restent pas infructueux.

o

o o

Toutefois, il est à remarquer que même si tous ces efforts permettent une réorganisation effective des Services du Commissariat Général au Trésor, il sera impossible d'en assurer un fonctionnement normal au niveau des comptes de disponibilités tant que le recouvrement de nombreuses recettes budgétaires échappera à sa compétence et que d'importantes dépenses non prévues au Budget lui seront imposées. La gestion parallèle des deniers publics par le Contrôle d'Etat fausse les règles de la Comptabilité Publique et empêche les Services du Trésor de remplir leur rôle dans l'exécution du Budget.

o

o o

Nous tenons à remercier chaleureusement Monsieur le Chef de la Mission de Coopération, Monsieur le Payeur de France en RCA et leurs collaborateurs de leur aide dans les tâches matérielles, nous permettant de terminer nos travaux dans les délais prévus et dans les meilleures conditions possibles.

ANNEXE 8

RÉPUBLIQUE FRANÇAISE

MINISTÈRE DE LA COOPÉRATION

DIRECTION DU DÉVELOPPEMENT ÉCONOMIQUE

Département de la Coopération Financière

01788 DDE/B.1

Paris, le - 9 ...

20, rue Monsieur, 75700 Paris

NOTE

pour le Ministre

OBJET : Besoins en trésorerie de la RCA jusqu'à la fin janvier 1976 et moyens de les financer.

A la suite de ses entretiens avec le Maréchal BOKASSA, le Président de la République Française a décidé qu'un complément de ressources serait apporté au Trésor Centrafricain pour lui permettre d'honorer les dépenses obligatoires pendant les cinq derniers mois de l'année en cours.

Le Maréchal BOKASSA m'a confirmé, à l'occasion de la récente mission que je viens d'effectuer à BANGUI du 30 septembre au 4 octobre, sa demande d'aide financière d'un montant mensuel de 300 millions CFA jusqu'en février 1976. Selon le Ministre d'Etat M. KOYAMBA, cette aide doit couvrir en fait la période d'août 1975 à janvier 1976 inclus. Le Ministre a précisé par ailleurs que les difficultés de Trésorerie seraient particulièrement sensibles en septembre et en octobre.

*

* *

Il est évident que le montant de l'aide française mensuelle doit être déterminé en tenant compte de la différence entre les recettes effectivement réalisées et les dépenses obligatoires.

.../...

Recettes effectives

Il est très difficile de cerner exactement la totalité d[e]s recettes effectivement encaissées. En effet :

1°/ Certaines recettes peuvent être considérées comme relativeme[nt] assurées : ce sont les recettes douanières ainsi que certains impôts directs et indirects perçus directement par les Services fiscaux centrafricains. Mais ces recettes sont en fait obérées d'un montant ass[ez] important, et notamment

- par les compensations admises par le Trésor envers les dettes fiscales de certaines sociétés de la place,

- par le prélèvement mensuel de 40 millions CFA sur les recettes douanières fait au bénéfice de la Caisse Autonome d'Amortissement.

C'est uniquement sur ces recettes déterminées que se fond[e] le Ministre des Finances de la RCA pour couvrir les dépenses obligat[oires].

2°/ Les recettes sur rôles émis et les recettes diverses perçues par le Trésor lui-même ne peuvent faire l'objet d'estimations sûres, égard à la désorganisation totale des services du Trésor.

On peut évaluer à 150/200 millions par mois les recettes perçues directement par le Trésor pendant les 7 premiers mois de l'an[née] 1975. Mais le Ministre KOYAMBA estime en revanche que cette catégorie de recettes est très incertaine pendant les derniers mois de l'année.

En tout état de cause, l'incertitude de ces recettes inte[r]dit d'envisager leur utilisation pour couvrir les dépenses obligatoir[es].

Dépenses obligatoires

On peut discuter du caractère obligatoire ou facultatif de certaines dépenses. Le Ministre français de l'Economie et des Finances considère pour sa part que seuls doivent être considérés com[me] obligatoires les traitements payés par les banques et les CCP aux personnels permanents c'est à dire les fonctionnaires.

Sur le plan politique, il apparait nécessaire d'élargir cette notion de dépenses obligatoires en y incluant un certain nombre de dépenses dont le non paiement est de nature à entrainer des troubl[es] sérieux.

Ces dépenses sont notamment les suivantes :

- les salaires du personnel non permanent (auxiliaires, employés de bureau, manoeuvres, plantons...)

- les salaires du personnel des organismes para-publics : le Ministre KOYAMBA a incité les Sociétés à faire des avances sur leurs recettes propres, ce qui ne fera qu'accroitre le déséquilibre de leur compte et le désordre de leur gestion.

.../...

- les traitements des fonctionnaires de province : ceux-ci, y compris la police, n'ont pas été payés depuis avril et se livrent à un véritable racket sur l'habitant.

- les pensions trimestrielles : en septembre, il n'a été versé que 11 millions CFA sur 50 millions émis.

- les bourses trimestrielles : les étudiants en France n'ont pas été payés, semble-t-il, depuis avril et ont manifesté très vivement à Paris leur mécontentement. Ils peuvent constituer des éléments dangereux d'opposition.

Enfin, il est indispensable de payer certaines dépenses de matériel diverses : fournitures de bureau, approvisionnement de l'hopital, de la prison, des armées.

En outre, le gouvernement centrafricain ajoute à cette liste les loyers des Ambassades, estimés à 50 millions CFA par trimestr Certaines d'entre elles sont d'ailleurs la propriété du Maréchal BOKASS qui en encaisse personnelllement les loyers.

*

* *

Des indications qui précèdent on peut objectivement estimer le déficit de Trésorerie, pour les trois derniers mois de l'année, à 245 millions en moyenne par mois, ce chiffre devant être considéré comme un maximum.

A cette estimation doivent être cependant être apportées les correctifs suivants :

1°/ Le Ministre des Finances de la RCA peut obtenir, en droit, le reliquat de la tranche FMI mécanisme pétrolier, soit 140 millions CFA qui a été bloqué par la Banque Centrale en prévision d'un remboursement par la RCA de la tranche or qui n'interviendra qu'au début de l'année 1976.

Si la RCA bénéficie de cet apport, le déficit de trésorerie sera ramené à 199 millions CFA par mois.

2°/ D'autre part, si en définitive le Ministre des Finances de la RCA laisse aux sociétés para-publiques le soin de payer leurs salaires, le déficit de trésorerie mensuel se trouvera ramené à 170 millions ou 217 millions CFA selon que le versement FMI aura ou non été effectué.

*

* *

.../...

L'aide financière à prévoir doit donc, à mon avis, se situer pour la période d'août à décembre 1975 entre 1.035 millions CFA et 810 millions CFA. De ces sommes sont à, déduire évidemment les 300 millions déjà versés en août et septembre.

Il importe donc de demander au Ministre de l'Economie et des Finances l'inscription dans la prochaine loi des finances rectificative d'un crédit supplémentaire de 21 millions de francs au chapitre 41.43 du Budget du Ministère de la Coopération.

Bien entendu, les versements effectifs à la République Centrafricaine pourraient être inférieurs à cette somme dans la mesure où le Trésor centrafricain bénéficierait de certaines ressource exceptionnelles (FMI notamment).

Ci-joint en annexe le détail des estimations des recettes et des dépenses pour le 4ème trimestre 1975.

Y. Chassagne

ANNEXE 9

MINISTERE DES POSTES
& TELECOMMUNICATIONS
-=-=-=-

EMPIRE CENTRAFRICAIN
Unité-Dignité-Travai
-=-=-=-

LISTE ROUGE DES MEMBRES DE LA COUR IMPERIALE

NOMS ET QUALITE	Do[r]
Standard de la Cour Impériale de Bérengo	
Son Excellence David DACKO, Conseiller Personnel de Sa Majesté Impériale	
Monsieur Michel BANGUE-TANDET, Chargé du Cabinet Impérial avec rang et prérogatives de Ministre d'Etat	
Monsieur Joaquim DA Silva N'ZENGUE, Chargé de l'Organisation et de l'Animation du MESAN, avec rang et prérogatives de Ministre d'Etat	
Monsieur Augustin DALLOT-BEFIO, Chargé de l'Administration de la Cour Impériale avec rang et prérogatives de Ministre d'Etat	
Monsieur Louis-Pierre GAMBA, Grand Chambellan, Maître des Cérémonies à la Cour Impériale, avec rang et prérogatives de Ministre d'Etat	
Monsieur Clément NGAI-VOUETO, Conseiller à la Cour, Chargé de Missions, avec rang et prérogatives de Ministre d'Etat	
Monsieur Christian LINGAMA TOLEQUE, Conseiller à la Cour, avec rang et prérogatives de Ministre d'Etat	
Monsieur Théodore Blaise LAMINE, Chargé de Missions avec rang et prérogatives de Ministre d'Etat	

.../...

Monsieur Jean SEBIRO, Conseiller à la Cour Impériale, avec rang et prérogatives de Ministre d'Etat

Monsieur JADAUT, Conseiller à la Cour Impériale, Chargé de la Construction des Bâtiments Impériaux, avec rang et prérogatives de Ministre d'Etat

Professeur Simon BEDAYA NGARO, Conseiller à la Cour, avec rang et prérogatives de Ministre d'Etat

Monsieur Antonio FRANCK, Chargé de Missions, avec rang et prérogatives de Ministre

Monsieur Jean-Jacques SAGANZA, Chargé du Parc Automobile et Engins de la Cour Impériale, avec rang et prérogatives de Ministre

Monsieur Victor DETO TETEYA, Directeur des Services de Presse Impériale avec rang et prérogatives de Ministre

Monsieur Hubert Roger, Conseiller à la Cour Impériale, Expert Comptable de l'Empire Centrafricain, avec rang et prérogatives de Ministre

Monsieur Michel DOMOLOMA, Conseiller à la Cour Impériale avec rang et prérogatives de Ministre

Monsieur Emmanuel BONGO-PASSI, Chargé du Protocole Impérial, avec rang et prérogatives de Ministre

Monsieur Guy DARLAN, Conseiller Economique à la Cour Impériale, avec rang et prérogatives de Ministre

Mme Marie-Josée KOSSI MAYTONGOL, Conseiller à la Cour Impériale, Chargée du Secrétariat Particulier, avec rang et Prérogatives de Ministre

.../...

Monsieur Albert KOUDA, Conseiller Juridique à la Cour Impériale, avec rang et prérogatives de Ministre d'Etat

Monsieur Paul MATHEY, Conseiller à la Cour Impériale, Chargé de la Direction Générale de l'Imprimerie Centrafricaine, avec rang et prérogatives de Ministre

Monsieur Firmin BEMOLINDA, Conseiller à la Cour Impériale, Chargé de la Direction Générale de la Caisse de Stabilisation et de Péréquation des Produits du Café, avec rang et prérogatives de Ministre

Monsieur Henri KOBA, Conseiller à la Cour Impériale, Chargé de Missions avec rang et prérogatives de Secrétaire d'Etat

Docteur CHOUAIB, Conseiller à la Cour, avec rang et prérogatives de Ministre

Professeur Georges PINERD, Conseiller à la Cour

Monsieur Clément KOKPAVO, Conseiller à la Cour, chargé de l'Elevage et de l'Agriculture, avec rang et prérogatives de Secrétaire d'Etat

Monsieur Gabriel DOYEN, Conseiller à la Cour chargé des actualités filmées, avec rang et prérogatives de Secrétaire d'Etat

ANNEXE 10

AMBASSADE DE FRANCE A BANGUI
MISSION DE COOPÉRATION
BOITE POSTALE 934
TÉLÉPHONE 22-50 & 22-51

N° 210 / CF

BANGUI, LE 10 Mai 1975

Jacques THOMAS
Chargé d'affaires a.i. de France
en République Centrafricaine

à

Monsieur le Ministre de la COOPERATION
20, Rue Monsieur
PARIS - VII°

- DCS/D

CONFIDENTIEL

+++

OBJET : Comportement de certains coopérants.-

J'ai l'honneur de vous rendre compte que la dégradation progressive de l'administration centrafricaine commencerait à avoir de graves répercussions sur le comportement de certains de nos coopérants relevant plus spécialement du secteur enseignement.

Avec la disparition dans l'administration locale des disciplines élémentaires, l'abstentionnisme croissant des enseignants centrafricains ferait école chez certains de nos coopérants dont plusieurs seraient menacés par la drogue.

Je ne manquerai pas de vous rendre compte des résultats de l'enquête que je viens de demander à l'Inspecteur d'Académie et de vous proposer les sanctions qui s'imposeraient éventuellement./.

Par délégation
Le Chef de Mission

J.J. VERSIERE

Copie : DDE/D

MINISTERE DE LA COOPERATION
DIRECTION DU DEVELOPPEMENT ECONOMIQUE
003575 20.5.75
COURRIER-ARRIVEE
ATTRIBUE A: ....

ANNEXE 11

PRESIDENCE DU GOUVERNEMENT

-=-=-=-

LE PREMIER MINISTRE

-=-=-=-

EMPIRE CENTRAFRICAIN
Unité-Dignité-Travail

-=-=-

ATTESTATION

-=-=-=-=-=-=-=-=-=-=-=-=-=-

Je soussigné, Henri MAIDOU, Premier Ministre, Chef du Gouvernement de l'Empire Centrafricain, certifie par les présentes que la propriété sise à Spiegel 18, Bellevuestrasse, Köniz, Berne (Confédération Helvétique) et enregistrée au Registre fonciar de ladite ville sous le n° 2890 a été acquise par Sa Majesté BOKASSA 1ER, Empereur de Centrafrique, sur ses fonds propres et personnels.

En conséquence, Sa Majesté BOKASSA 1ER peut exercer sur ladite propriété tous les attributs que Lui confère le droit de propriété.

En foi de quoi, J'ai délivré les présentes pour servir et valoir ce que de droit.

Fait à Bangui, le 4 novembre 1978

EMPIRE CENTRAFRICAIN
Le 1er Ministre
Chef du Gouvernement
Unité - Dignité - Travail

H. MAIDOU

ANNEXE 12

Double

DOCTEUR CH. LEVASSEUR
5, AVENUE MONTAIGNE, 75008 PARIS
225-24-40

Paris, le 8 novembre 1979

A son Excellence,
Monsieur le Président HOUPHOUET BOIGNY

Monsieur le Président,

Madame B. que vous m'avez fait l'honneur de me confier, était dans un état vraiment déplorable lorsque vous avez permis son hospitalisation : état déplorable nerveusement et psychologiquement et état déplorable physiquement (amaigrissement de treize kilos en trois mois, tension artérielle écroulée à 8, pouls à 42 à la minute, tests bilolgiques tous considérablement perturbés).

Je l'ai faite hospitaliser et ai demandé aux Autorités françaises de protéger en permanence sa chambre par la Police (pour éviter toute intrusion éventuelle des photographes ou des journalistes). Cette mesure a eu un gros effet de détente sur le système nerveux de notre patiente. Je l'ai soumise, par ailleurs, à un traitement général de récupération (perfusions intra-veineuses, etc.).

Après huit à dix jours de ce traitement, Madame B. semble aller mieux mais elle est loin d'être en bon état.

Comme elle manifeste, pour des raisons certainement très valables et compréhensibles le désir de retourner au plus tôt à Abidjan pour y régler ses affaires personnelles, je l'autorise à partir samedi 10, mais il est bien évident que plus son séjour en COTE D'IVOIRE sera court et plus rapide sera son retour en clinique pour terminer le traitement entrepris, mieux cela sera pour elle, pour faire face avec une santé retrouvée à ses problèmes et difficultés à venir.

.../...

Je donne à la patiente un traitement ambulatoire en attendant son retour en Clinique, si vous me faites l'honneur d'approuver ma position.

En vous renouvelant mes remerciements pour votre confiance, je vous prie de recevoir, Monsieur le Président, mes sentiments les plus respectueux et les plus dévoués.

p.c.c.

Docteur CH. LEVASSEUR

Docteur Ch. LEVASSEUR
5, avenue Montaigne
75008 PARIS ☎ 225.24.40

ANNEXE 13

Abidjan le 25 novembre 1981

Monsieur le Président,

En accord avec mes Conseils j'ai attendu le terme du sixième mois de Votre Présidence, et aussi que soit achevé le Sommet Franco-Africain qui vient de se tenir à Paris, avant de porter à Votre connaissance les faits suivants :

Tant que Monsieur Valéry GISCARD d'ESTAING était Présiden de la République Française et Monsieur David DACKO Président de la République Centrafricaine, il ne m'a pas été possible d'obtenir ce que je demande depuis maintenant deux ans : Que toute la lumière so faite sur les événements survenus à Bangui en 1979.

La France a, je veux le croire, renoué avec la tradition qui la désigne comme le pays qui privilégie la défense des droits de l'homm et c'est pourquoi, ancien officier français, chevalier de la légion d'honneur, titulaire de la médaille militaire, de la croix de guerre 1939-1945, de la croix de guerre des T.O.E., ancien combattant des Forces de la France Libre et ancien combattant d'Indochine, je m'adresse à Vous avec confiance.

Ayant été, en ma qualité d'Empereur de Centrafrique, l'objet d'une accusation criminelle que je repousse avec indignation, j'ai été condamné devant l'opinion internationale sans avoir pu présenter ma Défense, en violation d'un principe fondamental des droits de l'homm

Ne pouvant être jugé en France, ce qui serait une nouvelle atteinte à la souveraineté et à l'indépendance du pays dont j'ai exercé les plus Hautes Fonctions, je ne peux non plus faire appel à un tribunal de Centrafrique où j'ai été condamné à mort, par contumace,

.../

à l'issue d'une véritable parodie; aussi, en l'absence de toute juridiction impartiale internationale, je m'adresse à Vous pour que, à la face du monde, justice me soit rendue.

Je m'adresse à Vous parce que, en 1979, ce sont les plus hautes autorités de la France qui ont lancé la campagne de désinformation destinée à provoquer ma chute, monté l'opération "Barracuda" pour imposer un nouveau Chef d'Etat, enlever les archives officielles de mon pays, piller des résidences, etc ... violant ainsi l'indépendance et la souveraineté du Centrafrique au mépris de leurs propres engagements et, par conséquent, commettant un crime de forfaiture.

Il est aujourd'hui connu que les morts d'enfants des mois de janvier et d'avril 1979, à Bangui, comme celles d'adultes, sont malheureusement imputables à une fraction des forces employées pour le rétablissement de l'ordre; que les juristes africains qui ont enquêté à Bangui, en juin 1979, ont d'abord conclu que je n'avais aucune responsabilités dans les "pseudo-massacres", et que c'est à la demanc des plus hautes autorités françaises que cette conclusion est devenue accusatrice à mon endroit; que l'ancien Premier Ministre et ancien ministre du gouvernement centrafricain, auteur de la décision impopulaire du port de l'uniforme par les écoliers, a reconnu que dès janvier 1979 il avait pris contact avec le gouvernement français de l'époque pour préparer un coup d'Etat et renverser le régime impérial; que le rapport d'"Amnesty International", dont se sont servis abusivement les médias, ne m'a jamais accusé d'être personnellement responsable des morts d'enfants de janvier et d'avril 1979.

S'il est donc possible d'affirmer que j'ai été la victime d'une machination, il nous est aussi donné de constater que nous possédons maintenant les éléments utiles à la manifestation de la vérité. Cela est dû, d'une part, au recul du temps comme aux données politiques nouvelles nées de Votre accession à la Présidence de la République, en France, et à l'arrivée au pouvoir, en Centrafrique, d'un Comité Militaire de Redressement National; mais cela est dû aussi, d'autre pa à l'action de mes conseils comme à celle d'amis qui m'ont encouragé dans l'espoir d'un retour à une justice vraie et sereine en France et en Centrafrique.

.../

Dans mon épreuve, et pendant deux ans, j'ai heureusement bénéficié de la haute protection et de l'aide efficace du Président HOUPHOUET-BOIGNY; mais, et je suis sûr que vous le comprendrez, il est de mon droit d'obtenir que mon honneur soit lavé; de mon devoir de faire taire les accusations et les imputations mensongères et injurieuses dont je continue à être l'objet.

Je ne supporte pas l'idée d'avoir un jour à quitter cette terre en y laissant la trace d'une honte qui flétrit ma famille, tous les Centrafricains et en particulier ceux qui m'ont servi avec fidélité; l'armée française et mes anciens compagnons d'armes français; sans oublier mes pairs, les chefs d'Etat africains qui n'ont pu être insensibles à la machination dont j'ai été l'objet.

Puisque c'est de la France que tout est parti, c'est de la France que j'attends justice et réparation dans la fidélité des principes qu'Elle propose au Monde.

En vertu des pouvoirs qui sont les Vôtres, faisant aussi appel à Votre esprit de générosité, je vous demande solennellement de m'aider à faire éclater la vérité en saisissant le gouvernement français afin que soit constituée une commission franco-africaine composée du côté français par des membres du parlement représentant toutes les opinions, et du côté africain par des personnalités désignées à nombre égal par les Chefs d'Etat francophones de la Côte d'Ivoire, du Cameroun, du Gabon, du Togo et du Zaïre auxquels j'adresse la même requête.

Cette commission aurait pour mission de procéder à une enquête complète et contradictoire, présentant toute garantie d'objectivité, pour que soit respecté ce principe fondamental des droits de l'homme, inscrit à l'article II de la Déclaration Universelle du 10 décembre 1948 suivant lequel toute personne, accusée d'un acte

.../

délictueux, est présumée innocente jusqu'à ce que sa culpabilité ait été légalement établie dans le respect des droits de sa défense.

Je vous prie d'agréer, Monsieur le Président, les assurances de ma très haute considération

BOKASSA 1er

Son Excellence
Monsieur François MITTERAND
Président de la République Française
PALAIS DE L'ELYSEE
PARIS

ANNEXE 14

/-)bidjan, le 3 Décembre 1981

Général,

Vous exercez actuellement dans notre Pays les plus hautes fonctions. J'en connais tout le poids pour les avoir exercées pendant quatorze ans. Je tiens à vous dire mon estime. Nous sommes l'un et l'autre des Militaires et nous avons à ce titre, au plus haut point, le sens de la justice et de l'honneur.

C'est pourquoi je vous communique aujourd'hui la lettre que je viens d'adresser au Président de la République Française.
Depuis plus de deux ans, je demande justice et que soient garantis les droits de ma défense.

Cette justice ne peut qu'être internationalement garantie puisque les accusations portées contre ma personne sont venues de l'Etranger, que c'est sur la scène international que j'ai été accusé et que c'est sur une intervention de l'Etranger que j'ai été, par la force, écarté du Pouvoir.

Je m'adresse donc à vous afin que les autorités qui ont en charge la responsabilité du destin du Centrafrique donne leur acquiescement et toutes facilités à la création et à la mise en oeuvre de cette commission d'enquête que je demande.

L'honneur de Centrafrique est en cause.

Je vous prie de croire, Général, à tous mes sentiments de fidélité patriotique et de sincère et profonde estime enve vous même.

tinataire :

le Général A. KOLINGBA
sident de la République
TRAFRICAINE

BOKASSA Ier

ANNEXE 15

Sa Majesté Impériale
BOKASSA 1 er.
Empereur de Centrafrique
08 BP: 17 Abidjan 08
Côte d'Ivoire

Abidjan, le 16 Avril 1983

Fiche d'Observations

1) - Je dénonce la déclaration Mensogère du Gouvernement Ivoirien faite dans le Journal Fraternité Matin N° 4472 du mardi 25 Septembre 1979 annoncant Asile Politique pour BOKASSA et, rapportant notamment en première page que l'Asile Politique est accordé à sa Majesté BOKASSA 1er.

2) - Je dénonce l'attitude du Gouvernement Ivoirien pour la non application des principes fondamentaux contenus dans la déclaration Universelle des droits de l'Homme.

3) - Je considère comme illégale ma détention perpétuelle en Résidence surveillée depuis le 24 Septembre 1979, date à laquelle j'ai été livré au Gouvernement Ivoirien par une escorte de cent cinquante (150) Militaires commandé par un Officier Supérieur Français.

4) - Je considère comme illégale le refus des autorités Ivoiriennes de m'accorder les soins médicaux. Cet attitude est considérée comme une atteinte à la vie d'un homme pour lequel on souhaite la disparition rapide.

5) - Je considère comme illégale le refus de m'accorder un Passeport de voyage.

6) - Je considère comme illégale l'interdiction qui m'est faite de voyager ou de sortir de la Côte-d'Ivoire.

7) - Je considère comme illégale le refus qui m'est fait de quitter la Côte-d'Ivoire ni d'obtenir l'Asile Politique dans un autre Pays ou dans tout autre Pays de mon choix.

8) - Je considère comme illégale le refus qui m'est fait de rentrer dans mon Pays.

..../....

9) - Je considère comme illégale le fait d'avoir expédier un de mes enfants âgé de 19 ans sans m'avoir prévenu, sans m'avoir consulté et sans avoir obtenu mon consentement.

10) - Je considère comme illégale le fait de m'avoir séparé avec mon Epouse et les huit (8) enfants qui sont les miens.

11) - Je dénonce avec Vigueur la méthode de force utilisée pour me séparer de mon Epouse et de huit enfants dont je suis le propre père. Cet acte a été commis ouvertement en novembre 1979 par le Chef de l'Etat Ivoirien.

12) - Je me garde de ne rien dire de plus sur ce qui s'est passé depuis novembre 1979 jusqu'à ce jour. Mais, je laisse le soin à tout être humain de constater et d'en Juger.

13) - Je considère comme illégale l'interdiction qui m'est faite de parler aux Journalistes ni de recevoir les Journalistes.

14) - Je sais que l'on a peur à ce que je fasse des déclarations qui mettrons en difficultés quelques Personnalités qui se croient les Maîtres du Monde. Ces Personnalités sont bien celles qui font tomber les autres par des simples jeux Politiques en déployant sur certains Malheureux des Campagnes de presse savamment montées pour faire place à leur propre Nom.

15) - Je dénonce avec force le ramassage de la totalité de mes biens Personnels et Privés par Valery Giscard d'Estaing ancien Président de la République Française

Lequel ne pourra jamais redevenir Président de la République Française parce que le jour où j'aurai la parole devant une Juridiction Internationale, sa présence sera effective à cette même Juridiction Internationale pour expliquer tous les crimes qu'il a commis contre ma Personne.

.../...

16) - Je n'ai jamais demandé Asile Politique en Côte-d'Ivoire. J'ai simplement été amené de force par les Troupes Française, qui m'ont remis aux mains du Chef de l'Etat Ivoirien qui avait Conclu un Accord Secret avec Valery Giscard d'Estaing alors Président de la République Française pour ma détention en Résidence Surveillée pour toute ma vie.

ABIDJAN CÔTE D'IVOIRE
BOKASSA 1er
Empereur de Centrafrique
08 B. P 17

SIGNE : BOKASSA 1er

ANNEXE 16

BOKASSA 1er
EMPEREUR DE CENTRAFRIQUE

ABIDJAN, le 03 AOUT 1983

Mon Fils ALI,

Par la présente lettre je te renouvelle mes remerciements pour ta fidélité et ton soutien. L'heure est venue pour mo de rétablir la légitimité.

Mon retour permettra à mon Pays de respirer un air frais et nouveau. Quatre années d'exil m'ont en effet permis de concevoir un programme ambitieux avec le concours d'hommes d'af faires, de conseillers prêts à aider la Centrafrique à repartir économiquement. Tous ceux qui ont condamné l'action menée cont moi sont disposés à nous aider.

J'attends ton concours pour faire face à certaines difficultés immédiates dont mon envoyé te fera part.

Dans cette attente, je te prie de bien vouloir accept ma reconnaissance.

En te remerciant d'avance,

je t'embrasse.

BOKASSA 1ER

ANNEXE 17

BOKASSA 1er
CHATEAU D'HARDRICOURT
17, RUE DU CHATEAU
78250 MEULAN

Hardricourt, le 6 Mai 1984

A

SON EXCELLENCE, MONSIEUR CHARLES HERNU,
MINISTRE DE LA DEFENSE NATIONALE DE LA
REPUBLIQUE FRANCAISE

Monsieur le Ministre de la défense,

Engagé volontaire dans l'armée Française le 19 Mai 1939,

- Membre des Forces Françaises Libres.
- Admis à la nationalité Française en Octobre 1958, voir J.O. de la République Française.
- Nommé Capitaine d'active le 1er Juillet 1961.
- Détaché et mis à la disposition du Gouvernement Centrafricain pour emploi, à la demande de ce Gouvernement le 1er Juillet 1962.

Du 19 Mai 1939 au 1er Juillet 1962, il y a bien 23 ans de service militaire sans interruption, avec 43 annuités de Guerre sanctionnées par les décorations à valeur de bon Combattant.

ANCIEN PORTE DRAPEAU DU REGIMENT

Monsieur le Ministre de la défense,

Pendant plus de 20 ans, je percevais ma pension militaire de retraite de Capitaine avec le statut de Français.

.../...

Actuellement 2 trimestres viennent d'être échus sans le moindre paiement.

Monsieur le Ministre de la défense,

Chassé d'Abidjan à juste raison, car je ne suis pas Ivoirien,
débarqué à l'aéroport de ROISSY le 4 décembre 1983 avec 15 enfants à charge,
je me trouve assiégé par la présence de la Police occupant le salon et une partie de la salle à manger 24 heures sur 24 avec droit de surveillance, de contrôle et d'écoute.

Démuni de toute ressource Financière,
avec la suppression de la pension de retraite militaire en tant que, ancien Capitaine ayant servi à titre Français.

Tout ce qui vient d'être dit constitue autant de problèmes auxquels je suis soumis sans espoir de solution possible.

Devant une telle situation, je vous demande, je vous prie même, d'intervenir auprès du Chef de l'Etat Français afin d'obtenir mon retour pacifique dans mon Pays d'origine qui est le Centrafrique.

A toutes fins, je signale la présence de 15 enfants que j'ai avec moi.
Ils sont mal vêtus, mal chaussés, mal nourris faute de moyens financiers et ils ne vont pas à l'école.

.../...

Monsieur le Ministre de la défense,

En espérant obtenir l'accord du Chef de l'Etat Français pour mon retour au Pays et ce, grâce à votre bienveillante intervention,

Veuillez agréer Monsieur le Ministre, à l'expression de mes sentiments de très haute et parfaite Considération.

BOKASSA 1er

ON EXCELLENCE, MONSIEUR
HARLES HERNU
INISTRE DE LA DEFENSE
ATIONALE DE LA
EPUBLIQUE FRANÇAISE.

ANNEXE 18

Le Ministre de la Défense

030555

- 6 JUIN 1984

Monsieur,

Vous m'avez écrit, le 6 mai dernier, po[ur] attirer mon attention sur le fait que les arrérages d[e] votre pension militaire ne vous avaient pas été payés

Je puis vous assurer que ceci ne résulte pas d'une suppression de cette pension, comme vous le pensez, mais uniquement d'un retard dû à la nécessité pour le Ministère des Finances, à qui incombe ce paiement, de prendre en compte votre changement de réside[nce].

Je vous invite à prendre contact le plus rapidement avec les services de ce Ministère pour remédier à cette anomalie.

Veuillez agréer, Monsieur, l'assurance de mes sentiments les meilleurs.

Charles HERNU

Monsieur Jean Bedel BOKASSA
Château d'Hardricourt
17, rue du Château

78250 MEULAN

ANNEXE 19

Cour Impériale Hardricourt, le 14 Octobre 1985

Excellence,

J'ai le très grand honneur, malgré le retard d'accuser réception de votre très importante lettre du 16 Juillet 1985 par laquelle vous avez tenu à rendre hommage à mes ancêtres, à mon défunt père, au vaillant peuple Centrafricain que vous avez jadis connu de près comme de loin pendant mon règne combien bref mais aussi agréable que maintenant.

Certes, en ce qui me concerne personnellement, je dois vous avouer que j'ai eu des larmes aux yeux à la fin de la lecture de vetre très importante lettre, c'est l'une des raisons principales qui a motivé quelque peu le retard dû à la réponse que vous attadiez de moi.

La seconde raison est plutôt Politique à cause des mesures de surveillances strictes que le Gouvernement Français ne cesse d'exercer sur moi ; voir mon isolement complet, avec interdiction tant de recevoir que d'écire.

Cela va jusqu'au domaine de l'opression et de la séquestration. Le but visé par le Gouvernement Français est de me porter un grand coup moral avec si possible mon suicide ou ma disparution pour mettre fin à une gène combien embarrassante.

En resumé le Gouvernement Français m'ayant rétiré le passeport Centrafricain, la carte d'identité Centrafricaine, le permis de Conduire et tous autres documents susceptibles d'attester mon identité et mon origine, à donc décidé cette mesure pour me priver de toute possibilité d'agir et de vivre.

.../...

Je suis enfermé au Chateau avec dix de mes enfants dont le plus vieux a treize ans et le dernier a sept mois ainsi qu'une amie qui me tient fidèlement compagnie.

Vous m'excuserez de mettre à votre disposition le bulletin de pension Militaire qui constitue ma seule ressource Financière Mensuelle.

C'est avec beaucoup de peine de vous dire que mes biens personnels et mes économies Financières dont les comptes en banques ont été entièrement saisis tant en Centrafrique qu'en France par Valéry Giscard d'Estaing alors Président de la République Française.

C'est ainsi que les journaux Français ne cessent d'emettre des critiques très sévères à mon encontre me qualifiant de l'homme le plus pauvre.

Je dois préciser que toutes mes archives tant en Centrafrique qu'en France ont été saisies.

Monsieur le Ministre et cher Grand Ami, tel est succintement peint la situation dans laquelle je vis cloîtré au chateau d'Hardricourt sans aucune aide : ni de Centrafrique ni du Gouvernement Français et ni d'aucun Pays quelconque car le Gouvernement Français a tranmis des instructions à tous les Chefs d'Etats Africains, leur interdisant de me venir en aide Financièrement, passé outre ces instructions, les Chefs d'Etats Africains seront soumis à la révisions des accords de coopération.

Monsieur le Ministre et Cher Grand Ami,
A compter de ce jour, 14 Octobre 1985 je vous donne le plein pouvoir afin que vous puissiez sur n'importe quel plan et plus particulièrement juridique assurer ma défense à tous les niveaux que ce soit, pour que l'opinion internationale soit informé et que les Nations Unies en soient saisies.

.../...

Cour Impériale

Ceci pour me permettre de recouvrer mes droits de Chefs d'Etat et Souverain de Centrafrique, car mon arrestation en tant que Chef d'Etat étranger constitue un acte de piraterie et une atteinte grave aux droits de l'homme.

Surtout que le Gouvernement Français m'a déchu de la nationalité Française, je ne vois pas de raison juridique pouvant faire de moi un otage Français : la constitution Française ne prévoyant pas une telle opération appelée " BARACOUDA ".

J'accepte vos propositions et je vous donne mandat pour l'accomplissement de cette noble et délicate mission.

Veuillez agréer, excellence Monsieur le Ministre et Cher Grand Ami, l'expresion de mon entière confiance, de mon estime très particulière, de mon attachement à votre personne, à l'organisation dont vous avez la haute charge, ainsi que l'assurance de ma très haute, parfaite et amicale Considération.

sentiments de reconnaissance et de profonde reconnaissance

Exc. M PIERRE PASLEAU
L'ACADEMIE D'HISTOIRE
NISTRE PLENIPOTENTIAIRE
RECTEUR GENERAL DU S.E.I.M.P

BOKASSA 1er

ANNEXE 20

BOKASSA 1er
CHATEAU D'HARDRICOURT
17, RUE DU CHATEAU
78250 MEULAN

Hardricourt, le 6 Mai 1984

Monsieur GUILLET,

Le 4 décembre 1983, le Président Ivoirie chasse et renvoie à la France le ressortissant Centrafricain en la personne de BOKASSA.

<u>MOTIF</u> : BOKASSA voulait rentrer dans son Pays le Centrafrique.

Le 4 décembre 1983 vers 19 heures 30, BOKASSA débarque à l'aér port de ROISSY avec une suite de 15 enfants.

Accueilli par Monsieur GUILLET, BOKASSA est invité à monter da un Taxi qui le conduira escorté par la Police, à son domicile d'Hardricourt. Il y sera gardé et surveillé jusqu'à ce jour pa la Police qui siège 24 heures sur 24 dans le salon de BOKASSA.

Entendu que les Agents de Police en question écoutent tout, voient tout et transmettent chaque jour dès 06 heures du matin un rapport sur les activités quotidiennes de BOKASSA.

En clair, BOKASSA est Prisonnier.

Un autre point,
depuis ce retour forcé sur la terre de France,
BOKASSA vit avec ces 15 enfants sans ressource, déjà, pour ce qui concerne la pension militaire, deux trimestres sont écoulé sans qu'aucune suite lui soit communiquée.

En conséquence,
J'ai l'honneur de demander mon retour dans mon Pays d'origine qui est le Centrafrique avec mes 15 enfants car il n'est pas possible de vivre en France avec 15 enfants à charge sans ressource.

Veuillez agréer Monsieur GUILLET, à l'assurance de ma considér tion distinguée.

BOKASSA 1er

ANNEXE 21

OKASSA 1er
HATEAU D'HARDRICOURT
JE DU CHATEAU
8250 MEULAN.

Hardricourt, le 27 Juillet 1984

MONSIEUR LE PREMIER MINISTRE
HOTEL MATIGNON
57, RUE DE VARENNE
75007 PARIS.

Monsieur le premier Ministre,

Craignant qu'aucun service de Secrétariat ne présente ma lettre au Président de la République Française,

J'ai décidé de vous écrire et de vous tranmettre copie de ma lettre adressée au Chef de l'Etat Français en vous priant de bien vouloir l'appuyeé pour que le Président de la République me permette de rentrer dans mon Pays le Centrafrique.

Victime du Complot, il y aura cinq ans le 20 Septembre prochain,
je suis sans ressource Financière ni pièces d'identité, même pas le simple permis de conduire.

J'ai actuellement à ma charge quinze enfants (15) dont le plus âgé a tout juste quatorze ans.

Aucune autorisation n'a permis de les envoyer à l'école.

Ils sont sequestrés à la maison comme moi-même et ils s'ennuient beaucoup, cette situation est anormale.

Faute de pouvoir assurer leur nourriture par manque d'argent, ils mangent n'importe quoi ;
de l'herbe et de fruits sauvages qui leurs occasionnent des vomissements et les rendent malades.

.../...

Je suis dans l'impossibilité totale de payer les frais médicaux, de téléphone d'eau, d'électricité, de gaz de cuisine, de fuel etc...

Devant une telle situation, je vous demande d'intervenir auprès du Président de la République Française afin de me permettre de regagner ma PATRIE LE CENTRAFRIQUE.

N'étant plus citoyen Français, je considère ma détention en France comme une atteinte grave à la liberté et aux droits de l'homme.

Je rappelle que la France et les Français ont souscrit à la déclaration Universelle des Droits de l'Homme et que les Nations-Unies en sont témoins.

Monsieur le Premier Ministre, je ne voudrais pas terminer cette lettre sans saisir l'opportunité qui m'est ainsi donnée pour vous adresser mes compliments pour votre brillante promotion à la tête du Gouvernement Français.

Je vous prie d'agréer Monsieur le Premier Ministre, l'expression de ma très haute et parfaite Considération.

BOKASSA 1er

MONSIEUR LE PREMIER MINISTRE
HOTEL MATIGNON
57, RUE DE VARENNE
75007 PARIS.

ANNEXE 22

PRÉSIDENCE
DE LA
RÉPUBLIQUE

Le Conseiller Technique

PARIS, le 1er Juillet 1982

Monsieur le Président,

Le Président de la République m'a transmis votre lettre du 25 Novembre 1981 et m'a chargé de suivre particulièrement les faits sur lesquels vous attirez son attention.

Le Président a pris en considération ce que vous lui écrivez au sujet de votre action militaire au service de la France et soyez sûr qu'il ne l'oublie pas.

Vous signalez dans votre lettre que vous n'avez pas été en mesure de présenter votre défense contre les accusations dont vous avez été l'objet et vous nous pressez d'intervenir pour qu'"une justice vraie et sereine soit rendue".

Je comprends l'importance que vous attachez à l'expression de ce que vous estimez être la vérité dans une affaire d'une telle gravité, mais il n'est pas de la compétence du Président de la République de saisir le gouvernement Français afin que soit constitué une Commission franco-africaine qui aurait à juger des faits qui se sont déroulés sur un territoire étranger à la république français

.../

›nsieur Jean-Bedel BOKASSA

La Constitution française n'accorde pas au Président de la République de pouvoirs particuliers en cette matière et je pense qu'il relève de votre seule volonté de faire procéder à la désignation d'une commission ad hoc ou de saisir toute instance internationale que vous pourriez souhaiter.

En tout état de cause, M. le Président de la République s'informerait de leurs intentions auprès des Chefs d'Etat de Côte-d'Ivoire, du Cameroun, du Togo et du Zaïre que vous indiquez avoir saisis de la même requête.

D'autre part, j'ai eu des entretiens avec votre Avocat, Maître BOISSIER-PALUN qui se préoccupe de la vente de vos biens en France et lui ai facilité des contacts avec différents services français. Je suis d'ailleurs toujours prêt à l'aider à ce propos.

Je vous prie d'agréer, Monsieur le Président, l'expression de mes sentiments distingués.

Guy PENNE

ANNEXE 23

BOKASSA 1er
CHATEAU D'HARDRICOURT
RUE DU CHATEAU
78250 MEULAN

Hardricourt, le 11 Septembre 1984

AISE

Monsieur l'Ambassadeur,

J'ai l'honneur de vous demander de bien vouloir intervenir auprès de mon Frère le Président MOAMAR EL KADHAFI, afin d'obtenir pour la première fois au moins, une aide Financière d'un million de dollars $ pour me permettre de prendre toutes les dispositions matérielles nécessaires à mon départ de France.

Faute d'obtenir cette aide, je ne pourrais jamais quitter la France, car je suis dans une situation grave et difficile.

Depuis cinq ans, je suis l'homme en péril et si vous ne m'aidez pas, ce sera pour l'Afrique un très mauvais exemple dans l'histoire de notre continent.

Je dois également vous dire que dans toutes mes déclarations à la presse, j'ai toujours porté mon soutien à mon Frère le Président KADHAFI.

Monsieur l'Ambassadeur,

Je termine cette lettre avec espoir que ma demande sera satisfaite.
A toutes fins utiles, je vous communique mon numéro de Compte Bancaire en espérant que ma lettre sera honorée en fonction de la promesse que m'avait faite mon Frère le Président KADHAFI lors de mon départ de BENGAZI en Septembre 1979 et je suis sûr de le retrouver très bientôt si cette aide m'est accordée.

Fraternelle reconnaissance.

BOKASSA 1er

SON EXCELLENCE,
ONSIEUR L'AMBASSADEUR
AUT REPRESENTANT DE LA
AMAHIRYA ARABE LIBYENNE.

ANNEXE 24

BOKASSA 1er
CHATEAU D'HARDRICOURT
RUE DU CHATEAU
78250 MEULAN

Hardricourt, le 21 Juin 1984

Monsieur le Secrétaire Général,

Suite à l'entretien téléphonique que nous avo
eu ce jour lors de ma présence au bureau de mon Avocat Maître YVAN ASSOULINE 14, Rue Georges Bizet à Paris,

J'ai l'honneur de vous confirmer ma demande tendant à obtenir l
départ de la Police Française de ma Propriété comme j'ai bien n
votre accord sur le délai de trois jours.

Tout en vous remerciant pour les mesures qui seront prises à ce
effet,

Je vous prie, Monsieur le Secrétaire Général de bien vouloir accepter l'expression de ma très haute Considération.

BOKASSA 1er

ANNEXE 25

ANDRÉ J. GUIBERT

AVOCAT À LA COUR D'APPEL DE PARIS

Paris, le 5 Septembre 1984

Maître ASSOULINE
Avocat à la Cour
14-16, rue Georges Bizet
75116 PARIS

AJG/SB

Mon cher Confrère,

SMI BOKASSA m'a demandé d'assurer la défense de ses intérêts dans l'ensemble des contentieux dont vous vous êtes occupé pour son compte.

Voulez-vous me faire connaître si je puis accepter de prendre votre suite dans l'ensemble de ces dossiers et je me tiens à votre disposition pour recevoir l'ensemble des pièces et avoir, si besoin était, un entretien avec vous.

Je vous prie de croire à l'assurance de mes sentiment dévoués.

André J.GUIBERT

52, BOULEVARD MALESHERBES, 75008 PARIS
☎ 293-58-60 (LIGNES GROUPÉES)
N° B 400

ANNEXE 26

BOKASSA 1er
CHATEAU D'HARDRICOURT
RUE DU CHATEAU
78250 MEULAN.

Hardricourt, le 30 Juillet 1984

MAITRE YVAN ASSOULINE
14, RUE GEORGES BIZET
PARIS 16ème.

Maître,

Vous avez bien voulu me faire parvenir copie de votre lettre du 26 Juillet 1984 adressée à Monsieur François MITTERRAND Président de la République Française.

J'ai été choqué par les termes et le contenu de cette lettre. Alors que mon peuple et mon Pays m'attendent il n'est pas question pour moi de demander l'Asile Politique à l'Etat Français, ni de décider une quelconque mesure alléguée dans votre lettre.

Encore une fois, je refuse de rester en France et je refuse aussi l'aide Financière du Gouvernement Français. En revanche, je lui demande instamment de me restituer mes effets personnels ainsi que deux malettes contenant mes papiers d'identité et divers devises d'un montant total de trois millions de Francs Français, confisqués à Evreux lors d'une action illégale perpetré contre ma personne par l'armée Française le 20 Septembre 1979, alors que je venais en tant que représentant de mon Pays demander la justification au Président de la République Française du débarquement massif des troupes Françaises à Bangui.

Je tiens simplement à regagner mon Pays le Centrafrique. Et même si j'ai été informé des dispositions mis en place par le Colonel MANSION, ancien Chef de Securité du Président HOUPHOUET BOIGNY, aidé d'un commando logé actuellement à la Villa NASSER, qui aurait reçu l'ordre de m'abattre.

.../...

Il faut savoir que de nombreux Amis et Hommes Politiques Français et Etrangers sont déjà prévenus et je ne dois plus craindre la mort.

L'Etat Français, ainsi que d'autre puissances Africaines concernées porteraient la responsabilité morale et Historique à la face du Monde d'un tel acte.

Veuillez croire Maître, à l'assurance de ma Considération particulièrement distinguée.

BOKASSA 1er

P.S. :

Ne pouvant admettre d'être defendu dans le contexte actuel par votre cabinet, je vous informe qu'à partir de ce jour, la totalité de mes affaires sera confiée à un autre cabinet d'Avocats.

Copies à :

SON EXCELLENCE,
MONSIEUR FRANÇOIS MITTERRAND
PRESIDENT DE LA REPUBLIQUE FRANÇAISE.

MONSIEUR LE PREMIER MINISTRE
LAURENT FABIUS.

MONSIEUR ROLAND DUMAS
MINISTRE, PORTE PAROLE DU
GOUVERNEMENT FRANÇAIS

MAITRE CAMILLE GAY
AVOCAT A LA COUR

ANNEXE 27

Le Président
du Comité Militaire
de Redressement National

République Centrafricaine
Unité Dignité Travail

Bangui, le 29 Octobre 1981

Le Général d'Armée André KOLINGBA, Président du Comité Militaire de Redressement National, Chef de l'Etat,

(A)utorise les Cadres Français de la Sécurité et Intervention Présidentielle, à acheter chacun aux Domaines, une défense d'ivoire brut, au prix artisanal de Kg/ Cinq mille F. CFA, et à la transporter en FRANCE.

Général d'Armée André KOLINGBA.-

ANNEXE 28

Paris, le 27. février 1980.

Sir, très cher père,

Je profite de cette occasion pour vous souhaiter un joyeux anniversaire ainsi qu'une très bonne santé dans l'avenir.

Par ailleurs, je tiens à vous informer de la situation des véhicules vous appartenant :

- deux véhicules sont actuellement en ma possession (un modèle Rolls Royce bleu, que je vous réserve, comme prévu il y'a cinq mois, et une voiture Ford noir.

- le reste de votre parc se trouve actuellement en possession de M. TAPIE.

Votre très cher et dévoué fils

S.A.I St-Cyr

ANNEXE 29

REPUBLIQUE FRANÇAISE

ORDRE NATIONAL DU MÉRITE

LE PRÉSIDENT DE LA RÉPUBLIQUE FRANÇAISE

GRAND MAÎTRE DE L'O DRE NATIONAL DU MÉRITE

nomme, par décret de ce jour, Son Excellence le Mc chal Jean Bedel B O K A S S A

Président à Vie de l République Centrafricaine

GRAND'CROIX DE L'ORI RE NATIONAL DU MÉRITE

Fait à *Paris* , le *29 A il 1975*

Par le Président de la République :

LE CHANCELIER DE L'ORDRE NATIONAL DU MÉRITE,

Scellé et enregistré sous le N° *28 E 75*

Le Secrétaire Général,

ANDE CHANCELLERIE
DE LA
GION D'HONNEUR

SERVICES
LA LÉGION D'HONNEUR
ET
LA MÉDAILLE MILITAIRE

DÉLÉGATION

DE POUVOIRS

POUR LA RÉCEPTION

D'UN MEMBRE DE L'ORDRE

Le GRAND CHANCELIER DE LA LÉGION D'HONNEUR

délègue à M. *le Général Jean Bedel B O K A S S A*

Président de la République Centrafricaine

Grand'Croix de la Légion d'Honneur

les pouvoirs nécessaires à la réception faisant l'objet du procès-verbc

n° *826-MA 69* ci-joint.

Paris, le 11 AOUT 1969

Cabanier

Bibliographie

Ouvrages généraux

Barloy, Jean-Jaques, Gaujour, Françoise, *Un chasseur nommé Giscard*, Paris, Alain Moreau, 1977
Bigo, Didier, *Pouvoir et obéissance en Centrafrique*, Paris, Karthala, 1988.
Bothorel, Jean, *Un si jeune président*..., Paris, Grasset, 1995.
Delpey, Roger, *Affaires Centrafricaines*, Paris, Grancher, 1985.
Durieux, Evelyne, *Le bonheur était ailleurs*, Paris, Michel Lafon, 1995
Foccart, Jacques, *Tous les soirs avec de Gaulle*, journal de l'Elysée, Paris, Fayard/ Jeune Afrique, 1997, tome 1 et tome 2.
Gide, André, *Voyage au Congo*, Paris, Gallimard, 1927.
Homet, Marcel, *Congo, terre de souffrances*, Paris, Edition Montaigne, 1934.
Kalck, Pierre, *Histoire centrafricaine*, thèse de doctorat, université de Lille III, 1973.
Londres, Albert, *Terre d'ébène*, Paris, Albin Michel, 1929.
Pol Bruno (Pseudonyme), *La saga des Giscard*, Paris, Ramsay, 1980.
Giscard d'Estaing, Valéry, *Le pouvoir et la vie, l'affrontement*, Paris, Edition Compagnie 12, 1991.

Ouvrages sur Bokassa

Baccard, André, *Les martyrs de Bokassa*, Paris, Seuil, 1987.
Bokassa, Jean Bedel, *Philosophie de l'opération Bokassa*, tome 1 et tome 2 (document de propagande)
Bokassa, Jean Bedel, *Ma vérité*, Paris, Carrère – Michel Lafon, 1985 (ouvrage interdit par les tribunaux français).
Delpey, Roger, *La manipulation*, Paris, Grancher, 1981.

Delpey, Roger, *Le Blanc et le Noir,* Paris, Grancher, 1991.
Duchemin, Jacques, *L'empereur,* Paris, Albin Michel, 1981.
Lique, Réné Jacques, *Bokassa 1er, la grande mystification,* Paris, Chaka, 1993.
Loubat, *L'ogre de Berengo,* Paris, Hachette,1980.
Péan, Pierre, *Bokassa 1er*, Paris, Alain Moreau, 1977.

Ouvrages sur les services secrets français

Barril, Paul, *Missions très spéciales,* Paris, Presses de la Cité, 1984.
Krop, Pascal, Les secrets de l'espionnage français, de 1870 à nos jours, Paris, Jean-Claude Lattès, 1993.
Marenches, Alexandre, Ockrent, Christine, *Danns le secret des princes,* Paris, Stock, 1986.
Rougelet, Patrick, R. G. *La machine à scandales,* Paris, Albin Michel, 1997.
Silberzahn, Claude, Guisnel, Jean, *Au cœur du secret,* Paris, Fayard, 1995.

BOKASSA

Table des matières

LAVAUZELLE GRAPHIC

Imprimerie Bontemps, 87350 PANAZOL (FRANCE) - N° d'Imp. : 8106177-98 - Dépôt légal : Novembre 1998